颐明遗文集

池塍志

顾明远文集

第十一卷

杂篇

顾明远 著

滕珺 屈廖健 整理

北京师范大学出版集团
BEIJING NORMAL UNIVERSITY PUBLISHING GROUP
北京师范大学出版社

目　录

序　言

《呼唤新世纪的教育哲学》序 / 3

《吕型伟教育文集》序 / 5

《透视美国教育》序 / 10

《教育·社会·未来——郝克明教育文集》序 / 13

《小学数学核心概念教学研究》序 / 17

《七十回望——我走过的人生之路》序 / 19

《应用型人才培养新论》序 / 21

《播种辉煌》序 / 24

《当代高等教育国际化发展》序 / 27

《学习化社会高等教育的使命》序 / 29

《中国教师教育三十年》序 / 31

《中国教育六十年》序 / 34

《百年树人——成都老校名校的历史与传承》序 / 39

《现代职业教育教学理论与方法丛书》序 / 42

《京剧启蒙》序 / 46

《20世纪教育名家书系》序 / 48

《寻找把教育学托上天空的彩云》序 / 50

《探索之路——北京景山学校在"三个面向"指引下的教育改革》序 / 53

《谁来办好每一所学校——9位名校长的办学智慧》序 / 56

《王焕勋教育文集》前言 / 59

《朱永新教育文集》序 / 62

《情趣课堂——构建充满活力的学习场》序 / 65

《21世纪特殊教育创新教材》序 / 67

《母语教材研究》序 / 69

《小学数学教育概论》序 / 72

《教师人文读本》序 / 74

《关注心灵成长的教育——道德与情感教育的哲思》序 / 76

《挑战——我的40年教育实践及反思》序 / 80

《一个校长的教育创新思考——北京十一学校改革发展20年
（1987—2007）》序 / 82

《境界与智慧》序 / 87

《学习科学》序 / 89

《情境教育三部曲》序 / 91

《联合国教科文组织教育政策话语演变与分析（1945—2015）》序 / 94

《山村孩子的城市学校》序 / 97

《许美德教授论文集》序 / 99

《中外杰出人物群体比较研究丛书》序 / 103

《苏霍姆林斯基教育智慧格言》序 / 107

《王大中教育文集》序 / 111

《PBL项目学习——项目设计及辅导指南》序 / 115

《兰蕙》序 / 117

《守望人生幸福——幸福人生教育的探索与实践》序 / 119

《中国高等教育：多样化与教育教学质量》序 / 121

《民族教育 岁月峥嵘——哈经雄的研究与实践》序 / 124

《王承绪研究丛书》序 / 126

《我的教育探索》自序 / 128

《思考教育》自序 / 131

书评选辑和读书笔记

《绞索套着脖子时的报告》读后 / 147

展历史长卷　树史学丰碑

　　——六卷本《外国教育通史》评介 / 151

分析教育现实　寻觅出路对策

　　——读《中国教育热点难点研究丛书》/ 155

历史钩沉向未来

　　——介绍王承绪先生主编的《比较教育学史》/ 158

集中外智慧，探育人真谛

　　——评《中外教育比较史纲》/ 161

现代教学管理理论的一部力作

　　——评《现代教学管理系统》/ 164

一笔珍贵的教育财富

　　——读《全国著名特级教师教学艺术与研究丛书》/ 169

知识的哲学思考

　　——释介《现代教育知识论》/ 172

时代性·超前性·实践性

　　——读《胡克英教育文集》/ 175

不信今日无古贤

　　——读《论教育家》/ 181

充满激情的教育诗

　　——评《为了人人都享有的权利》/ 183

总结30年成果　迈向教育新征程

　　——读《教育大国的崛起》／ 185

读《为了生命的尊严——有一种爱，让我们不再陌生》有感　／　188

《大学理性研究》读后　／　190

回归教育原点是教育改革的永恒主题

　　——纪念古得莱德教授和他的教育时代　／　192

一部青年成长的教科书

　　——读《温家宝地质笔记》／ 195

读《苏霍姆林斯基评传》／ 197

《人生中心教育论》读后　／　199

书　信

致林正范同志　／　205

致中野光教授　／　206

致缪进鸿　／　207

致缪进鸿（二）／ 209

致于光远老师　／　211

致江阴澄江中心小学　／　213

致横地清先生、铃木正彦先生　／　214

致方明同志　／　216

致马场善久副校长　／　218

致敬东先生　／　219

致陈时见副校长　／　221

致蔡林森校长　／　222

给银川市六盘山中学生的信　／　224

致东昌、卓宝同志 / 226

给王奕凡同学的信 / 228

给母校小朋友们的信 / 229

致李成蹊老师 / 230

给郭帆等小朋友们的信 / 231

给铁西区聋人学校同学们的信 / 232

致杜祖贻教授 / 233

贺　词

普及教育理论，传播教育经验

　　——贺《人民教育》出版400期 / 237

向她学习了许多东西 / 239

一份珍贵的新中国教育史料

　　——《张承先回忆录》出版座谈会发言摘登 / 241

贺清华大学人文社会科学学院成立10周年 / 243

他山之石　可以攻玉

　　——写在《基础教育参考》创刊一周年之际 / 245

《教育学报》创刊祝词 / 247

贺北师大数学系数学教学90周年 / 249

贺国家教育发展研究中心成立20周年 / 251

给蒙台梭利教育国际研讨会的祝贺信 / 254

贺厦门大学教育研究院成立30周年 / 257

致苏霍姆林斯基诞辰90周年纪念会的贺信 / 259

百家争鸣　繁荣学术 / 260

贺邱学华老师从教60周年 / 263

新中国教育理论的开拓者

　　——祝贺黄济教授90华诞 / 265

贺潘懋元教授90华诞 / 268

贺卢乐山先生百岁华诞 / 271

纪　念　文

继承"伯苓思想"　发扬"南开精神" / 275

为教育学会发展呕心沥血

　　——怀念张承先同志 / 279

怀念学者楷模王逢贤先生 / 284

会议发言

建立符合中国国情的家政学理论体系 / 289

在中学鲁迅作品研讨会上的发言提纲 / 294

《中国古代100位科学家故事》座谈发言提纲 / 296

在舞蹈教育专业委员会成立大会上的发言 / 298

"柯桥实验"是一个以人为本的实验 / 301

在从教60周年庆典暨教育思想研讨会上的发言 / 304

教改园地里的奇葩

　　——纪念青浦实验30周年发言 / 307

在联校论文奖计划2009年会上的致辞 / 310

在传承乡土知识和校本课程研讨会上的讲话 / 314

在授聘资深教授会上的发言 / 316

在中国教育政策研究院成立大会上的发言 / 319

在哥大师范学院与中国教育座谈会上的致辞 / 321

为推动我国校外培训教育事业在新的历史起点上科学发展而努力 / 324

弘扬中华文化，加强青少年教育 / 328

准确把握定位　不断改革创新　再创学刊新辉煌

　　——在《中国教育学刊》创刊30周年纪念会上的讲话 / 330

在2010年开学典礼上的讲话 / 337

在联校奖15周年纪念会上的讲话 / 340

在北师大创办成人教育55周年庆祝会上的致辞 / 343

在北师大110周年校庆大会上的发言 / 345

在拉美教育研讨会上的讲话 / 347

在第九届亚洲比较教育年会上的讲话 / 349

在第三届中国学前教育年会上的讲话 / 351

在北师大二附中纪念文科班创办50年教育创新座谈会上的讲话 / 353

在第五届比较教育国际论坛上的致辞 / 356

在吴玉章奖颁奖大会上的发言 / 358

媒体专访实录

《中国教师报》专访 / 363

答《人民日报》问 / 368

新华社专访 / 370

《上海教育》专访 / 375

《教育与装备研究》专访 / 382

答《生命时报》记者问 / 389

《解放周末》专访 / 392

教育随笔补遗

《教育大辞典》编纂经验谈 / 403

端正学风　繁荣学术 / 414

人的发展离不开哲学社会科学 / 416

儿童报纸切实为儿童服务 / 418

人和教育 / 421

全民学习奔小康 / 423

从中美教育到英语教师培训 / 428

研学旅行，"学""游"兼得 / 430

把年青一代培养成新型知识分子 / 433

教师成长的三个境界 / 435

再忆金童桥 / 437

回忆菁华小足球队

　　——考察校园足球有感 / 439

给小读者寄语 / 441

赞水仙 / 442

教育微博摘编 / 443

序　言

《呼唤新世纪的教育哲学》序

任何一项教育实践都有一种教育思想或理论支持着它。这种教育思想或理论在实践者来说，有的是自觉意识的，有的则是自己并未意识到的。但不论是否意识到，这种教育思想或理论总是客观存在的。盲目的教育实践可能有两种教育思想在支配，也可能得出两种结果。有的可能恰好符合正确的教育思想，其结果就是得到成功的教育成果；有的可能与正确的教育思想相违背，其结果则是导致教育的失败。因此，每当教育界传播一种经验的时候，我总要告诫人们，不要就经验论经验，首先要了解教育经验的实质，了解它的指导思想。如果指导思想是正确的，那么学习者应该掌握它的指导思想，认识它的精神实质。故我们不要从方法上、形式上去学习别人的教育经验。教育实践中往往遇到这样的情况：本来某个学校创造的教育经验是很好的，但是一推广，反而出现了许多副作用。这就是因为学习者没有学到人家的精神，没有意识到人家的教育经验背后的教育思想。盲目的实践，其后果就如同我上面所谈的。我说上面一段话，为的是说明树立正确的教育思想的重要性。

从哲学的高度来揭示支配教育实践的思想和理论，就是教育哲学的任务。有人否定教育哲学的存在，认为只有教育理论，没有教育哲学，或者说教育理论就是教育哲学。我认为这是不全面的，教育理论是有层次的，教育哲学是从方法论上来研究教育实践，它是最高层次的教育理论。我国长期以来只重视教育理论的研究，不重视教育哲学的研究。特别是新中国成立以后，教育哲学的研究停滞了几十年，直到改革开放以后才重新开展起来。近十年来教育哲学的研究取得了可喜的成果。特别可喜的是出现了一些新的思考，例如，桑新民同志提出的马克思主义教育哲学的研究对象是教育领域思维与存在的关系，亦即研究教育思想、观念、理论同教育实践的关系。这是一种崭新的观点。他还把教育领域思维与存在的关系具体分为三个方面，也很有新意，不过第二、第三个方面也就是第一个方面，即教育思想、观念、理论同教育实践关系的一种延伸。这当然是我的一种浅见。但分别从三个方面来研究，会使教育哲学研究更丰富、更深入。

桑新民同志的新著《呼唤新世纪的教育哲学》就是从新的角度来研究教育哲学问题的。他设计的体系，打破了过去从教育理论体系本身来找哲学思想的框框，真正从哲学的高度来思考教育理论与实践中的哲学问题，值得赞赏。当然，教育哲学流派众多，一种体系并不排除另一种体系。各种体系、各种观点都需要"百家争鸣"。只有争鸣才可能促进学术的繁荣和学科的进步。我相信，桑新民同志新著的问世，一定有助于教育哲学学科的发展。

我并不是搞教育哲学的，读了几章桑新民同志的新著，获益匪浅，他要我写几句话，我写了上面一些，可能许多是外行的话，不妥当的话，请读者指正。

1993年3月10日

《吕型伟教育文集》序

吕老是我国老一辈教育家。他十七岁从教，在教育园地耕耘七十多年，见证了中国教育的百年变迁。

他对教育的认识有三句话：教育是事业，其意义在于奉献；教育是科学，其价值在于求真；教育是艺术，其生命在于创新。

说得多么精辟，多么深刻。吕老一生就是在践行这三句话，而且做出了卓越的成绩，为我国的教育事业做出了巨大贡献。

吕老是我国最富有经验的教育实践家。他担任过小学教师、中学校长、教育局局长，从事过教育研究工作。他的三句话就是在丰富的教育实践中总结出来的教育真谛。没有丰富的教育实践，是不可能对这三句话有深刻理解的。吕老七十多年来从来没有离开过学校的实践，从教育局局长岗位退下来以后，他立即投入到教育科学研究中。从"七五"科研规划到"十五"科研规划，他带领全国几十所中小学开展面向未来的综合教育改革实验。从南到北，从东到西，他走遍了全国各地的许多中小学校，具体指导这些学校的教育改革。他为中小学老师作报告，每场都是妙语连珠，掌声不断，就是因为他有丰富的教育实践经验，举的例子、说的道理都贴近老师，说到了老师们的心坎儿上。我每次听他的报告，总有很多收获，而且百听不厌。

吕老不只是一名教育实践家，还是一名教育思想家。他在教育实践中不断思考教育问题。首先，他研究儿童的特性。2004年出版了《吕型伟从教七十年散记》，他自己起了副书名叫"从'观察蚂蚁'到'研究人'"。他称自己从小喜欢研究蚂蚁，后来从事教育工作，就开始观察和研究人的特性了。其次，他研究如何才能发展儿童的潜能。他非常重视脑科学研究，说人们只知道有金矿、银矿，却不知道还有一个深不可测、比金银更宝贵的"脑矿"。他还很重视被科学家称为第二大脑的手。他认为"就是这两个器官，使人类与其他动物拉开了差距"，值得我们好好研究。研究儿童，这是每一位教育工作者的基本功。

吕老在工作中不断思考，不断研究，有许多精辟的教育思想。这些思想总是走在教育实践的前面，指导着教育实践。例如，他很早就提出发展学生的智力问题；改革开放不久，他总结"文化大革命"之前十七年的教育，认为有成功的经验，也有不足，存在忽视孩子们才智发展的缺点。1985年，他提出重视"第二课堂"问题，认为儿童的发展不只是课堂教学的结果，还受课外活动、校外生活的影响。当时，我不太同意他关于"第二课堂"的提法，吕老就把它改为"第二渠道"。其实，他的思想我是完完全全同意的。邓小平同志为北京景山学校的题词"教育要面向现代化，面向世界，面向未来"发表以后，吕老首先响应，在当时的中国教育学会张承先会长和他的主持下，中国教育学会多次召开研讨会，学习"三个面向"的指示精神，研究贯彻落实的举措。他身体力行，立即组织课题研究，在中小学开展以"三个面向"为指导的综合改革实验。吕老的教育思想集中在一点上，就是要培养创新人才。他研究儿童也好，重视"第二渠道"也好，提倡动脑动手也好，都是为了让儿童的潜能得到充分发展，使儿童成为创新人才。他认为，教育首先要培养儿童成"人"，然后是培养其成"才"。培养儿童成"人"，就要重视思想品德教育，使学生从小养成良好的思想品德和行为习惯。在这方面，家庭教育起重要作用。他说，我国的家庭教育有非常丰富的好经验，可是近些年来家教观念淡化了，好像教育就是学校、老师的事。因此，要把家庭教育和学校教育结合起来，把儿童培养成人，培养成才。

吕老非常重视拔尖人才的培养。讲全面发展，提高学生素质，不等于千篇一律，没有差异。人的能力是有差异的，他反对把人"标准化"。他说，他观察了成千上万名学生离开学校以后的发展，形成了这样一条教育信念，即"人人有才，人无全才；扬长避短，人人成才"，只要能扬其长而避其短，人人都可以成为出色的人才。他认为，在讲教育平等的时候，不是用一个标准来培养人，要重视英才教育，培养大师级人才。他为新中国成立五十多年来没有培养出世界顶尖人才而感到极大的遗憾。

吕老特别重视人的个性发展。他认为，人的潜能总是蕴藏在个性里面，"有价值的人一定是有个性的人"，因此，教育要重视个性。教师要善于发现个性，研究个性，发展个性，基础教育阶段要在教学策略上采取灵活措施，鼓励个性发展。只有个性得到充分发展，才能出世界级的顶尖人才。

吕老是一名永不停步的教育革新家。他是我国老一代教育家，虽然年事已高，但心态非常年轻，保持着学术的青春。他总是走在时代的前面，提出许多教育革新的思想。他常常讲，教育是未来的事业，要向前看，考虑未来的教育。他原来的集子起名为《为了未来——我的教育观》，就充分反映了他的教育思想。在与他交往的几十年中，我常常发现，他不断提出新问题，发出新创意，点子特别多，我们戏称他为"点子公司"。他的观点、他对事件的判断，常常与众不同，总是高人一筹。有一次，他去听一堂示范课。老师讲得很好，课也设计得很周密，听课老师都说是一堂好课，但他说这堂课是失败的。他指出，一名学生多次举手，老师认为已经有了正确结论，就不让他发言，这反映了这位老师的教育观念问题。他认为，一个问题不一定只有一种结论，我们就是要鼓励学生在有了结论的时候再提出问题，这才是教育的成功之处。有一次他在会上讲，毛主席提出要培养学生分析问题、解决问题的能力，这当然很对，但是还要培养学生提出问题的能力。他说，提出问题，特别是提出与老师、权威观点不同的问题，不仅要有智慧，而且要有勇气。我听了非常受启发，感到吕老特别有创新思想。

吕老是我国教育思想的一座宝库。他那丰富、具有创意的教育思想，在这短短的篇幅中是难以说得完全和清楚的。好在《吕型伟教育文集》为我们提供了比较全面的资料，我们只要认真学习，必然能体会到他教育思想的博大精深，学到他献身教育事业的崇高精神、钻研问题的科学态度和高超的教育艺术。

吕老是我的老师。我虽然没有直接成为吕老的学生，但自从认识吕老以后，一直把他视为我的老师。承蒙吕老不弃，他不断启发我，提携我，我今天才有了一点点成绩。我们相识是在中国教育学会这个学术组织中，他是中国教育学会第二届、第三届理事会副会长，第四届、第五届理事会顾问，我在他和承先同志领导下开展学会工作。我们还同在中国教育国际交流协会工作，1985年共同率领师范教育代表团访问日本；国家教育发展研究中心成立，我们受聘为特约研究员，后又成为咨询委员，每年都要开会讨论教育问题。我们每年都要见几次面，每次见面，我都会从他那里学到许多东西。1985年，吕老向张承先会长建议，为教师编纂一部《教育大辞典》，而且建议我来主持这项工程。我当时非常胆怯，不敢承担这么大的工程。他们二老，还有刘佛年校长，竭力鼓励我，使我难以推卸。在编纂这部大辞典的12年中，吕老始终和我们在一起，指导我们的工作，参加了历次编委会和审稿会。我们遇到困难就向他请教，他给了我们无私的帮助。我深刻地感到，吕老给我压这样重的担子，是有意锻炼我，提携我。2000年中国教育学会换届，因为承先同志年事已高，需要退下来，又是吕老向承先同志和陈至立部长推荐我任新一届会长。他又一次给予我极大的信任，对我寄予很大的期望。这几年，我常常向他请教，他经常给我们出点子，学会工作开展得更有生气了。

　　吕老与我，可谓忘年之交。我们思想很一致，在一起无所不谈。每次谈话，我都会受到许多启迪。这次庆贺吕老90华诞，我与上海教育出版社商量，一定要为吕老出一部文集，使他的教育思想能够广为传播。这是对他最有意义的庆贺。吕老要我为文集写序，我不敢当，但非常愿意写几句话，来表达我对吕老的敬仰之心、感激之情。最后祝吕老和师母健康长寿，学术常青。

2007年8月

《透视美国教育》序

时间过得很快。比较教育在我国从恢复之日起发展到今天，已经近30年了。记得1980年，我在北京师大担任教育系主任，聘请了美国哥伦比亚大学胡昌度教授来系给学生开设比较教育课程，同时邀请九所大学从事比较教育的老师来听讲。三个月后，我们十多位教师商量，应该组织起来，编写一本中国自己的比较教育课本。经过两年多的努力，1982年，由王承绪、朱勃和我主编的新中国第一部比较教育教材出版了。我还记得，1981年，在河北大学召开了第三次外国教育学术研讨会，与会代表一致决定，把1979年在上海成立的全国外国教育研究会改名为"全国比较教育研究会"。从此，我国比较教育蓬勃发展。1980年，我们首次参加了在日本召开的世界比较教育学会大会，1984年在世界比较教育学会联合会第五次年会上，我国比较教育研究会成为正式成员。从此，我国的比较教育也走向了世界。

这些年，比较教育研究出了大批成果。我们相继出版了《外国教育丛书》《比较教育丛书》《比较教育论丛》《比较教育译丛》。从简单介绍外国教育情况，深入到国别研究、专题研究，为我国教育改革和发展提供了可资借鉴的国际经验和教训。同时，中青年比较教育学者也成长起来了。研究的广度和深度不断拓展，研究成果层出不穷。其中，对美国教育的研究是大家非常关注的领域之一。

有人说，美国教育发展是一个奇迹。从独立建国至今不过两百多年时间，美国却一跃成为教育超级大国，其中必然有值得我国学习借鉴之处。也有人说，美国教育危机不断，质量提高举步维艰，其教训是深刻的。实际上，对美国教育，用一种简单话语去概括，都容易失之偏颇。美国教育之所以成为今天的模样，有历史的原因，有文化的因素，更是他们现实努力的结果。对美国教育，不能停留在是好、是坏的议论上，不能止步于基本学制的介绍，而必须要认真观察，深度分析，努力发现其内在逻辑。

　　研究美国教育，需要有一个由远及近、由空泛到具体、由理论到实践的深入的过程。国内的报刊里、图书中、网络上有很多关于美国教育的介绍，虽不乏深度的透视，但更多的是蜻蜓点水，浮光掠影，甚至有的以偏概全，以讹传讹。面对众说纷纭，国人多么想了解我们的旅美留美人士是怎么看的、如何说的！究竟哪些是美国教育的本质属性和发展主流，不设身处地或深入研究，焉能做到准确辨别和科学把握？前年，我应邀到中南海参加由温家宝总理主持的教育问题座谈会，我送给总理一本书——《我在美国读中学》，作者虽然只是一名中学生，但由于在美国学习，比较全面地介绍了美国中学是如何进行教学的，因此该书很生动具体。这次王定华主编本书，作者都是在美国学习教育的，相比之下，本书的作者更为专业，阵容比较强大，他们是旅美留美教育学者的缩影。其中，有的是资深专家，出版过专著，已蜚声中外；有的是后起之秀，刚崭露头角。有的在美学习、工作后回到祖国在各个岗位上发挥作用；有的仍旅居美国，参与美国教育；还有的是在中美两个大国之间穿梭，用辛勤劳动和智慧促进着中美教育的交流与合作。因此本书论述美国教育更有深度。

　　本书主编王定华同志是搞比较教育出身的，曾受教于滕大春先生并获博士学位。我与王定华相识多年，曾主持他的硕士学位论文答辩。他在中国驻美机构工作多年。他在繁忙的教育行政工作之余，一直坚持比较教育特别是美国教育研究，具有较为广阔的国际视野。

这本书不求面面俱到，却抓住了美国教育的一些重要方面。该书对美国的英才教育、高中教育、本科教育、研究生教育、留学生教育、大学校长的选拔、大学教师的晋升等进行了介绍和分析。书的内容体现了旅美留美学人的真实感受和独特视角。相信本书的出版一定会对读者有新的启发。

2008年新年

《教育·社会·未来——郝克明教育文集》序

今年是我国实行改革开放30周年。30年来我国各条战线取得了辉煌成绩。教育也不例外，短短20年的时间九年义务教育就得到全面普及，高中阶段的教育有了很大发展，高等教育进入大众化阶段，我国已经进入了人力资源大国的行列。我们在为教育改革与发展的巨大成就感到欣喜的时候，是否应当回顾一下这30年的历程，总结教育改革和发展的经验？那么，《教育·社会·未来——郝克明教育文集》就为我们提供了真切、丰富、翔实的记忆。

郝克明同志在改革开放初期就加入了高等教育的研究队伍，先是在北京大学高等教育研究所工作。20世纪80年代初被调到教育部从事教育政策的研究，为1985年《中共中央关于教育体制改革的决定》的出台做了许多深入细致的调查研究工作。这个决定为我国教育改革和发展奠定了基础。同年，在郝克明等同志的倡议下，国家教委成立了国家教育发展研究中心，郝克明同志任主任。二十多年来，"中心"团队在郝克明同志带领下，参与了《中国教育改革和发展纲要》《国务院关于〈中国教育改革和发展纲要〉的实施意见》以及《全国教育事业"九五"计划和2010年发展规划》等一系列国家重大教育决策的研究，对我国教育提出了许多具有战略意义的见解，为我国教育改革和发展做出了重大贡献。郝克明同志是改革开放30年来我国教育改革和发展决策的重要参与者与历史见证人。

郝克明同志领导国家教育发展研究中心的全体同志，开展深入的调查研究，密切结合我国实际，吸收各国先进经验，预测教育未来，为国家的教育宏观决策提供科学依据。郝克明同志非常重视专家的作用。她不仅在"中心"建立了一支高素质的专职科学研究队伍，而且在全国范围内聘请了教育行政部门、高等学校和科研单位的专家作为"中心"的兼职研究员，后来又成立了"中心"专家咨询委员会，团结了我国教育界一大批专家学者来为我国的教育改革和发展出谋划策。我有幸被"中心"聘为兼职研究员和咨询委员。每年召开一次的兼职研究员会议或现在的专家咨询委员会议，我都会积极参加，因为在会上可以听到许多专家对当前教育的热点、难点问题发表的各种意见，获得许多信息，学习到许多东西。"中心"在郝克明同志领导下，已经建设成为一个国家教育改革和发展的信息库、思想库、智囊团和开展国际教育交流的平台。

郝克明同志的研究着重于国家教育改革和发展的重大战略问题，她认为，要跳出教育研究教育，关注教育与社会发展的关系。由于她主持的课题具有重大实践意义和理论意义，无一例外都被列为我国教育科学研究规划的重大项目。"六五"规划中，她与汪永铨同志合作，主持了"中国高等教育结构研究"；"七五"规划中她主持了"应用学科高层次人才培养途径多样化研究"；"八五"规划中主持了"21世纪初中国教育发展战略研究"；"九五"规划中主持了"当代中国教育结构体系研究"；"十五"规划中主持了"跨进学习社会——关于建设终身学习体系和学习型社会的研究"；"十一五"规划中又在主持"独生子女与民族竞争力的研究"。这些课题，研究的都是事关教育发展战略的重大问题。郝克明同志开创了我国教育发展战略研究的先河，不仅为我国的教育改革和科学教育决策做出了重大贡献，而且在我国创建了教育发展战略研究的新学科，填补了教育科学领域的空白，丰富了教育理论宝库。

郝克明同志在开展教育研究时，重视联系实际，不同于书斋式的坐而论道，而是亲自深入第一线，开展调查研究，掌握充分的数据，能够较实际地解决我国教育发展实践中的重大问题。

郝克明同志重视教育的国际交流与合作。她认为，只有坚持开放，走出去，才能从国际环境和视野中看到我国教育发展的前景。她考察过几十个国家的教育，与许多国家的知名学者来往交流，并且在我国组织召开了多次国际会议。这些交流与会议，不仅对我国的教育发展产生了影响，而且在国际上也产生了良好的影响。特别是1989年年底在北京香山饭店举行的由国家教育发展研究中心主持的联合国教科文组织召开的面向21世纪教育国际研讨会，是20世纪末期联合国教科文组织的一次非常重要的国际会议。与会代表探讨了21世纪社会发展对教育的种种挑战，提出了"学会关心"的口号，在学术界引起了极大的反响。我有幸参加了这次会议，它给我留下了深刻的印象。

由于成绩斐然，郝克明同志荣膺美国哥伦比亚大学教育学院在全球范围内遴选并授予的2004年度"教育与人类发展杰出贡献奖"，为中国教育和教育工作者赢得了让世界尊重的地位和荣誉。

我与郝克明同志相识已30年。"文化大革命"结束后不久，她在北京大学高等教育研究所工作时，我们就有交往。她被调到国家教委以后，联系就更多了，我们曾经两次一起访问苏联。她创建国家教育发展研究中心并聘请我为兼职研究员、咨询委员后，我经常参加她召开的各种研讨会、座谈会。我非常佩服她意志坚强、思想敏锐、作风民主、勇于创新、敢于发表不同的见解。她身处国家教育部门领导岗位，非常重视发挥专家的作用，能够虚心听取不同的意见。她勤于思考，刻苦钻研，她主持的科学研究课题都取得了重要成果。这次她的教育文集出版，不仅充实了教育理论宝库，也是纪念我国改革开放30周年的最好献礼，同时给我们提供了学习党的十七大精神的最好教材。我祝贺《教育·社会·未来——郝克明教育文集》的出版，并祝郝克明同志学术之树常青。

2008年1月20日

《小学数学核心概念教学研究》序

党的十七大报告指出，在新的历史发展阶段，国家发展战略的核心和提高综合国力的关键是提高自主创新能力。自主创新靠人才，人才培养靠教育。教育要培养出国家急需的创新人才，就要显著提高全民的受教育程度和创新能力水平。

教育的实施靠教师。教师的文化水平、思维水平和价值观念直接影响教学的方式和教学的效果，进而影响人才的培养。要培养自主创新型人才，就必须有自主创新型的教师。只有高素质的教师，才能将科学的思想和创造的观念，结合具体学科知识与方法的教学，潜移默化地传递给学生。

为此，我们务必要加强教师教育。因为，教学质量的提高，关键是教师。教师素质不高，投入再多，校舍再好，教学设备再好，教师不会用，不去用，也没有成效。在课程改革中，尽管编写了很好的课标和教材，但如果教师教学不得法，不能落实新的教育理念，同样培养不出创新人才。因为，课堂上还是教师个人说了算。我曾说，"世上有四种老师：第一种是讲课能深入浅出，第二种是深入深出，第三种是浅入浅出，最糟糕的是第四种老师，浅入深出"。因此，从育人的角度讲，教师的专业素养和教育水平，决定着人才的成长和国家的发展。

当前，中小学课程改革正在全国城乡深入推进。我认为课改精神、理念是很好的。我们要培养学生的创造精神和实践能力，课标的思想符合世界的潮流，勾画出了教育的美好前景。但课程的实施要靠老师，如果老师不能理解课程标准，课程和教学改革就无法有效实施。

为此，我们就必须采取多种方式、多种渠道来努力培训教师，提高教师的专业素养和教学水平。我认为教育的发展在于改革，教育的改革在于创新，教育的创新在于学习。一名合格的小学数学教师，只有在工作中不断地努力学习，才能跟上改革创新的时代步伐；才能在数学教学中，既让学生获得扎实的知识与技能，又让学生获得数学思想与方法的训练，并在学习中不断获得积极的学习体验；才能引导学生在不断发现问题、提出问题、分析问题和解决问题的过程中得到创新意识与创新能力的培养。

贵州省教育厅教师教育学校，为帮助小学数学教师特别是农村小学数学教师提高数学素养和教学水平，组织了一批有教学经验的教授、博士编写出版《小学数学核心概念教学研究》一书。该书不仅较为深刻地阐述了义务教育阶段小学数学课标中的一些核心概念的内涵，提供了与之相关的教学研究，还介绍了贵州师范大学吕传汉、汪秉彝两位教授提出的"设置情境与提出问题"的课堂教学模式，借以改进小学数学教学行为，提高课堂教学效果。该教学模式还可迁移到数学以外的其他学科的课堂教学中，同样可以获得良好的课堂教学效果。该书的出版，将有助于提高贵州省以及其他地区小学数学教师的数学素养和教学水平，促进小学数学课程改革的深入发展和创新人才的成长。

2008年8月13日

《七十回望——我走过的人生之路》序

  出版社的一位编辑朋友给我打来电话，想请我给一部书稿写个序言。这位编辑朋友告诉我说，作者是江西省新余市一位退休多年的老教师，当年一直当高三班主任，教学上卓有成效，曾被评为全国教育系统劳动模范……正在犹豫的我听到这些，顿时心动，急忙告诉这位编辑，你尽快把他的书稿寄来吧！

  打开这部《七十回望——我走过的人生之路》书稿，随着作者林梦生老师的笔墨，我走进了他的家乡，知道了许多风土人情、乡史乡情；我走过了他经历的不同时代，虽说那些都是发生在他身上的事情，却折射和反映出了当时的社会生活，这些都引起了我许多的联想和思考；我更是走近了他，了解了一位老教师的不平凡的教师生涯以及他那在教学工作中体现出来的敬业爱生的师德和精神，这些都让人非常感佩。

  林梦生老师19岁开始当代课教师，后来当小学教师、中学教师，最后一直当高三毕业班班主任，被评为全国教育系统劳动模范。我们从他的《我教高三作文》《我当高三班主任》《下辈子还当老师》等文章中可以看到他是怎样将整颗心扑在教育事业上，始终把教学工作和学生放在最重要的位置的。我曾在不同的场合多次说，教师要传承的就是要热爱教育工作，这样你就会全身心地投入到教育里面去，遇到了困难，首先想到的是孩子和学生。我还讲过，教师的师德可以用四个字来概括：敬业爱生。"敬业"，就是要忠于人民的教育事业、祖国的教育事业、党的教育事业，因为这个教育事业是我们国家和民族发展的基础；"爱生"，就是要爱护每一个孩子，每一个学生。如果一个教师做到了这一点，我觉得他的师德就应该说是比较好的了。林梦生老师在教育上的敬业爱生精神，正是他能在教学上不断取得成绩和成果的根本所在。更引起我注意的，是林梦生老师在当班主任时，看待所谓差学生好学生的态度。他在《差学生好学生》的文章中，详细地记叙了他是如何把一个班里最调皮，老师、学生公认的所谓差学生教育转变成一个好学生的。看了这篇文章，我非常感慨。我曾不止一次地呼吁，停止评选"三好学生"。我认为，中小学校处于基础教育阶段，每个学生都是未成年人，评选"三好学生"实际上是把学生分成三六九等，这样会给学生造成一定的心理压力，同时在感情上伤害未被评为"三好学生"的孩子，不利于学生健康成长。有的孩子大器晚成，在小学阶段表现得非常一般，如果过早地给他一些"你不如别人"的心理暗示，会影响孩子今后的成长。林梦生老师所写的这些，正是从另一个角度说明了同样的道理。

与林梦生老师巧合的是，我也是19岁在上海当小学教师，由此开始了自己长达半个世纪的教书育人生涯。如今，我们都已白发苍苍，然而，我们都依然为我国的教育事业发展做着力所能及的耕耘和奉献。正因为此，我欣然写下了这段文字，并由这书名想起了我1991年写的《杂草记——七十抒怀》那首诗，也抄录在这里，与林梦生老师和一切有志于为我国教育事业发展努力工作的同志们共勉。

（杂草记——七十抒怀 略 见《杂草集》）

2008年10月18日

《应用型人才培养新论》序

自1999年扩招以来，我国高等教育进入了大众化阶段，2007年，我国高等教育毛入学率已经达到23%。全国在校大学生1 849.31万人，如果加上成人高校学生可达2 500万人。高等教育进入大众化阶段不只是一个数量概念，说明它区别于精英教育阶段。因此高等教育在层次结构、类型结构和专业设置、课程安排上都应该有相应的变化。但是当前我国高等教育界却有一种不太好的倾向，就是趋同化。高等学校都想拔高，都想挤入研究型大学的行列。其实高等教育的大众化就是要冲破精英教育的框框，使更多的青年能够接受各种不同的高等教育。

高等教育大众化的出现固然与青年求学的要求有关，但更重要的是为了适应社会经济发展的需要，是在20世纪60年代人力资本理论的驱动下出现的。大学从它开始出现起就具有研究型大学的性质，是培养精英人才的场所。但是，随着工业化的发展，到19世纪后期就出现了培养应用技术人才的高等学校。到20世纪五六十年代各国出现了一大批短期技术高等学校，例如，美国的社区学院、法国的短期技术学院、德国的高等专科学校、日本的短期大学及高专等，从而使这些国家进入高等教育大众化的阶段。因此，从发达国家高等教育进入大众教育阶段来看，都是出现了一批新型的培养应用技术人才的大众教育，而不是发展精英教育。固然各国研究型大学规模也有了很大的扩展，但研究型大学的数量并无明显增加。

我国高校1999年开始扩招，当时中央的政策也是想要大力发展高等职业教育。但是各地各校却喜欢走另一条路，都想奔向研究型大学。这不能不说与我国"好大喜功"的文化传统有关，也与地方领导的政绩观有关。事实上，根据我国经济发展水平，最缺乏的是应用技术人才。同时，大家都去办研究型大学，经费分散，也影响制约着研究型大学的发展。

事实上，一批新建学校，或由专科升格的大学学院，其办学条件和水平与研究型大学相距甚远。如果按照研究型大学办下去，不仅费钱费力，也难以为当地经济与社会服务，难以得到社会的支持，毕业生的出路也会困难重重。地方院校只有审时度势，积极为地方服务，培养应用型人才，才能得到很好的发展。当然，也不排除在办学过程中，学校办出特色，能在某些方面、某些学科有较大的创新，可能成为前沿的研究阵地，逐渐奔向研究型大学。

其实，任何层次的学校都能办出特色，都能成为名校，世界上不乏此类名校。例如，美国常青藤学校之一的达慕斯学院就是一所本科层次的学院，美国纽约银行街学院是一所规模很小的培养幼儿教师（硕士）的学校，它们都在世界上很有名。我国的立信会计学校过去也只是一所专科学校，但在全国有名。关键在于办学的理念、办学的质量，它的毕业生能不能被社会接受和承认。

地方院校怎样为地方服务，怎样培养应用型人才？什么是本科层次的应用型人才？它的规格要求是什么？它的培养模式是怎样的？鲜有人认真地研究。湖州师范学院校长胡璋剑教授和他的团队选择这个课题进行了研究，他们是从湖州师范学院的现状出发提出问题的。湖州师范学院是一所地方性的本科院校，除了培养中学师资，还要为地方培养其他方面的人才。因此如何设计学校的定位，关系到学校今后的发展。他们把学校定位于培养地方需要的应用型人才这个位置上,我认为是很确当的。定位确定以后,就有一个如何培养的问题。《应用型人才培养新论》一书就是这项课题研究的成果。该书全面论述了应用型本科教育产生的背景,着重讨论了应用型人才的培养模式、专业设置、课程体系、质量标准、教师队伍建设、条件保障和管理机制。办学理念上强调为地方经济和社会发展服务;培养模式上强调能力培养的策略和方法,重视理论与实践相结合;学校管理中强调教师队伍的建设和质量监控。该书内容全面系统,是一部应用型本科教育的教科书,值得地方本科院校的领导一读。

2008年11月28日

《播种辉煌》序

东缨近日给我寄来了他的教育三部曲之三——《播种辉煌》，从而完成了他的夙愿。早在十多年前他将第一部《泛舟海海》送给我时，我就为他对教育的热情、对教师的歌颂而惊奇。当时他对我说，他要写三部书，这只是第一部，歌颂教师的，他们为教育下一代贡献全部人生；第二部要写校长们，他们是学校的灵魂；第三部要写地方教育局长，他们是学校的后勤部长。果然，几年以后，一部七十多万字的《圣园之魂》书稿送到我的面前。他要求我为之写序。我欣然提笔写下了《理性的抽象，艺术的妙绘———一部当代教育管理艺术诗篇》的小序。这是1997年的事。

又过了几年，东缨又送来一部书，却不是他说的三部曲之三，而是一部新作，四十万字的《教育大境界》。我为之写了《教育的境界与智慧》一文，说是序，实际上是读后感。他中间为什么要写这部书？正如他在后记中所说的："'文化大革命'前入师大时，偶尔涌自心灵深处写中国《教育诗》的梦，竟牵动我的教育人生漫漫之旅，从此纹丝不动地钉在这方天地孜孜挖挖地掘井。"他是把教育作为人生的诗篇来写的，不仅是用笔在写，而且是用心在写，所以写出了教育的大境界。

今天，东缨终于完成了他的教育诗篇三部曲，写完了最后一部《播种辉煌》。这部著作按他原本的计划是要写地方教育局长的事迹的。但是他在写作过程中访问了6 500多位老师、校长、局长、教育专家，遇到感动的事迹太多了，我想他一定是舍不得丢弃，所以写成现在这个样子。虽然与原计划有了出入，但内容更丰富了。

全书共10章，30节。开篇是从古到今，从中国到外国，展示了众多智者仁人对教育的憧憬，表明了教育是民族振兴的希望，是人类追求自我发展、自我超越的理想。接下来就是用诗一般的语言倾吐他对访问过的中华大地上的人们的赞美，描述他从皑皑白雪的北疆到烈日炎炎的南国，从滨海边陲到茫茫草原，所见到的人们对教育的渴求和艰辛。他们中有"背小伙伴上学堂"的，有"背父亲上师范"的，有"轮椅上圆大学梦"的。这是什么精神？他写道："超越生存常规而追求高雅发展，超越曲背躬耕而挺起精神脊梁，超越生命个体兴衰而高扬中华民族的伟大魂魄……"书中描写了奋斗在教育第一线的校长们的个性美、拼搏美、事业美，展示了他们的人格的秀美和精神的富有。没有他们的这种人格精神，教育这部机器就运转不起来。书中介绍了杨一仁、李希贵、罗兴才、赵家骥等一大批教育局长的事迹，他们都是临难不惧、见微知著、有几分大师神韵的管理人才。

全书不只是赞美，而且有忧虑。他从世纪之交的国际形势、人才竞争，审视我国的教育：病症在哪里？教育理念为什么裹足不前？敬业精神为什么出现滑坡？知识结构、专业能力为什么既窄且浅？自我发展的意识与能力为什么被束之高阁？东缨走向古今中外教育理念深处，走向数以千百计教坛的名师，回顾自身从教40年之旅的经验，揭开21世纪名师素质结构的真面目。他提出：师德是职业的根本，理念是改革的根本，知识是教育的磁力，教育艺术是无穷的魅力，科研是进步的动力，基本功是教学的起点，能力是教师的支点，个性是教师的亮点。该书凝练了他对教师、对校长的建议。然后他从城市教育到农村教育，从公办教育到民办教育，从社会教育到家庭教育等各个方面歌颂了不同地域、不同行业、不同层次的人物为教育的追求所付出的辛劳。其中许多故事催人泪下，发人深省，令人振奋。

东缨这部新作，与其说是教育三部曲的第三部，不如说是他教育思考的结晶。如果说《教育大境界》是用诗的语言讨论教育哲学，那么《播种辉煌》就是用诗的语言诉说教育的历史，是描述中华人民共和国教育的一部史诗。

东缨既是教育家，又是文学家。他用文学的语言来描述教育，使得教育事业更加丰富多彩，具有更强更深的感染力。他歌颂教育播种的辉煌，也是他创作的辉煌。

2008年12月8日

《当代高等教育国际化发展》序

　　面对经济全球化的挑战，对我国高等教育国际化问题的研究被摆上重要议事日程。经过30年的改革开放，我国经济发展的成就举世瞩目，但与世界顶尖级的高等院校及高科技教育发展状况相比还有很大差距。其中很重要的原因是我国高等教育国际化程度还不高，我们的大学还没有充分吸纳国际顶尖人才。经过多年的努力，我国高等教育国际化已经迈出了关键性的一步，吸引的留学生数量逐年增加，国际合作项目也快速发展起来，但是整体来看，我国高等教育国际化的开展还比较零散，高等教育国际化的理念还有待改进，高等教育国际化还需要借鉴发达国家的经验。面对机遇和挑战，我们应如何理解高等教育国际化？如何推进高等教育国际化？如何突破中外高等教育体制的障碍，加快我国高等教育国际化的进程？这些问题都需要我们认真地思考和回答。近日看到吴坚研究员撰写的《当代高等教育国际化发展》一书，倍感欣慰。这本专著系统分析了欧美、亚太一些国家高等教育国际化的经验及对策，并在此基础上对我国高等教育国际化进行了深入的分析与研究，试图回答上述问题。这种探索，对我国高等教育国际化的研究和实践都有巨大的意义。

　　对后发型国家来说，高等教育国际化是诱人的，因为高等教育国际化带来了与发达国家一流大学共享课程和师资、快速提升高等学校办学水平的机遇；同时，高等教育国际化也是一把双刃剑，特别需要警惕的是高等教育国际化可能会使中国高校失去自己的传统与特色，失守自身独立的价值体系。在这样一种两难的处境下，中国高等教育国际化如何发展的确是一个亟须深入研究的大问题。吴坚研究员以自己多年的研究和理性的思维，为我们提供了解决这个两难问题的新思路。第一，我们要从经济全球化的背景下系统审视高等教育国际化，而不是仅仅局限于高等教育内部。经济全球化带来国际激烈的竞争，这种竞争说到底是人才的竞争，这是对高等教育的严重挑战，高等教育国际化就是要使我国高等教育融入这种人才竞争之中。第二，我们要从高等教育的本质特征系统审视高等教育国际化的内涵。要抓住人才培养和科学研究的核心来认识高等教育国际化，不能把经济目的、政治目的无限放大。第三，我们要形成高等教育国际化的正确理念。高等教育国际化要成为跨文化交际的桥梁，是双边的、多边的交流。我们不仅要吸引外国留学生，还要通过各种渠道派出留学生。高等教育国际化要超越狭隘的国家主义，从全人类发展的角度来实施。第四，我们要注意学习其他国家高等教育国际化的经验，吸取教训，不是简单地模仿或引进，而是要通过高等教育国际化提高本国高等教育水平。第五，我们在高等教育国际化过程中更要重视继承我国的优秀文化传统，更加重视自主创新。只有自我能力加强了，才能吸收消化别国的经验，才能进行双向交流。

总之，高等教育国际化已经成为当今世界不可逆转的趋势。面对发达国家先行一步的高等教育国际化局势，我国高等教育国际化发展任重而道远。我们必须不断强化高等教育国际化研究，为中国高等教育国际化提供理论支撑。

2008年12月14日

《学习化社会高等教育的使命》序

　　学习化社会虽然在20世纪60年代就被提出来了，但在我国成为热门话题还是近几年的事。自从中国共产党十六大报告提出"形成全民学习、终身学习的学习型社会，促进人的全面发展"，各地政府都在探讨如何建设学习型社会，学术界也不断深入研究学习型社会的理论、内涵、实施的条件因素、指标体系、政策措施，等等。应该说，在这方面的研究还不够深入和系统，理论研究与社会实践还有脱节的地方。

　　学习化社会、学习型社会应该是同一个概念，我简单地理解，就是"以学习求发展的社会，是终身学习的社会，是知识创新的社会"，即以个体的学习追求个体的发展，以组织的学习追求组织的发展，以社会的学习促进社会的发展，最终促进人的全面发展。人的全面发展是人类追求的理想，但是人的发展必须与社会发展相联系。人的发展取决于生活方式、环境和社会分工，因此人的发展的内容是动态的、发展的。学习化社会，这是知识经济时代的要求。科学技术是第一生产力，知识是生产的第一要素，这就要求人的全面发展。同时，信息技术的发展与应用，远程教育、互联网、数字化的普及更给世界带来无穷的变化，也为人们学习提供了多种多样的形式和极大的便利，为人的全面发展创造了条件。

　　如何具体推进学习化社会的发展呢？这是全社会的系统工程。最重要的是要给社会每一个成员在任何时间、任何空间提供学习的机会和条件，也就是要建立一个终身学习的体系。从教育内部系统来讲就是建立终身教育的体系。这个体系包含正规教育与非正规教育、正式教育与非正式教育；从正规教育来讲，应包含从学前教育到高等教育。但各级各类教育在人的发展中所起的作用是不同的。因此，把各级各类教育纳入到终身教育体系中，就要研究各级各类教育对人的发展的作用。

高等教育是终身教育体系中的重要一环。但是在精英高等教育阶段，它只起到人才职前培养的作用，很少考虑职后培训和终身学习的使命。随着科学技术的迅猛发展，学习化社会的到来，以及随之而来的高等教育的大众化，高等教育要肩负起终身教育的责任。半个世纪以来，各国高等教育在实施终身教育方面已经取得了丰富的经验。因此，从国际比较教育的视野来研究学习化社会各国高等教育使命就很有意义，对于我国高等教育的改革和发展会有重要的借鉴意义。

马健生、孔令帅编著的《学习化社会高等教育的使命》一书，就做了这方面的研究和比较。该书首先对学习化社会的理论发展做了系统的梳理；讨论了高等教育在建设学习化社会中的使命和作用；然后用大量的事实来介绍美国、英国、德国、法国、日本、俄罗斯、中国高等教育的经验。该书内容丰富，资料翔实，为我们清晰地描绘了各国高等教育实施终身教育的蓝图；通过比较分析，给我国建设学习型社会提供了经验，启发了思维。

我国高等教育已经进入了大众化阶段。但是高等教育的管理者们似乎并不理会高等教育大众化对形成学习化社会的意义，高等学校存在趋同化的倾向，大家都想办成高水平的研究型大学。这种倾向不改变，不仅不利于学习化社会的形成，也会自我作茧，限制自身的发展。特别是在当今全球金融海啸带来诸多问题的时候，我国高校的领导者们是否应该反思一下办学的理念和使命？

2008年12月21日

《中国教师教育三十年》序

2008年，是十一届三中全会召开三十周年，这三十年是建设中国特色社会主义的三十年，也是我国教师教育改革开放的三十年，是不断探索和回答如何走中国特色教师教育发展道路的三十年。

三十年来，我们坚持实践是检验真理唯一标准的原则，稳步推进教师教育的改革与开放，逐步实现了传统师范教育向现代教师教育的转型，建构既符合中国的历史又符合今天的国情及时代发展要求、充满生机与活力的现代教师教育制度，进而实现了教师队伍建设的历史性跨越。我国教师教育支撑起了全世界最庞大的教育体系，为经济、社会与人的科学和谐发展提供了充分的人力支持。

当然，我们也应该看到，教师教育长期积存的许多深层次问题还需要在实践中进一步探索解决，比如，学术性与师范性的统一问题、文理学科专业与教育学科专业的协调问题、生源素质与教学质量的保障问题、理论知识与实践能力的培养问题、职前培养与入职教育及职后培训的一体化问题、教师教育制度与教师资格制度的有效衔接问题、教师教育与教师管理的有机结合问题，等等。我们对这些问题都必须进行更为深入的研究，既要借鉴国外先进的教师教育思想、理念、制度、模式和经验，又要总结自身教师教育改革的经验和教训，从本国的实际出发，寻求切实可行的解决之道。

中国是一个文明古国，也是一个教育大国，中华民族素有尊师重教的传统。自1897年盛宣怀在上海创办南洋公学师范院以来，师范教育已走过一百一十多年的历程。2008年8月29日，国家科技教育领导小组第一次会议审议并原则通过的《国家中长期教育改革和发展规划纲要（2010—2020年）》制定工作方案，把培养高素质的教师放在突出位置。9月9日，温家宝总理在与八位来自基层的中小学教师座谈时指出，办好教育，教师是关键，教育大计，教师为本。这不仅充分体现了党和政府对全国一千四百万教师的关怀和重视，而且也凸显了以科学发展观为指导、进一步办好教师教育的战略安排。

教育是国家发展的基石，教师教育则是教育大厦的奠基工程。如何从我国现代化建设的总体战略出发，系统回顾和梳理改革开放三十年来教师教育的发展轨迹，理性分析和把握其制度变迁进程中的焦点问题，充分呈现和展示其做出的历史贡献，全面总结和反思其发展的成败得失，找准症结，提出思路，探索中国特色的教师教育道路，进而为教育事业的全面发展和人力资源强国的建设提供优质的师资保障，是一个重大的时代课题，也是一个历史性的命题，需要教育界乃至社会各界共同来探讨。

由浙江师范大学校长梅新林教授主编的《中国教师教育三十年》和《聚焦中国教师教育》两部著作，以对国内外教师教育发展的历程、现状和未来走势的准确把握为基础，通过对大量历史文献的梳理，从纵横两个不同的界面切入，立体而全方位地探讨教师教育的问题。

《中国教师教育三十年》一书，从制度设计、理论研究、实践探索、历史成就四个维度，对改革开放三十年来我国教师教育走过什么样的路程、出台过哪些重大的政策、开展过哪些重要的研究、进行过哪些卓有成效的实践、取得过哪些举世瞩目的成就，教师教育的体系和制度是否得到完善、教师教育的学科和专业建设是否得到加强、教师教育的课程和教学改革是否富有成效，教师队伍的学历层次、资格标准、专业水平以及综合素质是否得到提高等问题做了系统且具史实性的回答。

《聚焦中国教师教育》一书分上、下两篇。上篇聚焦教师教育改革的研究，主要包括教师教育的发展历程与趋势、教师教育的体制改革与模式创新、教师教育的学科与专业建设、教师教育的课程改革与质量保障及师范生的免费教育等热点问题。下篇聚焦教师专业发展的研究，主要包括教师的职业角色与职业素质、教师的职业资格制度与教师职业的专业化、教师的继续教育与专业发展等热点问题。每一章又开合相济，首先铺陈展放，主要罗列各种代表性观点，多维聚焦同一个问题，最后简要总结，阐发著者的思考与认识。

历史是一面镜子。研究昨天，理解今天，是为了更好的明天；回顾过去，正视现实，是为了走向光明的未来。希望这两本书的出版，对厘清改革开放三十年教师教育的发展脉络、准确把握教师教育发展进程中的关键问题、紧扣当代教师教育改革开放的主题词、科学规划教师教育的发展蓝图、进一步繁荣教师教育的理论研究、促进教师教育的实践创新有所助益。

2008年12月

《中国教育六十年》序

1949年，中国历史揭开了灿烂的新篇章。六十年来，共和国走过了一条不平凡的发展道路，从一个贫穷、闭塞和落后的国家逐步走向富裕、开放的社会主义现代化强国，每一步前进的足迹都体现了中国人民的智慧与勤劳。在这六十年发展进程中，教育事业也在艰难之中不断发展，取得了举世瞩目的成就。经过长期的不懈努力，一个具有中国特色的社会主义现代教育体系初步建立，教育事业为提高我国国民素质，为中国社会发展、经济建设做出了重要贡献。

新中国成立之时，国家经济极度落后，教育基础极其薄弱。当时只有20%的学龄儿童能够入学。为了解决世界上最多的学龄儿童入学问题，普及义务教育成为政府的长期发展国策。1949年9月《中国人民政治协商会议共同纲领》提出有计划、有步骤地实行普及教育的方针。之后，政府采取了一系列措施推动普及教育。1957年，小学学龄儿童入学率达到67.7%。特别是1978年改革开放之后，实施义务教育成为政府的重要任务。1980年12月政府下达《关于普及小学教育若干问题的决定》，提出要在80年代基本完成普及小学教育的任务。1982年12月颁布的《中华人民共和国宪法》规定："国家举办各种学校，普及初等义务教育。"中国开始步入依法推进普及初等义务教育的轨道。1985年5月《中共中央关于教育体制改革的决定》确定实施九年义务教育，把实施九年义务教育作为"关系民族素质提高和国家兴旺发达的一件大事"。1986年4月12日通过的并于7月1日施行的《中华人民共和国义务教育法》，规定"国家、社会、学校和家庭依法保障适龄儿童、少年接受义务教育的权利"，开始正式推行九年制义务教育。2000年，全国小学学龄儿童入学率达99.1%，初中阶段毛入学率达85.6%左右。中国政府提出的基本普及九年义务教育的目标顺利实现，用15年时间走完了西方发达国家近百年的普及义务教育之路。2007年，政府全面推行农村义务教育免除学杂费政策。2008年9月1日，全部免除城市义务教育学杂费。2008年，全国小学净入学率达到99.5%，初中毛入学率达到98.5%，青壮年文盲率降到3.58%以下。至此，我国义务教育阶段学生全部实现了免费上学。自孔子提出"有教无类"以来，几千年中国人梦寐以求的理想终于得以实现。

六十年来，我国普通中等教育经过不同时期的调整、改革与发展，取得了巨大成就。1949年，全国普通中学只有4 045所，中等学校学生103.9万人。其中，初中2 448所，在校生83.2万人；高中及完中1 597所，在校生20.7万人。2008年，全国共有普通中学7.29万所，在校生8 061.1万人。其中，初中5.77万所，在校生5 584.8万人；普通高中15 206所，在校生2 476.3万人。与1949年相比，2008年普通中等学校数是当时的18倍，在校生是当时的77.6倍。这是一个令人振奋的历史性壮举。中等教育数量大发展的同时，中等教育质量也不断提高。根据不同时期国家发展与人才培养需要，六十年来，中等教育的学制改革、课程改革、教学改革、考试改革等此起彼伏。1993年2月13日，中共中央、国务院颁布《中国教育改革和发展纲要》，中等教育开始努力由"应试教育"转向全面提高国民素质的轨道，素质教育成为中等教育改革的核心。近几年来，为了全面推进素质教育，各类中等学校纷纷开展新课程与考试制度改革，努力使学生具有健壮的体魄和良好的心理素质，养成健康的审美情趣和生活方式，成为有理想、有道德、有文化、有纪律的一代新人。

在新中国成立以前，接受高等教育向来是少数人的特权，高等学校数量与结构远不能满足中国社会发展的需要。新中国成立后，高等教育在波折中发展与壮大，一个不断适应社会发展需求的多元化高等教育体系逐步建立起来。在高等教育六十年的发展中，人们可以发现高等教育服务社会发展的清晰轨迹。1950年召开的第一次全国高等教育会议即提出，高等教育必须培养具有高度文化水平的、掌握现代科学和技术成就的高级国家建设人才。尽管不同时期社会要求不同，高等教育发展也走过弯路，但服务社会与经济发展需求的思路并没有根本性的变化。经过六十年的艰难发展，中国的高等教育发生了根本性的改变。我们欣喜地看到，中国高等教育的总体规模与学生数量的巨变：1949年，中国高等院校仅205所，在校生人数为11.7万人。2008年，全国共有普通高等学校和成人高等学校2 663所。普通高等教育的毛入学率达到23.3%。全国普通高校招生607.7万人，在校生达到2 021万人，各类高等教育在学人数达到2 900万人。中国不仅奇迹般地实现了高等教育大众化，而且成为世界上高等教育大国。我们可以自豪地说，在中国社会主义现代化建设取得的巨大成就中，高等教育培养的人才发挥着中流砥柱的作用，高等教育为中国的崛起提供了强有力的人才与智力保障。六十年来，高等教育在风风雨雨中走过了从简单模仿到中国化改造、从跟随学习到努力超越的历程。近几年来，中国高等教育在科研、教学、社会服务等方面采取了一系列有效措施，从量的扩展走向了注重内涵发展的道路。一个多层次、多类型的中国高等教育体系正不断发展、逐步完善，并积极走向世界高等教育舞台。

新中国成立后，在党和国家有关职业教育方针、政策的指引下，我国借鉴苏联办学经验，对职业学校进行整顿与改造，逐步形成以技术为导向的职业教育，职业教育发展较快。从1949年至1952年，中等专业学校由1949年的1 171所发展到1952年的1 710所，在校学生由1949年2.29万人增加到1952年6.36万人。1965年，我国已建成中等专业学校1 265所，在校生54.74万人；技工学校281所，在校生10.1万人；职业中学61 626所，在校生443.34万人。职业教育为经济建设培养了大批技术人才。"文化大革命"期间，职业教育遭受摧残。改革开放以后，根据职业教育和普通教育并举的策略，职业教育得到迅速恢复与发展。1996年颁布实施的《中华人民共和国职业教育法》，确立了职业教育在经济社会发展中的重要地位和作用，规定了政府、行业企业和社会各方面兴办职业教育的职责和义务，建立了职业教育体系，完善了职业教育体制和保障条件等重要内容。进入21世纪，政府于2002年、2005年分别做出大力发展职业教育的决定，明确指出职业教育是经济社会发展的重要基础、教育工作的战略重点，提出"以服务为宗旨、以就业为导向"的职业教育办学方针，推动职业教育迅猛发展。2008年，全国中等职业学校(包括普通中专、职业高中、成人中专和技工学校)共有14 767所，在校生达到2 056万人，与普通高中教育招生规模大体相当。高等职业院校共有1 184所，在校生达到900多万人，其招生规模约占普通高等院校招生规模的一半。同时，各种形式的职业技术知识与技能培训发展迅速。六十年职业教育的发展，为我国各行各业输送了大批高素质技能型、应用型人才，为社会主义现代化建设做出了重要贡献。

　　六十年的发展，中国人民描绘出教育史上最绚丽的画卷。但是，随着时代的进步，我国教育发展中仍然存在着不少亟须不断改革与逐步完善之处。根据创新型国家建设的需求，培养创新型人才成为各级各类学校的共同使命。更新教育观念，提高教育质量，全面推进素质教育在相当长的一段时期内是教育改革的重要任务。促进教育公平，办人民满意的教育是我国教育发展的主要方向。历史在前进，创新的步伐将永不停歇。我们充分相信，铸就六十年教育辉煌的中国人民在新的历史时期将创造新的奇迹。

回顾中国教育六十年改革与发展的历程，展示其巨大成就，梳理不同时期的发展脉络，分析存在的问题与解决途径，总结发展特点与经验教训，无论对理解共和国教育的历史，还是厘清我国教育未来发展思路都有裨益。《中国教育六十年》丛书的作者们在这方面开展了许多有益的工作，这是对庆祝新中国成立六十周年的最好献礼。作者希望我写几句话，是为序。

2009年8月29日

《百年树人——成都老校名校的历史与传承》序

　　学校是传递文化和创造文化的特定机构，学校文化建设是学校工作的有机组成部分。2003年3月，我曾经在清华大学关于创办一流大学研讨会上做了一个简短的发言——"铸造大学的灵魂"。我认为："学校要有文化的底蕴。文化的底蕴越深厚，学校的基础越深厚。大学本来就是文化的产物，是研究文化、创造知识、创造文化的场所。如果一所大学没有文化的底蕴，是创造不出新的文化来的。"大学如此，中小学或幼儿园也是如此。

　　我认为，学校文化是经过长期发展和历史积淀，形成的全校师生（包括员工）的教育实践活动方式及其所创造的成果的总和。它包含物质层面（校园建设）、制度层面（各种规章制度）、精神层面和行为层面（师生的行为举止），而其核心是精神层面中的价值观念、办学思想、教育理念、群体的心理意识、思维方式等，因为这种精神文化直接制约着学校的管理文化、实践文化和物质文化。

　　因此，学校文化建设的核心是精神文化的建设，这种精神文化是经过全校师生的长期努力，逐步建立起来的具有本校独立品格的文化传统。这种学校文化传统一旦建立起来，就具有指导学校办学方向、统一价值观念、规范制度行为、引导师生的思维方式、引领师生教与学行为的作用，就能凝聚全校力量，为实现学校的办学目标而努力。所以，学校文化是学校的灵魂，一个没有独立品格的文化传统的学校，师生员工就会如一盘散沙，缺乏努力的方向和动力；学校发展就会逐步失去"精、气、神"和持续发展的后劲。

学校发展离不开自己的灵魂，地方教育的发展也需要自己的主心骨。学校文化是地方教育文化的具象和实践，只有地方教育的文化厚重深刻、凝练清晰，地域内的学校才能生动活泼地进取和富有创意地发展，才能在五彩缤纷的实践中形成富有意蕴的文化品格。学校文化和地方教育文化彼此辉映、互动发展，才能形成区域内全面谋划、系统思考、点面结合、和谐推进教育与学校发展的良好格局。

成都的教育文化源远流长，2000多年前的文翁首开地方政府办学之先河，一代代成都人秉承文翁精神，广设学校，大兴教育，人才辈出，底蕴深厚，使成都成为文化名城和教育重镇。本书展示了成都教育的源远流长、成都教育人的爱满天下、学校教育的百花齐放和学校发展的百舸争流。一斑窥全豹，局部见整体。二十六所学校的传承、二十六所学校的追求、二十六所学校的发展，见证了成都教育的深厚文化，反映了成都学校自强不息、改革创新的奋斗精神。

书中的学校，诠释和丰富着"和谐包容、智慧诚信、务实创新"的成都城市精神和成都教育精神。品读这本文集，我感受到了成都教育的厚重文化、成都学校的孜孜以求和学校文化建设的智慧大气。这些学校秉承了悠久的办学传统，融合了现代的城市精神，闪烁着改革的智慧，不断创新，追求品牌，形成了自己的文化品格。透过这些学校，我看到了成都教育的美好前景和学校文化建设的勃勃生机。

学校文化建设促进了区域教育的繁荣，成都区域教育和学校发展形成了系统推进、互动共生的良好格局。近几年来，成都教育特别是城乡教育取得了很好的成绩，得到了各级领导的高度肯定，引起了学者、学校、社会等多方面的高度关注。2009年4月5日，教育部、四川省政府和成都市政府签署了"部省市共建城乡教育综合改革试验区协议"，成都在推进城乡教育统筹发展方面承担了更加艰巨的任务。我欣喜地看到，在这部文集中，农村学校的文化建设取得了可喜的成绩。据我所知，农村学校的文化建设，已成为成都推进城乡教育一体化的重要内容。这一决策和举措，对高水平、高质量地推进城乡教育一体化具有极其重要的意义。

学习是学校文化建设的动力和源泉，学校文化建设是一个长期、持续的过程。愿所有的学校文化建设者，在学习中紧跟时代步伐，不断创新，以获得更好的发展。愿成都城乡教育综合改革试验区取得更好的成绩。

2009年8月

《现代职业教育教学理论与方法丛书》序

温家宝同志在《百年大计　教育为本》一文中指出："大力发展职业教育，既是经济发展的需要，也是促进社会公平的需要。"又说："职业教育的根本目的是让人学会技能和本领，从而能够就业，能够生存，能够为社会服务。从这一点来说，职业教育是面向人人的教育，是面向整个社会的教育。"职业教育如此重要，但是在我国长期得不到应有的重视。这中间有陈旧的文化观念问题，有劳动人事制度问题，也有教育发展不均衡、结构不合理的问题。经济全球化，特别是当今全球经济危机给我们敲响了警钟，不重视技术人才的培养，在制造业上没有创新，没有高技能支撑，就很难在国际经济贸易竞争中取胜。同时教育进入大众的时代以后，高中阶段教育即将普及，高等教育已进入大众化，发展职业教育是促进社会公平的重要基础。因此教育学术界也应该重视职业教育理论和实践的研究。

近些年来，我国职业教育在科学发展观的思想指导下，在中央的政策和财政的支持下，有了较大的发展，特别是2005年全国职业教育工作会议以后，我国职业教育得到迅速的发展。但是新的矛盾又出现了，这就是师资问题。近年来，国家先后实施的"骨干教师培训""千所示范中职""提高职业学校基础能力"等工程已取得显著效果，职业教育质量有所提高。但是师资的匮乏，特别是双师型教师的匮乏仍然是我国职业教育发展的瓶颈。因此，加快加强职业教育教学的理论研究和双师型教师的培养与培训是当前我国发展职业教育的关键。

改革开放初期，由于我国职业教育教学理论的贫乏，国内学者汲取了国外职业教育教学理论和实践经验，如国际劳工组织的MES、德国的双元制、北美的CBE和日本的产学合作等，这对于催生和发展我国职业教育教学理论起到了一定的借鉴作用。但是，国外的这些理论似乎"水土不服"，并不能在中国生根开花。于是，国内学者立足国情开展了具有中国特色的"工学结合""半工半读"等教学理论研究，推动了我国职业教育研究向"本土化"转型。1999年，教育部召开了全国职业教育教学改革工作会议，出台并实施了《关于全面推进素质教育，深化中等职业教育教学改革的意见》和《关于制定中等职业学校教学计划的原则意见》，启动了职业教育跨世纪教学改革工程，一批有中国特色的教学改革成果应运而生。

回顾我国职业教育教学不断发展与改革的实践，虽然取得了一定的成绩，有力地推动了职业教育质量的提高，但是，职业教育教学过程中也存在着无法回避的问题，亟须科学的、适应中国职业教育特性的教学理论的指导。近些年虽已有与此相关的论著问世，却鲜有论著从整体上阐述职业教育教学理论，而结合职业教育本质属性和专业类别对专业教学法进行探讨的更是凤毛麟角。为此，天津工程师范学院孟庆国教授牵头申报并获批了全国教育科学"十一五"规划职业教育专项课题"现代职业教育教学论研究"，组织一批拥有丰富职业教育教学理论和实践经验的专业教师，编撰了《现代职业教育教学理论与方法丛书》，以期配合教育部关于全面推进职业教育教学改革的重点目标，推动我国职业教育教学事业的发展。

丛书包括《现代职业教育教学论》《现代职业教育机械类专业教学法》《现代职业教育汽车类专业教学法》《现代职业教育电类专业教学

法》，共四册。丛书第一册分别以时间、空间和教学三因素为线索，阐述了现代职业教育教学思想、观念的历史沿革，现代职业教育的教学实践，现代职业教育教学的设计、模式和教学内容开发，以及现代职业教育教学发展的动向，落实素质教育为基础、能力为本位的职业教育教学思想。丛书的第二、三、四册，以独特的视野构建了机械类、汽车类和电子信息类专业的职业教育教学论体系，并对各类专业的教学法进行了深入的研究。丛书进行了如下新的尝试。

第一，对已有研究成果中分散的、侧重职业教育教学中一个或多个方面的理论进行梳理，结合具有现代特征的职业教育教学因素，初步构建现代职业教育教学论体系。

第二，依照我国职业教育教学的发展历程，对近三十年来中国职业教育教学的发展与改革进行梳理。丛书的四个分册，不仅对国外经典职业教育教学理论与模式进行了阐述，也对我国职业教育工作者依据本国实际摸索出的职业教育教学理论与模式进行了归纳与总结。

第三，初步构建了机械、汽车、电子信息的专业教学法。职业教育的专业不是传统或通常意义上的学科性专业，不是按照学科体系构建专业的"压缩饼干"，而是对相关职业领域里的职业群或岗位群的从业资格进行高度归纳概括后形成的一种专业教学能力体系，或者说是对不同职业领域实施的一种科学"编码"。因此，职业教育各专业类别的教学总是与职业或职业领域以及职业或职业领域的行动过程紧密联系在一起的。所以丛书在构建职业教育教学论体系的前提下，依据机械类专业、汽车类专业和电子信息类专业的职业特点分别编写了体现这三类专业特色的专业教学法，对近三十年来在经典职业教育教学理论指导下的专业教学实践进行理论的再提炼。

天津工程师范学院我去过两次，第一次还是在十多年以前，评审第三届全国高等学校优秀教学成果的时候，我对他们培养双师型教师的教学改革印象很深，该项改革获该届优秀教学成果一等奖。后来又去过一次，也是讨论职业教育改革问题。"筚路蓝缕，以启山林"，十多年来他们认真学习，不断钻研，终于总结为《现代职业教育教学理论与方法丛书》。这是他们对新中国成立60周年奉献的厚礼。我不懂得技术教学，因此对内容不敢妄加评论，但我相信本套丛书会给职业教师教育带来新鲜的理论和经验。衷心希望职业教育研究机构、高等职业技术师范院校的老师们有更多的研究成果问世，为全面提升职业教育质量做出贡献。

2009年9月

《京剧启蒙》序

中华传统文化源远流长，丰富多彩。它是中华民族几千年来实践创造的文明成果。中华传统文化包含了丰富的物质文明和精神文明。特别是精神文明，它是中华民族的灵魂，它使中华民族团结一心，发奋图强，克服一切困难，在物质生产和精神生产方面创造了一系列奇迹，为全人类文明发展做出了伟大贡献。

京剧是中国传统文化中最有代表性的非物质文化遗产之一，是中国的歌剧，是中华艺术的瑰宝。它集音乐、舞蹈、文学、绘画、服饰于一身，集中反映了中国人创造美、表现美、欣赏美的艺术水平和境界。

我不懂京剧，但喜欢京剧。说喜欢是有一个过程的。记得在新中国成立前的上海，有一位亲戚请我去听杜近芳的戏，票很贵，但是我听了一半就跑出来了，因为听不懂。直到1958年看了昆曲《十五贯》、京剧《锁麟囊》，才逐渐喜欢上京剧。特别是50年代末，我把母亲从乡下接来北京，她喜欢戏剧，在乡下总爱看地方戏，当然早就听过梅兰芳的大名。那时梅兰芳博士每年暑假都要到我们北师大来表演。1959年来北师大表演《贵妃醉酒》，我专门请母亲到北师大来看戏。那次梅博士的表演不仅感动了我母亲，也使我深深震撼。那年我又陪着母亲到中山公园音乐厅听了梅博士的《宇宙锋》和由多位京剧大师合演的《赵氏孤儿》等剧目，从此开始喜欢京剧。

我个人的经历说明，欣赏京剧这种高雅艺术需要一个启蒙、引导、解读的过程。如果一个人从小受到京剧的启蒙和熏陶，他就会逐渐喜欢京剧、欣赏京剧，从而欣赏中华艺术之美。

艺术不仅是美的教育，更是心灵的教育。剧情可以让人们受到中华美德的熏陶。京剧的许多剧目都有深刻的伦理道德意义。

汪锦生先生编写《京剧启蒙》系列读本，确是普及京剧、传播中华文明的极为有益的工作。我也期待着读读这套书，以便扫扫我这个京剧盲。我想读本的出版一定有助于京剧的普及，有助于中华文明的传承和发展。

作者希望我写几句话，我就写了这几句门外汉说的话。

2010年元旦

《20世纪教育名家书系》序

　　我国教育历史悠久，源远流长，但是近代教育在我国的产生不过是近百年的事情。特别是20世纪二三十年代，我国学者大量介绍西方教育理论，开展众多实验研究，为我国教育跟上世界教育发展的潮流和教育科学的建立奠定了基础。可惜抗日战争打断了我国教育现代化的进程。新中国成立以后，我国教育走上了蓬勃发展的道路，教育科学研究也逐渐得到恢复。特别是改革开放以后，教育科学迎来了发展的春天。从引进外国教育理论到创建中国特色社会主义教育理论体系，这是一条漫长的、曲折的，但又是十分壮丽的事业发展之路。我国教育理论工作者付出了几代人的努力，正在不断探索前行。

　　任何科学的发展都要靠知识的不断积累和创新，教育科学的发展也不例外。因此，了解前人研究的成果，站在前辈的肩膀上，可以使我们的攀登容易一些，快捷一些。为此，我们和江苏教育出版社策划编辑出版了《20世纪教育名家书系》。第一辑选择了刘佛年等9位教育名家。这几位教育名家是我国教育科学现代化进程中承上启下的人物。他们大多就学于20世纪三四十年代，许多人都在国外留过学，可以说都是学贯中西。新中国成立以后，他们为新中国的教育学科建设做出了贡献。可惜由于"文化大革命"之前和"文化大革命"中"左"的思想的影响，他们的作用没有充分发挥出来，有的甚至受到打击迫害。改革开放以后，他们重新焕发了青春，积极投入到教育学科建设之中。他们是我国第一批博士研究生导师。现在教育理论界的骨干，可以说都是他们的学生。

他们也是我的老师，虽然我没有直接受教于他们，但是他们作为前辈对我的影响、帮助和扶植使我永远铭记于心。例如，王焕勋教授，我自从1956年回国以后，一直在他领导的教育学教研室工作。1958年他任北京师大附中校长，又把我调到他身边，在他领导下工作四年之久。他对我的影响是深远的。又如王承绪教授，我国比较教育学科就是在他的指导下建立起来的。他的博士研究生论文答辩会几乎都是让我主持的，给了我许多学习的机会。而且值得提到的是，每次去杭州，他都到机场去接我。王老师不仅给我学业上许多帮助，他的人格也给我深刻的影响。滕大春教授、刘佛年教授都给我说不尽的帮助。滕大春教授还说我们是忘年之交，我们的感情已达到亲授弟子之谊。因此，我是怀着对前辈的敬仰之情来主编这套书系的。每册主编也都是该名家的亲授弟子，由他们对内容加以精选。因此，我相信，这套书系的出版，必然丰富我国教育科学宝库，他们的道德文章必将给青年教育理论工作者以教育和启迪。

2010年5月3日

《寻找把教育学托上天空的彩云》序

炳照走了，好似不辞而别地走了，他走得如此突然，那么仓促，我们没有来得及话别，没有来得及再叙叙旧。炳照常常称我为老师，其实我哪里是他的老师，而是同学，是同事，是朋友。只不过我比他年长几岁，早几年毕业而已。我认识炳照是在1962年我从师大附中被调回师大，他正在中国教育史研究班学习的时候。我因为在师大只上了两年学就到苏联去了，没有学过中国教育史，因此就到中国教育史研究班去旁听。所以我说与炳照是同学，一点不假。炳照毕业就留在教育系，我们又是教育系的同事，一直到他走的那一天。其间我们又曾同是国务院学位委员会教育学科评议组成员，每次开评议会他都帮助我做许多工作。他还帮助我编纂《中国教育大系》《中国教育大百科全书》。我们两人的情谊岂能用同学、同事、朋友几个词说得清楚。

炳照是中国教育史学界承上启下的人物。他师承毛礼锐、陈景磐、陈元晖、邵鹤亭、瞿菊农等老一辈教育史学家。"文化大革命"结束以后，他接过这批老先生的班，开拓中国教育史的研究。他先后主编了《中国教育思想史》《中国教育制度史》等专著，又参加了《中华人民共和国教育史》的编纂工作。他对我国古代私学、书院和科举制度深有研究。他不仅研究中国教育通史，而且拓展了区域教育发展史的研究。他对教育史学也有较深的研究和独特的见地。

他坚持教育史研究中"古为今用，以史为鉴"的史学原则。他认为研究中国教育思想史就要"探寻教育思想产生、发展及其演进的历程，挖掘历代教育思想的丰富内涵，总结前人认识教育现象、指导教育实践的成功经验和失败教训，揭示教育思想发展的客观规律"；研究中国教育制度史"也不能仅仅局限于对历代教育制度做出历史文献史料的描述，更重要的是应该在重新审视中国历史上教育制度的形成、发展和变化的历史时，回答教育制度作为一个历史存在物的存在特性，及其与现实存在的教育制度之间的关联，探讨现代教育问题的历史根源"。

他在史学研究中始终坚持辩证唯物主义和历史唯物主义的方法论，实事求是。例如，他对待传统教育持两点论的态度，认为中国传统教育具有鲜明的二重性，"传统教育重视德育，提高了中华民族的文化素养和文明程度，形成了多方面的传统美德，同时又强化了神权、君权、父权、夫权，勒紧了四大精神枷锁"。只有坚持两点论才能认识传统教育的本质，才能正确处理传统教育与教育现代化的关系。

炳照虽然是研究中国教育史的，但他一直关注中国教育改革和发展的现实。他对基础教育、职业教育，特别是师范教育给予了很大的关注，撰写了许多论文。直到去世前夕，他还对当时国家中长期教育改革和发展规划纲要的制定提出中肯的意见。

炳照作为国家重点学科的学术带头人，不仅开展了中国教育史多领域的研究，而且培养了十五届博士研究生，四十多名获得博士学位，为中国教育史的学科建设做出了重大贡献。

炳照为人达观、率直、诚恳，乐于助人解困排难；治学严谨、慎思、笃学，勇于探索学术创新；为师以身作则，诲人不倦。他为教育学科的建设、人才的培养，特别是中国教育史的建设做出了重大的贡献。

本书的出版不仅是对炳照的最好纪念，也丰富了中国教育理论宝库。读者一定会从他的论文中学习到他的道德文章。正是：

做人、做事、做学问一丝不苟，精神常在；

同学、同事、同讲坛四十余载，情谊非常。

2010年5月8日

《探索之路——北京景山学校在"三个面向"指引下的教育改革》序

景山学校是在教育改革中诞生的。1960年成立的时候正是教育大革命以后,探索着走我们自己的路。在这之前,中国教育在向苏联学习一面倒的政策下,一直是以苏联教育为蓝本的。到1958年,我们开始感到苏联教育并不是十全十美的,许多东西不一定适合中国的国情,开始进行改革,寻求建立中国自己的社会主义教育体系。景山学校就是在这样的背景下创办起来的。

在"文化大革命"之前的六年中,景山学校开展了许多改革实验,成为教育改革的先锋。"文化大革命"结束后,景山学校焕发了青春,特别是邓小平同志为景山学校题写"三个面向"以后,景山学校高举"三个面向"的旗帜,坚定不移地走改革创新之路,取得了新的辉煌。景山学校的经验值得认真地总结。这个总结应该主要由景山学校的教师们自己来做,才能做得深刻、真切。我是一名关注者,也是同时代过来的人。当时我在师大附中工作,附中也在进行改革,改革开放初期我多次参加由童大林召开的座谈会,讨论景山学校发展的问题。我也想谈几点感想,不一定真切,不一定正确。

第一,景山学校的改革目标很明确,起点很高,在创办之初就瞄准要培养高质量的全面发展的人才,拿今天的词汇来讲,就是要培养创新型人才——他们的信念要坚定、知识要丰富、要有创造精神和能力，也就是后来邓小平同志倡导的"四有人才"。学校要改变过去"少慢差费"人才培养的模式。改革开放以后，国家曾多次研究如何实现教育现代化问题，认为要把最先进的知识教给学生。所以邓小平同志"三个面向"的题词不是偶然的，是非常切合景山学校的实际的。

景山学校在当今应试教育大行其道的时候，仍然坚持素质教育不动摇，坚定不移地培养创新人才，这是十分难能可贵的。这就是景山学校的精神。

第二，景山学校紧紧抓住课程改革这个核心，以小学的课程改革为起点。小学语文采用黑山经验，分批集中识字，用一、二年级两年时间解决识字问题；语文教学以作文教学为中心，带动阅读教学；高年级增加了文言文的分量；等等。数学引进了外国的教材，在师大几位老师的帮助下，自编小学数学教材。改革开放以后，景山学校更加坚持改革，在教学现代化、信息化方面开创了我国教育改革的先河。

第三，景山学校在学制上进行改革，把小学和中学连贯起来，统一调整课程，为一贯制学校创造有益的经验。

第四，景山学校有坚强的领导和领导集体。景山学校是当时中宣部直接举办和领导的，中宣部给了许多特殊政策，如学制的改革、课程教材的改革等。中宣部秘书长童大林同志为景山学校的发展倾注了大量心血。直到前几年他生病住院之前还召开座谈会，讨论景山学校发展的问题。

景山学校本身也有很强的领导集体。方玄初、贺鸿琛、苏式冬、陈心五、刘曼华等都是景山学校的元老，他们团结一致，为景山学校的发展奠定了坚实的基础。

第五，景山学校有一支高质量的教师队伍。建校之初，景山学校从北师大调来了一批教师和应届毕业生。他们都受过良好的师范教育，懂得教育规律，有创新改革的精神，无论从整体素养来讲，还是从业务能力来讲，都堪称一流。正是有了这支队伍，景山学校才能够高屋建瓴地把握教育改革的方向，才能具体地进行教育教学改革，包括课程教材的改革，才能坚持素质教育不动摇。

　　景山学校是在改革中诞生的，也是在改革中成长的。邓小平同志"三个面向"题词以后，景山学校进入了新的历史发展时期。二十多年来，景山学校高举"三个面向"的旗帜，坚持改革创新，探索新时期教育规律、教学规划、人才成长规律，又获得了许多新经验。范禄燕主持景山学校以来，继承了景山学校改革创新的传统，坚持在"三个面向"指引下探索深化教育改革之路。范校长把他在领导景山学校教育改革中的规划、报告、经验、体会汇集成册，就是这部数十万字的巨著《探索之路——北京景山学校在"三个面向"指引下的教育改革》。该书内容丰富，涵盖了学校规划、管理、课程、教学及对外交流等方方面面，虽然有点零散，但可见景山学校经验之丰富。我想通过本书，读者会更加了解景山学校，并从中得到许多启示。

2010年6月5日

《谁来办好每一所学校——9位名校长的办学智慧》序

最近发布的《国家中长期教育改革和发展规划纲要（2010—2020年）》中有一句话，叫"办好每一所学校，教好每一个学生"。办好每一所学校是提高教育质量的根本，实现教育公平的途径。教好每一个学生是育人为本的目标，办让人民满意的教育的要求。从一个学校来讲，这就是对教育规划纲要的具体落实。

谁来办好学校，除了政府提供办好学校的必要条件以外，就是要靠学校的校长和全体教师，尤其是校长。俗话说，有一名好的校长，就有一所好的学校。虽然有人反对这种说法，他们说，办好学校还要依靠广大教师呐！不错，但谁来把广大教师组织起来呢？是校长。校长是学校的旗手，是首脑，他需要团结带领全体教职员工为办好学校而共同努力。学校犹如一艘龙舟，校长虽然不是划手，但他是拿着旗子喊着号令的人，他的号令，他的节奏，决定龙舟能不能快速向前。

我经常讲，教育是一门科学，科学是有规律可循的。校长要懂得教育规律、人才成长的规律。教育又是一门艺术，艺术需要悟性。校长也需要有悟性，既能悟透办学的道理，又要悟透教师、学生的心理。这就是校长的智慧吧！

校长需要什么智慧？谁也说不清楚。智慧是难以言状的。孔子曰

"仁者爱人""克己复礼为仁"，是智慧；老子曰"道可道，非常道"，也是智慧。可见，智慧是因人而异的。校长的智慧也是因人而异、因校而异的。智慧可不可以用科学与艺术的结合来形容？我没有把握，但可以说说具体的事情。

例如，大家常说，没有爱就没有教育，这是不是科学的规律？但怎么做到爱，让学生感受到爱，这是不是一种艺术？

又如，没有兴趣就没有学习，是不是有一定的道理？但培养学生的兴趣，则需要教师的教育艺术。

再如，校长要调动教师的积极性，共同办好学校，是不是一条科学规律？但调动教师的积极性，就需要有点管理艺术。

所以我得出一个结论就是，校长的智慧就是校长科学思维与艺术思维的结晶。

以上我讲的都是废话。还是来看看9位校长的智慧吧！他们是个个有特色，人人有高招。这几位校长大多我都很熟悉，他们确实有高招，学校办得好，在群众中有声誉。那么我们怎么学习他们的管理智慧呢？既然智慧难以言状，别人的智慧是无法直接拿过来用的，那么我们只有寻找他们产生智慧的途径，了解人家是怎样产生教育智慧的，然后通过自己学习、领悟产生自己的教育智慧。

综观9位校长的智慧，我们可以找到一些共同点，大致有以下几点。

都热爱教育工作，全心全意扑在学校上；

都着眼于孩子的一生发展，热爱每个孩子，相信每个孩子都能成才；

把所有精力放在学校的教育教学工作上，深入课堂、深入教师、深入学生；

把学校办成一个学习共同体，引领全体教师不断学习，建立共同的价值观、共同的学校愿景，使每一名教师都有明确的努力目标；

尊重学校历史，积淀学校文化，同时研究不断创新，把学校办出特色。

可能还有一些共同点，读者可以在本书中去寻找。

这本书有一个很大的特色：不是简单地报道9位校长的事迹，赞扬他们的经验，而是有对校长的印象、与校长的对话、校长的管理思想、校长的名言语录，有对学校的印象、学校的档案、学校的特色、学校活动的解读等栏目，非常有可读性。虽然读者不能直接拿到智慧，但一定能受到启发，找到教育的智慧。

2010年8月2日

《王焕勋教育文集》前言

　　王焕勋是新中国成立以后第一代教育学专家，是从老解放区过来的从事教育和教育研究的老革命干部和专家。王焕勋早年毕业于北京大学教育系，1937年七七事变爆发后，在开封、洛阳等地做救亡工作。1938年赴延安，在陕北公学学习，1939年参加了华北联合大学的创建工作，后来又在边区政府做地方教育工作，并在《教育阵地》上发表多篇文章。1947年在中共中央宣传部徐特立主持的教育研究室工作。1948年华北大学成立，王焕勋转到华北大学二部讲授教育学。新中国成立以后不久，华北大学并入新创建的中国人民大学，王焕勋担任教育学教研室主任。1951年，中国人民大学教育学教研室并入北京师范大学教育系，王焕勋继续任教育学教研室主任。那时，中国人民大学和北京师范大学先后开办了教育学研究生班和教育学大学教师进修班。新中国成立以后建立的师范院校教育学科的教师大多是王焕勋的学生。

　　中华人民共和国成立以后，我国确立了"一面倒"向苏联学习的方针。1949年12月23日至31日，第一次全国教育工作会议在北京召开。会议提出："建设新中国教育要以老解放区新教育经验为基础，吸收旧教育某些有用的经验，特别要借助苏联教育建设的先进经验。"从此在全国掀起了学习苏联教育经验的高潮。王焕勋就担负起了这个承上启下的工作。他以高度的热情投入到新中国教育理论的建设工作中。他一面孜孜不倦地学习苏联教育学理论，一面以老解放区的办学经验为基础，领导了新中国第一个教育学教研室的工作。为了更好地理解苏联教育学的基本理论，王焕勋撰写了《我们应该如何理解教育学上的三个基本概念：教育、教养和教学》一文，《光明日报》用整版篇幅发表了这篇文章，在全国教育学界产生了巨大的影响。可以说，王焕勋为新中国教育学理论建设奠定了基础。

对于苏联教育学对中国教育学理论的影响，学术界一直有议论。但历史地来看，新中国成立之初向苏联学习除了有政治因素以外，也是有其积极意义的：苏联教育学力图以马克思列宁主义的方法论来分析人类教育的本质和功能，强调教育主要是在教学的基础上实现的，向学生传授系统的科学文化知识，以及强调教师的主导作用等，这些理论对恢复和稳定新中国成立初期的学校教学秩序、建立新的社会主义教育理论体系都起了一定的作用。当然，苏联教育学本身有许多不足，这是后来我们逐步认识到的。新中国成立初期的这段历史值得我们总结，它在我国教育学科建设中的作用是难以抹去的。王焕勋应是新中国教育学科建设的奠基人之一。

"文化大革命"结束以后，王焕勋步入晚年，但他仍然为中国教育学科的建设和培养教育学科研究人才而努力。1980年2月12日第五届全国人民代表大会常务委员会第十三次会议通过了《中华人民共和国学位条例》，不久国务院成立了学位委员会和学科评议组。王焕勋担任了第一届教育学科评议组成员，成为我国第一批教育学博士研究生导师之一（被批准为第一批教育学科博士研究生导师的还有刘佛年、张敷荣、高觉敷、李秉德等），并开始培养我国第一批教育学科研究生。这批研究生现在都是我国教育理论界的骨干。王焕勋为教育学科的研究队伍建设做出了重要的贡献。

在教育科学"七五"规划期间，王焕勋率领他的团队承担了国家重点课题项目"马克思教育思想研究"。其成果《马克思教育思想研究》获国家图书一等奖。王焕勋为该书撰写了前言和《如何理解马克思关于教育的论述——学习〈临时中央委员会就若干问题给代表的指示〉》一文。该文认真研究了马克思的英文原文，澄清了许多因翻译的错误所造成的对马克思关于教育论述的误解，为马克思主义教育学的建设做了奠基性的工作。《马克思教育思想研究》一书虽然执笔的作者不同，但是是在王焕勋带领的团队集体讨论研究后完成的，渗透了王焕勋的教育思想和心血。

王焕勋在老解放区的报纸杂志上发表过许多文章，可惜当时均以笔名署名，今天已难以考证，无法收集到这本集子中来。这实在是一件十分遗憾的事。我们这里收集了《教育阵地》杂志中有关文章版面照片，以作纪念。

王焕勋学贯古今，无论是对儒家教育学说，还是对现代教育理论都有深入的研究。他治学十分严谨，轻易不动笔写文章。但发表的文章，总是散发出真知灼见的光芒，就如上面列举的几篇文章，都对新中国的教育学科建设产生了巨大的影响。

应该说，"文化大革命"以前和"文化大革命"中我国教育科学研究在"左"的思想影响下缺乏研究和自由发表意见的环境。十一届三中全会以后，我们才迎来了教育科研的春天。但这时王焕勋已步入晚年，体弱多病，他又严格谨慎，因此常常是述而不作，发表的论文不多。但仅我们收集到的几篇论文，就可堪称经典之作。加上他在新中国成立前后的教育研究工作和人才培养工作，他应该称得上是新中国教育学科建设的奠基人。

2010年9月4日

《朱永新教育文集》序

我认识朱永新是在20世纪90年代初。当时收到苏州大学朱永新的一封信，邀请我去参加由日本国际教育学会委托他在苏州举办的教育研讨会。我以为他是一位老同志，会上见面才知道是一位中年学者。那时他才30多岁，刚从日本留学回来，在日本学的是心理学。他给我的第一印象是很热情，并且有一种意气风发的激情，想为我国的教育做一些贡献。

过后不久，他与江苏教育出版社策划要编一部《世界教育大事典》，邀请我担任主编。我当时有点犹豫，觉得工程浩大，编一部《教育大辞典》已耗了我12年的时间，不太想再来接手这样大的工程。无奈受到他极大的"蛊惑"，再加上袁振国等一批青年学者的助阵，我只好败下阵来，接受了他的邀请。该书编了差不多五年时间。其间，永新作为副主编，出了很多力，使我感到他是一个务实的人、很好合作的人。

以后我们的接触就比较多了。他担任苏州市副市长期间，中国教育学会与江苏省教育厅、苏州市政府合作于2001年举办了"21世纪教育论坛"，讨论教育国际化、数字化与基础教育问题。这次论坛组织了专家对话，形式新颖，内容丰富，会议开得很成功，中央电视台连续播放了好几集。后来中国教育学会又在苏州市召开第十九次学术年会，民进中央和叶圣陶研究会又在苏州开了海峡两岸教育研讨会。我和永新都参加了这些会议。他为这些会议做了精心的安排，使会议开得很顺利、很圆满。

永新对教育有一种特别的情结，而且能够畅想教育之梦。按他的话来说，"一个理想的教师，应该是个天生不安分、会做梦的教师"。他在2000年出版了一本书叫《我的教育理想》，2002年又出版一本书叫《新教育之梦》，同时开始了新教育的实验，至今已十多年，全国800所学校参加。每次开研讨会总有几百名、上千名教师参会，讨论十分热烈。于是他的教育理想和梦想变成了行动。新教育的理想和梦想在哪里呢？他自己总结了四个方面：一是改变中国学生的生存状态——成为学生享受成长快乐的理想乐园；二是改变中国教师的行走方式——成为教师实现专业发展的理想舞台；三是重塑中国教育的人文精神——成为学校提升教育品质的理想平台；四是打造中国的"新教育共同体"——成为教育的精神家园和成长的理想村落。一句话，就是要改变传统教育的陈旧观念，克服当前教育的弊端，回归教育的本真。教育就是学生幸福成长的活动，也是教师专业成长的舞台，不应该像现在那样戴着脚镣跳舞，痛苦不堪。

教育大计，教师为本，教师是教育成败的关键。我们主张教育要以学生为主体，但启迪学生的主体性要靠教师。因此，教师的成长至关重要。永新提倡教师要读书，要写读书笔记。他对我说，参加他的实验的教师，要每天读书，每天写作。每天读，每天写，必然会有心得，有领悟。为此，他开启了网上博客，与教师对话，启发教师对教育的体悟。他主张不仅教师要读书，学生也要读书，家长也要读书，所有的国民都要读书，通过读书来提高我们的素养。他在担任全国政协委员、人大代表期间几次提议国家建立读书日，提倡全民阅读。

永新十分勤奋，在繁忙的公务中不忘读书，不忘教学和研究。他一直担任着苏州大学博士研究生导师的工作，承担国家级教育科研项目，开展"新教育"实验。他深入基层，到处演讲，宣传他新教育的理想和梦想。希望他的理想和梦想能在中华大地早日实现。他勤于写作，每有体会，就记录下来，所以十多年来能够有洋洋几百万字十几卷本的文集出版。

他的文章有一个很大的特点，就是有理论有实际，平易近人，用广大教师能够听得懂的语言说出具有教育科学规律性的理论，案例中含有教育的哲学。广大教师容易理解，容易接受。所以他的书拥有众多的读者。

永新的教育文集要增订重新出版了，嘱我写几句话。我这个人不善辞令，不会说许多华丽赞美的词句。但永新的热情、勤奋、多产着实令人钦佩。

最后我愿意以永新最近写的一首诗——《新教育的种子》中一段诗句作为本文的结尾：

我是一粒种子

一粒新教育的种子

我来自理想与激情催开的花儿

我无法选择我落到怎样的土壤

——富饶还是贫瘠，北国还是南方

无论把我埋得多深，我终将穿越泥土

向着明亮的那方

……

2011年3月12日

《情趣课堂——构建充满活力的学习场》序

    众所周知，当前我国学生学业负担过重，儿童缺乏童趣，这样不利于儿童的发展。去年国家公布的《国家中长期教育改革和发展规划纲要（2010—2020年）》提出要对人才培养体制进行深入改革，提出要"注重品行培养，激发学习兴趣，培养健康体魄，养成良好习惯"。怎样才能做到这一点呢？我国许多中小学开展了多种多样的实验。青岛实验小学前任校长杨屹在20世纪90年代就开展了"情趣教学"的实验，取得了很好的效果。无独有偶，江阴澄江小学也开展了"情趣教学"的实验。我介绍他们到青岛去学习。他们真的去了，交流了经验，虚心向青岛学习。回到江阴，他们继续开展实验，并有所创新。

    情趣教学，有效改变了课堂教学学生被动学习、枯燥沉闷、兴味索然的现象，极大地激发了学生学习的积极性、主动性。情趣教学的理念是建立在"学生是教育的主体"这个理论基础上的。关于"学生是教育的主体"这个命题，我在1980年就提出来了。当时有过一段时间的争论，现在已经被广大教师所接受。但如何在教学中实现，可以有多种多样的方式。李吉林创造的情境教育、倪谷音等开展的愉快教育、杨屹开展的情趣教育，无一能离得开把学生作为教育的主体这个命题。当前全国都在推进素质教育。要真正提高学生的素质，首先教师要以学生为主体，上好每一节课，使每一个学生喜欢学、愿意学、自己会学、愉快地学。这样不仅可以减轻学生的课业负担，而且能够使学生生动活泼主动地发展。

江阴澄江小学有见于此，在"十一五"期间，由时敏校长领衔，申报了江苏省教育科学"十一五"重点课题"构建小学情趣课堂的实践研究"。他们借鉴相关研究成果，在小学课堂教学主阵地上研究如何使小学生在课堂学习中富有情趣，探索实现情趣课堂的操作路径，以达到激发学生学习兴趣、活跃学生思维的目的，从而优化课堂学习，提高课堂学习效率，促进学生知情意行的和谐发展。

他们经过三年的探索，积累了不少经验，现在汇聚成书。全书分为四篇：第一篇追寻了情趣课堂的本义，阐述了情趣课堂的内涵和特征——情趣课堂是重"情"、含"趣"、蕴"智"、溢"美"的课堂，并从教育心理学的角度分析了开展情趣课堂教学的可行性和科学性。第二篇总结了情趣课堂的几个典型的教学策略：蕴含"真"的生活策略、触发"情"的情感策略、挖掘"美"的艺术策略和激活"思"的创造策略。第三篇结合学科特色总结了各学科的情趣教学模式，主要为情趣作文、生活数学、激情英语、情趣绘画、情趣体育。第四篇从学校管理层面阐述了若干条管理与研究的策略。最后整理了情趣教育一路走来的历史。

这本书丰富了情趣教学的实践，提升了情趣教学的理念，密切结合该校教学的实际，有血有肉，有可读性。这本书不仅是本校老师的经验总结，也可提升教师专业化水平。广大教师从中能够得到某种启发，大家来深化教学改革，提高人才培养的水平。

澄江小学是我的母校，他们要我写几句话，是为序。

2011年3月23日

《21世纪特殊教育创新教材》序

去年国家颁布的《国家中长期教育改革和发展规划纲要（2010—2020年）》专门辟一章特殊教育，提出"全社会要关心支持特殊教育"。这里的特殊教育主要是指"促进残疾人全面发展，帮助残疾人更好地融入社会"的教育。当然，广义的特殊教育还包括超常儿童的教育。但毕竟残疾人是社会弱势群体中的弱势人群，他们更需要社会的关爱。

发展特殊教育（这里专指残疾人教育），首先要对特殊教育有一个认识。所谓特殊，是指这部分受教育者在生理上或者心理上有某种缺陷，阻碍着他们的发展。特殊教育就是要帮助他们排除阻碍，使他们得到与普通人一样的发展。残疾人并非所有智能都丧失了，只是丧失一部分器官的功能。通过教育我们可以帮助他们弥补缺陷，或者使他们受损的器官功能得到部分的恢复，或者发展其他器官的功能来弥补某种器官功能的不足。因此，特殊教育的目的与普通教育的目的是一样的，就是要促进儿童身心健康地发展，只是他们需要更多的爱护和帮助。

至于超常儿童教育则是另一种特殊教育。超常儿童更应该在普通教育中发现和培养，不能简单地过早地确定哪个儿童是超常的。我们不能完全相信智力测验。这方面我没有什么经验，只是想说，现在许多家长都认为自己的孩子是天才，从小就超常地培养，结果弄巧成拙，拔苗助长，反而害了孩子。

在特殊教育中我们倒是要重视患有自闭症的儿童。我国特殊教育更多的是关注伤残儿童，不大关心自闭症儿童。其实他们非常需要特殊的教育，否则他们长大以后很难融入社会。国外很关注这些儿童，也有许多经验，值得我们借鉴。

我在改革开放以后就特别感到特殊教育的重要性。早在1979年我担任北京师范大学教育系主任时就筹办了我国第一个特殊教育专业，举办了第一次特殊教育国际会议。但是由于我个人的专业不是特殊教育，因此只能说是一位门外的倡导者，不是专家，说不出什么道理来。

方俊明教授是改革开放后早期的心理学家，后来专门从事特殊教育20多年，对特殊教育有深入的研究。在我国大力提倡发展特殊教育之今天，组织50多位专家编纂《21世纪特殊教育创新教材》丛书，真是恰逢其时，是灌浇特殊教育的及时雨，值得我们高兴。方俊明教授要我写几句话，是为序。

2011年4月5日

《母语教材研究》序

  语文课程是基础教育中最基础、最重要的课程。语文是学习知识的基础，语文学不好，就难以学习其他学科的知识，也难以与其他人交流。因此，每个国家都十分重视语文课的教学。母语是本民族的语言，是一个人最早学会的语言。一个国家的语文教学往往就是指母语教学。多民族国家的语文教学除了本民族的母语教学外，一般也要学本国通用的语文，便于交往，具体情况要看各国的政策而定。

  母语课程是传承人类文明、弘扬民族文化、培养道德情操、促进智慧发展、掌握交流技能的途径。母语教材是母语课程的内容载体，母语教材编好了，才能实现母语课程的目标。因此，在母语课程目标确定以后，编写母语教材就是十分重要的环节。过去国家实施统一的教学大纲和教材时，教材是由专门的编者编写的。20世纪80年代中期以后，实施"一纲多本"，教材编写的单位和个人就多了起来。虽然大纲是统一的，但编者的理念、观点不同，选材不同，编出来的教材就不同。现在国家改为颁布课程标准的制度，只提出课程的目标要求，不提出统一的大纲，编者的空间就更大了。如何把母语教材编好，历来是语文课程中的重要问题，而且有时意见分歧很大。例如，对语文课的工具性和文化性就争论了几十年，对课文的选择、古今中外比例的确定、文体的配置也有不同意见。因此，对母语教材进行深入研究很有必要。

长期以来，语文教师只管按照编好的教材进行教学，很少去研究教材如何编写。其实，语文教师对编写语文教材最有发言权。他们天天与课本打交道，也最了解学生学习语文的情况。但是限于体制障碍和时间问题，教师往往站在编写教材之外。洪宗礼老师作为全国著名的语文特级教师，在长期语文教学实践中深感语文教材的重要性，也深知当前语文教材存在的问题，因此他在二十多年以前就开始研究教材，迄今已成功编写了三套初中语文教材，均顺利通过国家教材审定委员会的审查，列入国家教材书目，推荐各地选用。最新的一套新课程标准实验教材的实验面覆盖了26个省区。首都北京的海淀区已连续使用五六年，师生给予了好评。

　　国家教育科学"九五"规划时期，洪宗礼老师申报了"中外母语教材比较研究"的国家课题。我们评议小组的专家们都认为这个课题很新颖，很重要，洪宗礼老师对语文教学很有经验，有研究基础，因而一致同意批准了这个课题。课题组在洪老师的带领下，与南京大学、南京师大合作，开展广泛而深入的研究，召开了多次专家会议甚至国际会议，研究取得了重大突破，成果表现在200余万字的一套五卷本《中外母语教材比较研究》上。该成果获得了江苏省哲学社会科学优秀成果一等奖。教育科学"十五"规划期间，洪老师又承担了"中外母语教育比较与我国母语课程教材改革与创新研究"国家重点课题。这是对前一课题的继续与深化。经过五年的努力，又取得了丰硕的成果，2003年出版了《当代外国语文教材评介》，十卷本《母语教材研究》也即将出版。从各卷的书名就可以看出，课题组全面系统地研究了中国百年来语文课程标准、教材，对百年来的课文进行了评析；研究了世界五大洲40多个国家和地区的语文课程、教材和他们的教学经验，内容十分丰富。两期课题研究填补了我国语文教材研究的空白，不仅丰富了教育科学研究宝库，也对我国当前课程改革起到借鉴、推动的作用。

我与洪宗礼老师是在审批课题时认识的，2000年他的第一个课题结题时我参加了成果鉴定专家组，聆听了洪老师的研究报告，拜读了他的研究成果。他作为教学第一线的语文老师，不仅亲自主持、具体指导此项重大课题研究，而且承担了课题研究的经费，他把他编写教材的稿酬都投入到这项研究中。他的精神着实令我感动。"十五"课题的研究，难度更大，投入更多，共聚集了国内外众多的高等院校、科研机构的160多位专家学者，研究更加深入。我曾说，由一位中学教师来主持这样重大的课题，在我国还是第一次。课题研究之所以取得如此大的成绩，是与洪老师的辛勤劳动分不开的；课题组能够拥有这么强的力量，聚集这么多海内外专家，是与洪老师的人格魅力和忘我精神分不开的。

　　我对语文教育是外行，忝为课题组的顾问，实际上既没有"顾"，也没有"问"，但确是很关心这个课题的研究。现在成果出来了，洪老师要我写几句，就写成了上面不着边际的话。

2011年4月20日

《小学数学教育概论》序

　　教育是人的成长与发展的根本途径，我们每一个人都是通过小学、中学乃至大学等不同阶段的学习而成长为社会成员的。小学教育是教育大厦的基石，而数学教育是这块基石的一个至关重要的支点。

　　数学教育是教育学科中的重要分支学科，也可以说是数学与教育学的交叉学科。它的内容不仅仅是向学生传授数学知识，重要的是要让学生理解数学、掌握数学、运用数学。人们的生活中数学无处不在，不懂得数学无法生存，计算和统计数据、观测图形、进行推理等都需要数学；同时数学又是学习其他科学知识的基础，学习物理、化学、生物等学科都需要运用数学的方法；更重要的是它是培养学生思维能力的重要途径。因此数学教育是学校教育中最重要的学科。

　　西南大学宋乃庆教授是我国数学教育的知名学者，他和华东师范大学张奠宙教授主编的《数学教育系列教材》和《小学数学教育系列教材》曾获得国家级规划教材称号；他领衔我国西部数学教育团队的数学课程与教学改革成果获得国家级优秀教学成果奖。

　　宋乃庆和张奠宙教授主编的《小学数学教育概论》是专门为未来的小学数学教师编写的教科书。该教材的编写立足于小学数学教师的专业发展。我们从书的开篇就能看到作者的独具匠心。该教材以"走进小学数学课堂教学"开篇，让读者从一个真实的小学数学课堂教学片断中感悟：进行小学数学课堂教学需要以一定的教育理论为指导；需要采取符合学生学习规律的教学方式；需要运用一定的教育技术和手段，从而让读者意识到小学数学教师必须了解小学数学教育的特点和发展趋势；必须掌握小学数学教育的相关理论，并用之指导教学实践；必须要具备进行小学数学教育研究的能力，以解决教学问题。正是由于小学数学教育对人的成长的重要性，为未来小学数学教师编写突出学科前沿、注重理论联系实际、强调问题解决的教材，以丰富他们从事小学数学教学工作的知识和扩展视野显得更为重要。

我和宋乃庆教授认识已十多年，我们在许多教育工作会议特别是教师教育研讨会上共同讨论过许多问题，我在宋教授那里学到很多东西。我特别佩服他在担任繁杂的学校领导工作的同时，又能不忘自己的专业研究，做出许多科研成果。他要我为这本书写几句话，我非常乐意，以此表达我对宋教授的敬意，并期望小学数学教师通过对此书的学习，增强小学数学教育的基本能力，时刻准备成为优秀的小学数学教师。

2011年7月7日

《教师人文读本》序

百年大计，教育为本；教育大计，教师为本。中国几千年的文明之所以能生生不息地传承，教师当是历史长河中高举火炬、无惧向前的人。

党的十一届三中全会以来，我国教育事业取得了巨大成就，教育的发展正在使中国从人力资源大国向人力资源强国迈进。我国教育正处在一个重要的转折点上，即从数量的发展转向质量的提高。新的发展任务对教师的综合素质提出了更高的要求。

温家宝同志多次强调，各级各类学校都要全面推进素质教育，培养一支德才兼备的教师队伍，造就一批杰出的教育家。造就一支数量适当、结构优化、素质良好、富有活力的高素质教师队伍对于确保教育质量的提高，培养高素质的国民和各种人才，起到关键的作用。整个教育质量的提高对于我国社会主义事业兴旺发达，全面建设小康社会，构建社会主义和谐社会，实现中华民族伟大复兴，具有深远意义。

教师素质包括政治思想素质、业务素质、人文素质、心理素质、身体素质等方面。人文素质是最重要的素质之一。教师人文素质的高低，直接影响教育教学质量，直接影响学生的个性发展、能力提高和世界观、人生观及价值观的形成。

唯有教师本身底蕴深厚、视野宽广、心灵纯净、情趣高雅，才能给予素质教育中的学生最深层的滋养和最有力的引导；也只有志存高远、知识丰富、悟彻人生的人，才能真正悟出培养人才、促进人生成长的教育真谛，才能在教育教学中有所创新。终身学习是当今知识时代对每一个人的要求，对教师尤其重要。

教师要不断学习，终身学习。学什么？当然要学习自己所教的学科的新知识，不断了解学科发展的新知识；也要学习教育的新理念、教学工作的技能和技巧，不断改善教学方法。但这些还不够，教师应该把学习的面拉得宽一些，读一些非专业的书。看一些与自己的职业并不一定有关系的书，可以提高个人的素养，提升个人的品位，增强自己的人格魅力。胡锦涛同志2007年8月31日在全国优秀教师代表座谈会上的讲话中讲道："以人民教师特有的人格魅力、学识魅力和卓有成效的工作赢得全社会的尊重。"这种魅力从何而来？就是从学习中、从读书中来。

中国教育学会一直致力于教师素质的提高。为此，学会汇聚一批知名专家，精心编写了此套丛书，旨在对广大教师的人文素质给予最便捷、最有效、最迅速的提升。

提高教师素质是一个大工程。平凡与卓越，相隔的距离并不会太远。教师只要怀有梦想，就能够抓住机遇，迈出那关键性的一步。

此套丛书，无疑会为这关键性的一步，给予最有力、最具激情的推动。

2011年7月

《关注心灵成长的教育——道德与情感教育的哲思》序

小蔓同志要我给她的文集作序，我乐意为之，因为我觉得她是一个愿意做学问的人，是为我国教育科学研究做了不少工作、有贡献的人。

第一次见到小蔓同志是20世纪90年代初在南京参加由中国教育学会举办的会议时，听说她有十几年从事思想道德教育的实际经验，从伦理学术界转到教育学术界，投到鲁洁教授门下。初次见面，留下很好的印象。后来听说她从莫斯科大学做访问学者回来接了鲁洁教授的班，把鲁洁教授创办的在我国教育学术界很有声誉的南师大教育科学研究所的老老少少专业人员团结得挺好，并有了更大的发展。90年代中期她担任南师大副校长后，数次为南师大教育学科建设来看我，聊得深些了，知道了她工作和求学的经历，感觉她事业心强，对学术充满向往和敬畏。

2002年她奉命到中央教科所任所长、党委书记、全国教育规划领导小组办公室主任。上任不久她来看我，我觉得她的担子很重。在人们眼里，她的职位重要、权力不小，可是我们看她，总是一副大学女教师的模样，热情、坦诚，带着书卷气，还有些天真。后来，我不断听到所里科研人员反映她带动所里的风气有所变化：尊重老同志的贡献，重视史、论以及比较研究在内的基础理论建设，热心国际学术交流，也看重课堂一线教师的研究，自己带队深入农村做调查，积极采取措施推动教科所增强为教育决策服务的能力等。我感觉这一办所思路是端正的，如此下去教科所的发展建设应当有希望，因而很愿意支持她，那几年里我参加过她主持的不少活动。

北师大出版社为她出教育学家文集，我赞成这件事，我觉得应该出。听说出版社早就动议了，她却一再坚持要晚些，希望少些愧疚不安。其实她的学术作品不少，有明确的研究方向和思考的着力点，价值趣味和文风有自己的坚持和风格。可贵的是她虽然几十年"双肩挑"，但从没有把职务当"官"来做，学术情怀一如既往，行政工作之余一直坚持带研究生，搞科研，读书与写作。

这部书稿分三篇，上篇主题为道德与价值观教育。这是她主攻的研究方向，其中包括道德教育基本原理、道德教育研究方法、传统道德教育的现代转换、当代德育新问题及其应对、课程改革与道德价值观教育，还有对国外教育家、哲学家思想资源的学习借鉴。我感觉她写的德育研究文章善于吸纳不同学科的知识，既有一定的说服力和思想深度，又没有烦琐论证、艰涩语言，比较晓畅、好读。看得出，她的作品往往与她的工作经历、生活事件及其所思所虑有关。世纪之交，她受命领衔申请在南京师范大学建立教育部人文社会科学重点研究基地——道德教育研究所，出任首任所长。这是南师大几代人学术文化积累的结果，她自然不敢懈怠。听说为了这个所的初建，她付出很多辛劳，生病住了几次医院。后来，南师大被批准建立全国第一个德育学博士点，这一基础是鲁洁教授等前辈奠定的。因为早在1986年南师大有了第一个教育学博士点后重点方向即是道德教育研究，全国专攻道德教育的博士大多来自南师大。小蔓同志自然成为德育研究方向和后来的德育学博士点的学科带头人，从90年代中期起前后培养了几十名与道德教育学术相关的博士生、博士后。2005年国家新闻出版总署批准正式刊物《中国德育》，小蔓同志出任社长、总编。她和同事们一心想把这份刊物办成国内代表道德教育最高水平的专业刊物，短短两三年已在教育学术期刊中排名第八位了，这在当前的社会情势下很不容易，不投入心血是断不可能的。还有，小蔓同志2001年受命带队研制中小学品德课程标准，2006年受命领导初中思想品德课标修订，历时五年。我作为初中思想品德课程标准修订审议组组长，深知其难、其艰辛。因此我认为小蔓同志作为鲁洁教授的传人，继承了她导师的学术风范，对我国德育学科建设、德育课程政策制定、学校德育工作改善做出了不小的贡献。德育研究因其依托知识的综合性，因其与时代发展变化的密切联系，其学术价值及对实践的贡献有时是很难判断的，所以我希望她能坚持下去，并能带出更多年轻人。

文集中篇集中于情感与素质教育论题。情感教育是她的研究专长，她一直认为，人的情绪、情感，由于其早发性、强动力性和一定的内隐性，对人的整体素质发展具有根基作用，以此建树人的身体、智力、审美和精神发展的大厦才是内在性的、自然而可靠的。我注意到她以自己的情感教育研究，为20世纪八九十年代以来中国学校素质教育的推展和实验研究做了很多工作。1997年形成的对小学素质教育模式的理论建构不仅在国内学校有积极影响，还多次在国外参与学术讨论对外传播与交流。2005年教育部组织素质教育系统调研，她任一个专题组首席专家。在不同场合，我听她发表关于素质教育的见解，其基本理念、判断，包括对现行评价方式忽视人的素质发展的内在、隐性特征等观点，我都十分赞同。目前在我国学校推展素质教育还有不少困难和阻力，人们在认识和行为上有不少混乱，需要做理论澄清，需要有学者发出声音。小蔓同志沿着这一研究方向继续开掘、更深入地研究下去，一定会不断显现其学术价值，并对教育实践发挥作用。

文集下篇集中于教师人文素养与教师教育。小蔓长期在师范大学工作，在大学曾主管本科教学工作，为师范大学教学改革，特别是提升师范生人文素养方面发挥了一个学者校长的作用。她主持过我国本科小学教育专业建设的研究论证工作，率先办起设在原南京晓庄师范的我国第一个本科小教专业，至今承担教育部教师教育专家咨询委员会小学教育教学指导委员会工作，因此她对教师教育，尤其是小学教师教育比较熟悉，也很有感情。1994年，她就提出素质教育，呼唤具有情感人文素质的教师，她对我国小教界著名教师斯霞、李吉林等的教育成就满怀尊敬和热情，为她们写的研究文章也特别有文采和学术感染力。她对我国世纪之交教师教育改革既积极支持、参与很多，又常怀忧虑之心，以其学术敏感和良知对眼下过于追求外在标准，未能很好把握教师专业工作性质、特征的种种不合适的政策与做法提出质疑和批评。

总之，我认为，小蔓同志对研究的关注点、教育情怀以及秉持的价值观长期坚持如一，这很可贵。她的研究、她的演讲、她的文章总是既有新知、新的文献资料，又明显体现出由时代问题直逼、挑战的思考和回应，总有饱满的情感，有她对生活和生命的感受。我想，中小学教师喜欢她的文与人，喜欢听她讲学，大概就是这个缘故。

从事教育研究既需要理论修养，又依赖教育经验与体验。小蔓同志工作经历丰富，从教学管理、教育科研管理到教书育人均能敬业专注、躬身勤勉，我相信这样的学力与人格条件是很适合做教育研究的。2007年年底她离开中央教科所岗位，之前曾高兴地告诉我将要到北京师范大学工作。她说，她愿意把教书、做学术作为自己的人生归宿。我当然非常高兴，同时也为她回到学术而欣慰，因为她骨子里喜欢教书、喜欢学术。我对她最大的希望就是保护好身体，劳逸结合，为社会、为教育、为年轻人做更多有益的工作。

2011年8月24日

《挑战——我的40年教育实践及反思》序

胡平平，我们北师大的优秀校友，有一年我在安徽芜湖见到过她。那时她是安徽省教育厅副厅长，她给我介绍安徽教育改革和发展的情况，如数家珍。我的第一个印象是，这个厅长很有活力，没有官气，不打官腔，说的都是很实在的话。

前几年忽然在北师大校园中见到她，原来她已经退休了，退休以后被母校聘来任"教育部基础教育质量监测中心"主持工作的副主任。这项工作很重要，关系到我国基础教育的质量问题，既有很强的政策性，又有很强的技术性，非得一位既有政策水平又有实际教育工作经验的人才能胜任。胡平平是最好的人选。几年来，监测中心做了大量的工作，积累了大量资料，使教育部门的领导真正了解我国基础教育的现状，为科学决策提供依据。胡平平曾带领我参观他们的监测中心。我在那里学到很多东西。这项工作是十分繁重的工作，需要走基层，做基层的工作，使基层理解教育质量监测是怎么一回事，为什么重要，基层才能配合你的工作。特别值得一提的是，他们做出来的成果是保密的，不能发表，他们的工作只是默默地奉献。在当今功利主义泛滥的环境下，耐得住寂寞、愿意奉献的人才能做得到，胡平平做到了。

其实，胡平平的一生都是这样奉献给教育事业的。最近，她把她的书稿《挑战——我的40年教育实践及反思》送给我。我看了十分感动，从她40年教育生涯中，我看到了一位教育家的成长历程，看到了她一生为教育求索、创新、奉献的精神。

第一，胡平平是一位十分优秀的教师。她在北师大生物系毕业以后，被分配到马鞍山市第二中学当教师。她在教师岗位上努力工作，不断钻研，勇于改革，受到学生们的爱戴，不仅成为一名优秀教师，而且积累了丰富的教育经验。这在书稿中都有反映。

第二，胡平平是一个意志坚强的人。她在人生道路上克服了许多困难，坚韧不拔。特别是正当她在教育事业上如日中天的时候，忽然受到癌症病魔的袭击。在那困难时刻，她选择了坚强，勇敢地与病魔作斗争，而且坚守工作，全身心投入到教育事业中。她终于胜利了，患病至今已25个年头，身体越来越健康，工作越来越繁重，心情越来越愉快。

第三，她是一个求真务实、敢讲真话的人。她为教育工作办了许多实事。她在任教育厅副厅长期间，对领导敢于讲真话，对学校、对教师敢于承担责任。从书稿中讲到的许多实际例子中可以看到，由于她实事求是，坚持意见，安徽教育工作少走了许多弯路。后来她担任了全国人大代表，又积极参政议政，反映社情民意，提交议案，促进"以县为主"的教育管理体制改革，对实现义务教育免费制度起了重要的作用。书稿附了她任全国人大代表时提出的许多议案，她为促进我国教育改革做出了重大贡献。

整部书稿不仅记叙了胡平平40年的教育人生，体现了一名教育家的精神风貌，而且反映了我国改革开放30多年来教育改革和发展的历史过程，是一部真实的口述教育历史，弥足珍贵，值得教育工作者阅读和学习。

2012年6月10日

《一个校长的教育创新思考——北京十一学校改革发展20年（1987—2007）》序

    1989年上半年，北京十一学校校长李金初来找我，说是他的同学、我校党委副书记李英民让他来找我的，我当时任北京师范大学的副校长。李校长要求我去看看他们的学校，给他们分配几名毕业生，帮他们把学校发展起来。我欣然同意了，到学校转了一圈，听了李校长的介绍。这次访问留给我的印象有三点：第一是大。三百亩地的校园，这不仅在北京少有，在全国也少见。当然，这几年各地办起大学校来，十一学校已经变得小巫见大巫了，但在20世纪80年代还是很少见的。第二是整洁。这么大的校园除一座小小的三层办公楼外，全部都是红色的平房，但全校非常整洁有序。特别是全校师生的一千多辆自行车，被分成28、26两个型号排列整齐，车头都侧向一边，像列队整齐的士兵队伍。我觉得这个学校的管理水平很高。第三是教师队伍的业务水平不高，学历水平也达不到中学教师的要求。

    通过李校长的介绍我才了解到，这是一所历史悠久的学校，初建于1952年抗美援朝的年代，是部队的子弟学校，主要设有幼儿园、小学，初中、高中都是后来办起来的，所以教师队伍不整齐。但管理人员都是从部队调来的，有的还是老区来的干部，他们工作认真负责，把学校管理得井井有条。1964年学校交给了地方，成了北京市海淀区一所极普通的学校。

李金初校长是一位教育理想家。李金初有一句名言："平生只想办好一所学校。"他对教育充满了梦想。1961年在北京师范大学数学系毕业以后就在这所学校任教，1987年担任校长以后，他觉得学校有这么好的资源，应该把它办成一流的学校，出路是改革，关键是教师队伍的建设。所以他回到母校求援，我觉得应该帮助他。第二个星期我就带领北师大教务处、人事处、教科所等部门的干部再一次到学校考察，商量北师大与十一学校建立合作关系。也是很巧，80年代北师大毕业生几乎都被分配到高等学校工作，但1989年因政治风波，高等学校都没有要毕业生，于是就有了一次分配39名毕业生到十一学校任教的可能，初步壮大了教师队伍。以后几年他们又从东北师大、首都师大等进了一大批年轻教师，彻底改变了学校教师队伍的构成，为学校发展奠定了人力资源的基础。

但李校长并不满足，他有更高的要求，他要把十一学校办成一所卓越的名校。他从教学改革着手，狠抓教学，不仅走进课堂听课，组织教师互相听课评课，而且请专家听课评课。我虽不是专家，但也去听过课。为了提高青年教师的业务水平，他又向我提出要在教师中开办研究生课程班。我当时已卸任副校长，但还担任研究生院院长，经过研究，我们决定在十一学校开办硕士研究生课程班。十一学校选了40名年轻教师，1993年开班。这是我国第一个为在职教师开办的硕士研究生课程班，后来全国都办了起来。这个班也为我国后来为中小学教师设置教育硕士专业学位提供了经验。

李金初校长是一位教育改革家。他充分地认识到"变革首先来自思想的变革。没有教育思想领先一步，就没有教育改革领先一步"。他出任十一学校校长以后，在充分分析了当时国家实行社会主义市场经济的形势，研究了学校的历史传统和现实条件以后，做了认真的思考，为十一学校选择了一条"以改革促发展"的发展思路。正是这种改革思想与大胆实践，把十一学校引领上了一条快速发展的道路。

当时我国教育投入不足，办学经费紧张，社会上掀起了教育产业化的讨论热潮。李金初校长认为，教育也是一种产业，但不能产业化。他认为，在国家实行社会主义市场经济条件下，生产部门以多种方式经营，社会上出现各种教育需求，教育部门以多种方式经营学校，既能满足社会的多种需求，又能为学校筹集资金。十一学校要发展，就要有资金的支持。于是他想到采取"国有民营"的办学模式，募集民间资金。1992年他提出了"五自主"办学体制改革思路，即自主筹集日常办学经费、自主招生、自主用人、自主工资分配、自主教育教学实验改革，实行"学校国有，校长承办，经费自筹，办学自主"的办学构想。经过多次专家论证，最后海淀区教委批准了学校改制方案。这是一种大胆的尝试，也是一种制度的创新，首创了国有民办制学校。在改革过程中，他又设计实施了体制强校战略、人才强校战略、教科研强校战略、数字化校园战略、教育国际化战略五大发展战略与14项示范工程，与十一学校的全体教职员工一起，团结协作，孜孜不倦，开拓前进，取得了一系列令人欣喜的成果。在李校长12年的努力下，学校利用这种制度创新，募集了大量资金。就从校舍建设来讲，除了保留了一小部分平房作为校史纪念馆以外，教学楼、科技馆、图书馆等大楼都盖了起来，学校完全变了一个样子，学生增加一倍多，学校的资产增加了几十倍。有了资金，教师队伍也得以改善和稳定。到2012年学校共有教师398人，其中博士46人、硕士163人。学校还建立了博士后流动站项目。学校教育质量直线上升，从一所连区重点都够不上的学校脱颖而出，成为全国知名学校。

李金初校长是一位教育实践家。在改善学校条件的同时，李校长时刻不忘抓紧教育改革，提高教育教学质量。因为提高教育教学质量是办学的根本，也是学校改制创新的目的。因此他自始至终抓住了体制改革和课程改革两条线。他坚持要为社会经济发展培养德、智、体、美、劳等全面发展的高素质人才。而在怎样培养人的问题上，他则从课程改革、德育方式、教学模式、学制变革和学生评价等方面，开展了系列化的育人模式改革。在课程改革方面，他提出教育应该面向生活，探索适合十一学校资源特点的校本课程体系，建立了"综合活动课"的实施体系。在德育建设方面，他构建主体性德育的思想框架，强调注重理解与沟通，要求教师眼中要有活生生的学生个体，开展适合学生个性化发展的教育。在教学改革方面，他强调对话与交流，关注学生兴趣和问题解决的能力，实行了分层次教学实验和高中理科"四环节"实验。在学制改革方面，他整体设计进行了"中学六年一贯·二四课程改革实验"，在国内首次提出"四年制"高中的构想并提供了实践经验。

李金初校长极为重视学校文化建设，提倡民主与包容，构建了"改革、创新、民主、包容"的学校文化。他认为，学校文化建设是学校最高层面的建设，学校文化管理是学校最高层面的管理。

李金初校长也是一位教育理论家。十一学校的改革不是盲目的，是有理论依据的。李校长分析了传统教育的弊端、现实教育的困境，提出了教育改革的理念、办学的思想，同时在实践中不断反思，不断总结，在理论上不断提升。本书既是十一学校办学经验的总结，也是李金初教育思想的概括。书中论述了教育理念、办学思想、体制改革、课程改革、学校管理等方方面面，既有理论又有实际，展示了一名普通学校的校长成长为一名教育家的历程。

总之，从李金初身上，你会感受到那种来自教育家的激情、勇气、智慧和创造力。他善于发现新情况、新问题、新趋势，善于捕捉新机遇，采取新措施，建立新机制。十一学校在他的带领下，始终站在理论创新与改革实践的前沿，成为我国教育改革的一个典型，对中国基础教育的改革与发展产生了积极而重大的影响。

　　我和李金初校长交往二十多年，到十一学校去过十多次，十一学校的变化历历在目，印象深刻。但我也只是从外部看到了表面现象，所以只能描述一些感想，实在说不周全。今天读了李校长的著作，才稍稍了解李金初校长的教育理念和办学思想，感到李金初校长本身就是一部教育著作，值得教育工作者认真学习。

2012年6月25日

《境界与智慧》序

上个月刚去世的我国著名教育家吕型伟说过三句话：教育是事业，其意义在于奉献；教育是科学，其价值在于求真；教育是艺术，其生命在于创新。说得多么精辟！奉献是什么？就是一个人的境界；求真和创新怎么能做到？就要有智慧。学校的校长就要有为事业、为孩子奉献一生的思想境界；还必须有教书育人的智慧，能够充分调动各种教育资源，为教书育人服务。

我们通常讲，有一名好的校长，就能办好一所学校。有人不同意这种说法，说办好学校还要靠全体教职员工呢，这就是咬文嚼字了。办好学校当然要靠全校的师生员工，不仅如此，还要依靠家长、社会的支持。但是全校师生员工谁来组织？社会力量谁来调动？要靠学校的带头人——校长。事实证明，有什么校长就有什么样的学校。就我六十多年教育生涯中所见到的几百所学校可以确信这一点。

现在学界都在倡导校长的职业化，这种主张我并不完全赞同。什么叫校长的职业化，有没有不会教书就能专门做好校长的人？可能有，除非他真是懂得教育，用心钻研教育，有了这样的"境界"和"智慧"的人。我总认为，校长要从教师里面选拔出来，他才懂得教育、教学，懂得教师的疾苦、学生的需求。因此，如果真要提倡校长职业化，首先他是一名职业化的教师，然后当了校长，全心全意为学校谋发展。既有当校长、做奉献的精神，又有组织全校师生员工为发展学校同一愿景而努力的智慧。

校长的智慧从哪里来，是天上掉下来的吗？还是拍拍脑袋想出来的呢？恐怕都不是，只有从学习和实践中来。学习，要向书本学，学理论、学思维方式。这很重要，有了正确的理论和思维方式，才能把事办好。但更重要的是要向实际学，在实践中学，不断总结、反思自己的教育行为，不断求真、创新，就能产生智慧。学习，当然也要向先进学校的经验学，但先进学校的经验只能给你以启发，不能复制，不能照搬，还需结合自己学校的实际来求真、创新。

《境界与智慧》汇集了北京市三十多所中小学校长的境界与智慧，读者可以从他们的境界与智慧中找到你所想达到的境界，获取更多的智慧。这些名校长大多是我的朋友，他们希望我写几句话，是为序。

2012年8月10日

《学习科学》序

　　学习是复杂的脑力劳动，既要思考，又要记忆。记得我1951年到苏联留学时，俄语老师拿了一本儿童看图识字课本让我们识记，第一个星期熟记上面上千个单词，第二个星期就领我们读《联共党史》。那时我痛苦极了，有时怀疑自己缺乏记忆力。经过一段时间的努力，我掌握了俄语的规律和学习方法，逐渐觉得记忆也并非那么难。当然，学习不等于记忆，更需要思考。思考了，把读的内容弄懂了，也就容易记住了。过去的教育是以记忆为主的，现代教育应以思考、探索为主。当今世界，知识爆炸，有的学者认为，人类知识每五年就翻一番，光靠记忆能掌握多少？所以教育更重要的是要教学生学会学习。当然，必要的记忆仍不可少。有人说，有了电脑贮存器，打开电脑就能找到你要的知识，还要记忆干什么？但是如果你连最基本的概念都记不住，你怎么到电脑中去搜索？

　　学习的基础要在孩童的时候打好，这里包括知识、能力，也包括学习的方法和技巧。为什么同一门功课，有的孩子学得很好、很有兴趣，有的孩子学得不好，感到十分困惑？这是由许多因素造成的。其中之一可能就是没有掌握好学习的方法。因此，学校的教学不仅要教给孩子知识，更重要的是教给他们学习的方法，使他们学会学习。在家里也一样，有些家长不懂得这个道理，只知道强迫孩子死记硬背或机械练习，不指导学习方法，结果孩子越是反感，越是不想学习。因此，无论是教师还是家长，都应该了解孩子的学习机制、过程和方法，才能指导他们得法地学习，有效地学习。

现在市面上有很多关于学习方法的书。我没有研究这些书籍介绍的方法是否科学，因此不敢妄加评论。但是有朋友向我介绍了青年教研员邱亮的《学习科学》，以及他的五步高效学习法，使我了解到他对学习方法开展了深入的研究，取得很大成功，并在国内外获得很高的荣誉。

我来不及也没有充足的时间读这本书，但从他写的该书的前言和目录中看到，他重视脑科学的研究，从脑神经和思维活动来讲释学习。对于学习，该书既有具体的方法指导又有心理机制的启发。该书试图用科学方法来解释学习方法问题，帮助我们的孩子高效学习。当然，当前脑科学对学习的机制虽然取得了一些突破，但用到个人学习上还有漫长的路要走。其实，任何一种方法都不是万能的，更重要的是合乎认识的规律，同时还需个人的领悟，然后才能运用自如。因此，我希望看过此书的读者，能够领悟其精神，学会学习，为国家创新做贡献！

2012年12月16日

《情境教育三部曲》序

我与李吉林老师相识已久，记得1981年，中国教育学会小学语文教学研究会在长沙召开理事会，就听她讲到情境教学的实验。有些老师有异议，但我很赞成，我说，在国外已有情境教学的实验。

几年以后，就陆续看到她发表的文章，特别是《情境教学实验与研究》专著出版以后，我惊喜于她的实验的成功，同时这个时候我才较为深入地了解她的教育思想。情境教学不是停留在方法上，而是运用教育学、心理学等理论探讨儿童认知的规律，把儿童的注意、观察、思维、想象以及非智力因素都调动起来，在教学中促进儿童智能、情感、品质的全面发展。

此后她不仅将情境教育拓展到各科，更在研究、实践的过程中逐步形成了独具特色的情境课程。像是她在书中提到的：在第二轮实验中就进行的幼小衔接，"三线同时起步""高年级四结合大单元教学"这些优化课程结构的做法，都是非常有意义且十分具有个性的。记得1996年李老师就在全国"情境教学—情境教育"研讨会上，向专家们汇报了她对情境课程的探索。但她对课程的研究并未就此止步，又申报了全国教育科学规划"十五"重点课题"开发情境课程的实验与研究"，其研究成果《为儿童的学习——情境课程的实验与建构》获得了第四届全国教育科学研究优秀成果一等奖。正如她自己所说："为了更多儿童的发展，为了使情境教育走向大众化，所有的教育思想最终都要通过课程落实、体现出来。"她提出"儿童—知识—社会"这三个情境课程的维度，从核心领域、综合领域、衔接领域、源泉领域四大版块构建情境课程，并概括出"以美为境界""以情为纽带""以思为核心""以儿童活动为途径""以周围世界为源泉"的操作要义。这些在课程教学理论中都具有重要的意义，对落实新课程改革、推进素质教育也有着重要的现实意义。新课程的最大特点是教学不仅要传授知识而且要培养学生的能力，培养学生对知识的认识态度和价值观。要落实新课程的目标，就需要改变传统的教学模式，以新的教育理念为指导，重视学生的主体性，培养学生自觉的对教育内容的体验。情境课程正是跳出课堂狭隘的空间，让学生在广阔的环境中，在情境中自觉体验、自主学习，从而更深刻地理解教材、掌握知识、获得情感的体验，充分发展学生的想象力和创造性。

从情境教学的探索，到情境教育的构建，再到情境课程的开发，这就是李吉林教育思想从实践到理论，又从理论回到实践的深化的过程，也是李吉林教育思想的三部曲。到了21世纪，李吉林又进一步吸纳"意境说"的理论滋养，阐明情境教育的特质及其独特优势。理论构架从局部到整体，情感命脉贯穿其中，民族文化为精髓，使情境教育具有中国文化的内涵，充溢着本土气息。

李吉林教育思想体系的形成，标志着有中国特色的、原创的教育思想流派的出现和成熟，也标志着我国一批当代教育家的涌现。长期以来，我们只介绍宣传外国的教育家，把他们的学说拿来推广运用，总说没有我们自己的教育家。今天我们终于看到了我们自己的土生土长的教育家，看到了她的教育思想体系。其实新中国成立以来，特别是改革开放以来，在思想解放、开拓创新的气氛中我国孕育了一批教育改革家。他们敢于创新、敢于实验，创造了许多教育新思想和实践新经验，李吉林老师就是其中的杰出代表。她不仅在教育实践中创造了奇迹，培养了大批高素质的人才，而且在教育中勤于思考、努力探索，创造了一整套情境教育的思想体系，丰富了我国教育理论的宝库，体现出了教育理论和实践的中国特色、中国气派、中国风格。

风格即其人。李吉林老师能有今年这样的成就，与她的为人，与她的精神境界是分不开的。她常说自己遇到了很多帮助她的人，这些她都一直记在心里。就连那次我简单的几句话，李老师也说"给了她很大的鼓舞，让她有信心继续往前走"，甚至还把这些故事都一一如实地写进了她的书里。真挚、真诚、真情正是李吉林心灵品性的本质。对教育事业的真挚情感，对儿童的至爱，使她一直追求儿童身心、情感、智慧、人格全面发展的完美境界。纯朴、善良、高尚的内心世界，灵动而质朴的教风、文风，使她与"意境说"包蕴的真、美、情、思一拍即合，产生极大的共鸣。美，成为她的追求，这使李吉林老师超越了物质的世界，摆脱了世俗的功利，使教师的道德修养达到一种审美的观照，把自己全部的心血、全部的爱献给孩子，献给教育。她担任中国教育学会副会长多年，我深知她对待学会工作也是认真负责、满腔热情的。李吉林在探究过程中的可贵之处，就在于没有一丝虚假，没有任何夸张，反对教育的华丽和作秀，始终以科学的精神、求实的态度，从容地、精益求精地坚持情境教育的实验与发展。所以她的文集才能够获得中国教育学会科研成果一等奖。

时代造就了李吉林不同一般的学术成就与学术品位，使情境教育经得起实践的检验，经得起时间的考证，得到从教师到专家的普遍认同和高度评价。2008年我参加她的"李吉林情境教育国际论坛"，与会的中外专家都认为，李吉林和她的情境教育秉持中国社会主义教育的本土性，同时又与世界教育改革大潮积极呼应，堪称"蕴含东方文化智慧的课程范式，回应世界教育改革的中国声音"。她的即将出版的《情境教育三部曲》，值得我们广大教育工作者、研究者存读。

2012年岁末

《联合国教科文组织政策话语演变与分析（1945—2015）序

《国家中长期教育改革和发展规划纲要（2010—2020年）》第十六章"扩大教育开放"中指出："开展多层次、宽领域的教育交流与合作，提高我国教育国际化水平。"与国际组织的交往与合作是"扩大教育开放"的重要组成部分。自1971年联合国教科文组织恢复我国合法席位以后，我国就积极地参加该组织的活动，并于1979年成立了教科文组织全国委员会。2005年我国教育部副部长章新胜又被选举为新一届联合国教科文组织执行委员会主席。我国和联合国教科文组织的交往与合作越来越频繁。但是这种交往常常停留在国家官方层面上，学术界，特别是基层的教育工作者知之甚少，参与得更少。

联合国教科文组织是联合国下属的政府间专业组织之一，它的业务很广，涵盖了教育、科学、文化的方方面面，大众最了解的如生态环境的保护，自然遗产、文化遗产、非物质文化遗产的保护等。教育方面，教育界最熟悉的是"终身教育""全民教育"理念的提出和推广实施，以及《学会生存——教育世界的今天和明天》《教育——财富蕴藏其中》两个著名的报告。但是，对于联合国教科文组织为什么提出这些新的理念和报告以及它的教育活动，我们却知之不多。

当今经济全球化时代，无论在政治、经济领域还是在文化教育领域，国际组织在协调方面起着越来越重要的作用。教育是社会发展的基石，是国际竞争的软实力，因此许多国际组织都重视教育问题，发表各种报告。如联合国教科文组织、世界银行、经合组织等经常发表教育报告，影响世界教育的发展；儿童基金会在各国开展各种教育活动，特别是针对弱势群体的教育活动，影响也很大。但是，我们对这些组织了解甚少，在这些组织中任职的人员更少。这与我国大国的国际地位很不相称。我们要培养教育规划纲要中所提到的"具有国际视野、通晓国际规则、能够参与国际事务和国际竞争的国际化人才"，就必须了解这些国际组织的活动。

教育发展离不开科技的发展和社会的进步。20世纪下半叶和新世纪这十多年是科学技术发展最迅猛的几十年，也是社会变革最剧烈的年代。教育既随着科技发展和社会进步在培养目标、课程设置、教学手段、培养方式等方面发生了巨大变化，同时又为科技发展和社会进步储备了人力资源。因此，研究教育与科技、社会的关系就至关重要。国际组织正密切关注这个问题。国际组织有强大的智库，它们集世界之精英，在广阔的国际视野中提出新的教育理念和引领教育发展的方向。它们的动向值得我们关注。

长期以来，比较教育界总在争论学科的身份危机。我却认为，现在还谈不上身份危机，比较教育的研究领域很宽，国际组织教育活动的研究就应该是比较教育与国际教育的研究领域。所以，从2006年开始，我就让我的研究生研究这些国际组织的教育活动。2009年沈蕾娜的博士论文就是研究世界银行的教育报告对高等教育的影响；2011年乔鹤的博士论文是研究儿童基金会的活动。滕珺的这篇关于联合国教科文组织的论文是她在2010年的博士论文的基础上改写的。我现在已经不再招收研究生了，但我希望将来有研究生来研究经合组织对教育的影响，而且还可以进一步扩展与深化。例如，世界银行曾资助许多国家的基础教育和职业教育，只研究它对高等教育的影响是远远不够的。而且它们经常有新的理念和报告，需要对它们进行跟踪研究。

滕珺的这篇论文是论述联合国教科文组织的全球教育治理的理念及其演变的，除简要介绍了联合国教科文组织起源、宗旨、组织机构外，还把它的教育理念和活动归结为四个历史阶段——基本教育、教育规划、终身教育、全民教育，非常清晰地分析了联合国教科文组织七十多年来全球教育治理的理念和发展历程。这四个阶段的教育理念既反映了当时时代发展对教育的要求，又引领着世界教育的发展，使我们清楚地认识到世界教育是怎样发展过来的，又将如何发展下去。滕珺收集了历届联合国教科文组织的决议、规划、报告以及在世界各国活动的文本，采用了福柯"话语"的研究方法，得出了这四个历史阶段的主要教育理念。当然，在联合国教科文组织的活动中，四个阶段并非是划分得很清楚的，而是延续地梯级发展的。但从文本的话语中我们还是可以分辨出各个时期教育理念的转换和发展。

论文资料翔实、方法科学、论证严谨，对国际组织研究具有创新的意义。在论文即将出版之际，写这几句，是为序。

2013年6月6日

《山村孩子的城市学校》序

去年秋天，我在宁夏开会，宁夏六盘山高中校长金存钰同志让我为学校建校10周年写几句话，我才突然意识到我与六盘山高中的交往已经有10年了。我多次前往宁夏，都要到六盘山高中去看看，有时还和学生座谈。因此我对宁夏六盘山高中的关注、了解比别人多一些。宁夏六盘山高中是一所对学生免收学费并给予生活补助的扶贫学校，学生大多来自山区。建校短短10年就取得显著的成绩，成为一所优质学校，这在全国是少有的。

2003年8月，宁夏回族自治区教育厅邀请我和中国教育学会专家前往六盘山高中考察。经过协商，中国教育学会把它确定为"中国教育学会宁夏实验学校"，当年11月9日就正式揭牌了。我们委托合作单位中育教育发展研究中心帮助学校进行文化建设、教师培训。

10年来，中育教育发展研究中心聘请全国知名专家从学校管理、教育教学到学生辅导、贫困学生资助等诸多方面开展了支教活动。截至2013年5月，派往六盘山高中的专家达101人。同时，中育教育发展研究中心成员个人捐资设立了"中育清寒奖学金"，资助贫困学生，每年暑假组织品学兼优的贫困学生到北京参加夏令营活动，积极联系名校名师、教育文化单位，尽可能给六盘山高中提供交流学习的平台。

在宁夏创建如此规模的六盘山高中，办学经费全由政府支付，这是需要远见和魄力的。《国家中长期教育改革和发展规划纲要（2010—

2020年）》把促进教育公平作为国家基本政策，把提高质量作为教育改革发展的核心任务。宁夏把发展教育看作改善民生、培养人才、促进社会发展的基础，从教育公平出发，在银川给山区农村孩子兴建优质学校，对学生免收学杂费和住宿费，并每月发放生活补助，使区域内的教育均衡发展，实现教育公平，这是一件值得赞扬的事。

教育公平是什么？不仅是入学机会的公平，还有教育过程的公平，每个学生都能享受到良好的教育，每个学生的能力都能得到发展，最后获得结果的公平。在实现公平的过程中，我们应该特别关注困难群众子女的教育，这也是对困难家庭最好的一种"补偿"。宁夏六盘山高中是我国西部省区第一所扶贫启智学校，校舍优美、设备先进、教师勤业。学校创办时就设立了目标：为山区贫困家庭子女办一所现代化的优质学校，让山区孩子也能享受城市孩子享受的优质教育。办学的定位高、立意新，短短10年取得如此成绩，与办学当局的高瞻远瞩有关。

在办学过程中，全校师生坚持"现代化，高质量，有特色，创一流"的办学目标，坚持"以学生为主体，以育人为中心，以质量为目标，让每个学生得到充分发展"的办学理念。经过10年的发展，学校已经走上了规范、科学、快速发展的轨道，正向着"宁夏示范、西北一流、全国知名、有文化底蕴、有个性特色、有品牌优势的现代化学校"的目标迈进。

宁夏六盘山高中的学生非常可爱，他们朴实无华、刻苦学习。许多孩子每年都会给我写信，汇报他们的学习情况，有的还诉说他们的困惑。我也总会给他们回信，鼓励他们好好学习，将来为实现中华民族伟大复兴的中国梦而效力。

最后，祝愿宁夏六盘山高中越办越好，祝愿莘莘学子在这所学校幸福生活、快乐学习。

2013年6月26日

《许美德教授论文集》序

　　近日收到Routledge出版社来信，说要出版《许美德教授论文集》，我非常高兴。作为许美德教授的老朋友，我想借此机会分享一下我和许美德教授多年交往的故事，这也许能帮助读者更好地理解许美德教授对中国教育深厚的情结、独到的见解和卓越的贡献。

　　许美德教授是国际教育领域知名的比较教育专家、高等教育专家，同时也是为数不多的外籍中国教育专家，她在自传《圆满》中，分享了她与中国近半个世纪不解的情缘。我和许美德相识也有快30年了，我记得那是1986年的秋天，许美德到北京师范大学来找我。她操着一口流利的汉语，自我介绍是加拿大多伦多大学安大略教育研究院教授，在香港教过书，在上海复旦大学进修过。找我的目的是她想搞一个中加合作培养博士研究生的项目。她说，教育部黄辛白副部长访问加拿大时，她曾向他提到这个项目，黄辛白对她说："你去北京师范大学找顾明远吧。"于是她便来了。我认为这个项目很有意义，当时国家教委也正在提倡中外联合培养博士研究生，但苦于没有资金。她说，不要紧，我们可以向CIDA（加拿大国际发展署）申请。于是我们就讨论了合作项目的方案。她回国以后即着手进行。

　　1987年秋天我访问加拿大和美国时，和她讨论了具体方案：向CIDA申请50万加元资金。根据CIDA的规定，一个单位不能承担两个

CIDA项目，北京师范大学因为当时正承担着中加语言中心这个大项目，所以不能再承担这个项目。同时，当时研究生招生规模甚小，北京师范大学一个学校也难以派出15名博士研究生，因此决定联合几所有权授予教育学博士学位的大学共同申报，中方由我牵头，加方由许美德牵头。不久CIDA就批准了。

项目于1991年开始执行。在5年内，中国派出22名博士研究生和青年教师到加拿大，接受了12名加拿大研究生到中国。这批留学生除极个别的未回国外，现在已经成为各校的学术骨干。在执行这个项目的过程中，由于我是中方项目负责人，因此不仅要与国内参与项目的6所大学联系，还要经常与许美德联系，有些事是非常烦琐的，如写年度报告等。因此我们联系很密切，不断地书信往来，她有时也到中国来访问，我们时有见面。如1990年，比较教育学会第六次年会在天津召开，我们请许美德莅会并作了演讲。

90年代中期，许美德曾在北京任加拿大驻中国使馆文化参赞。我们就有了更多的机会见面。那时她就有一个计划，采访几位中国教育界的著名学者。当时她选定了谢希德、李秉德、王承绪、潘懋元、汪永铨和我六人。于是我们就海阔天空地谈起来，从小时候上学到对现实教育理论和政策的看法。

1997年，她应聘任香港教育学院院长。香港教育学院是为了整合资源，提高香港小学教师的学历水平，于1994年由历史悠久的罗富国教育学院、葛量洪教育学院、柏立基教育学院及香港工商师范学院合并而成的，1996年建立了新校舍。许美德就是受命于香港教育学院创建的关键时期。她在任期内为香港教育学院做了许多实事，在教员中有很好的口碑。1998年秋天，我应香港教育学院教育系主任罗厚辉博士的邀请，在香港教育学院访问了10天。我讲课时，她还来听课。1998年12月，我又应香港大学副校长程介明教授的邀请，在香港大学教育学院做短期访问学者，同时，两名香港教育学院教师在我指导下攻读博士学位，因此我多次到学院去。许美德教授专门接我到学院，又谈了两个多小时。2001年由她提议，经香港特别行政区首任行政长官董建华批准授予我香港教育学院首个名誉教育博士学位。2001年11月22日在应届毕业典礼大会上举行了授予名誉博士的隆重仪式。

香港教育学院的任期结束后，许美德教授返回了多伦多大学，在安大略教育研究院从事教学科研工作，我们见面的次数不像以前那么多了，但始终保持着书信往来。前年，恰逢我们一起合办的中加项目20周年，我和许美德教授在北京又进行了一次深入的交流，回顾了这个项目当年的艰辛和对中国当今教育发展的影响。可以说，许美德教授对中国教育的发展是有突出贡献的，她不仅在国际社会不遗余力地宣传中国教育的思想和实践，而且培养了一大批在当今国际学术界很有影响力的中国教育研究者和决策者，如甘肃省教育厅厅长王嘉毅、约克大学教授查强等。多伦多大学安大略教育研究院如今也成为我所在的北京师范大学国际与比较教育研究院联合培养博士的重要合作伙伴。

该文集收入了许美德教授在中国教育研究、高等教育研究和跨文化研究方面最具代表性的一些作品，不仅可以帮助对中国教育有兴趣的国外学者全面、系统、深入地理解中国教育的发展及其背后的文化基础，而且为中国广大的教育理论、实践和决策者提供了不一样的视角，来反思我们自己的教育，挖掘中国教育自身独特的价值。许美德教授在很多场合都一再强调，中国的文化有自己独特的魅力，中国人也有自己的创新方式和创新智慧，如中国学生的创新更多地体现为更深入的观察、更审慎的思考和一种三思而后行的理念，在综合考量各方之后独立做出抉择，在他人的观点和自己的个性之间巧妙地寻求平衡正是中国人的大智慧，这是一种不同价值观影响下的选择。此外，她还认为在这个学术GDP盛行的时代，中国一些地方大学能够坚守自己的特色，实事求是地创新，这是大学难得的风格。中国需要向世界学习，同时也值得世界学习，这样才能真正促进东西方文明的平等对话，建立良性互动、共生共赢的模式。基于这一点，我相信该文集一定能为世界各国的朋友重新认识中国并为中国教育开辟一个新视野，同时由于它具有留存中国改革开放30年来教育发展的历史价值，将成为一部经久不衰的经典之作。

2013年8月9日

《中外杰出人物群体比较研究丛书》序

　　1979年在纪念新中国成立30周年座谈会上，于光远、童大林、吴明瑜、张健、敢峰、王通讯等我们几个人一个小组，在学习邓小平关于"尊重知识，尊重人才"的重要指示的时候，谈起人才学的问题，觉得应该建立一门人才学，来研究人才的发现、培养、发展、使用、管理等问题，促进我国人才队伍的建设。为此我当时就写了一篇文章《人才学与教育学》，发表在《人民教育》1980年第4期上。经过一段时间的酝酿，1981年中国人才学研究会正式成立，挂靠在人事部。我参加过这个研究会，后来因为该研究会主要研究人才的使用、管理、政策等问题，讨论教育培养的问题较少，我就没有再参加了。但作为一名教育工作者，对人才的教育培养始终是我关注的重点，因为教育的本质就是培养人才，基础教育是为人才成长打基础的。著名科学家钱学森曾说，对他最有影响的是两个时期：一是在北京师大附中上学的六年，二是在美国加州理工大学读研究生的几年。可见，中小学对人才培养很重要。

　　大约是1994年，我忽然接到缪进鸿教授的来信，他说他退休后正在研究人才问题。他说，中国历史上人才最多的地区是太湖地区，英国苏格兰地区也出了许多人才。他问我能不能把这两个地区的人才比较一下，建立比较人才学。在这以前，他先后问过我国比较教育和科举史的老前辈王承绪先生和何炳棣先生，他们两位都说，这两者不能比较。于是，他又写信问我，我觉得，虽然不能一一对应比较，但是把这两个地区的历史、环境与人才辈出的关系弄清楚，找出一些有规律性的东西，极为有意义，也可以说是一种比较。

缪进鸿教授和我是同龄人。1951—1981年他在浙江大学任教，后来任浙江省高教局领导，退休以后有感于培养杰出人才的重要，开始从事比较人才学的研究。他从90年代初开始就对我国太湖地区和英国苏格兰地区300年来的杰出人物做比较，因为这两个地域都是这两个国家人才辈出的地方，后来又扩大到对其他国家和地区的古今中外杰出人物的研究。他收集了大量史料，阅读了上千名中外各类杰出人物在百科全书上的有关条目，如他们的传记、年谱、回忆录等资料；归纳、设计出25个中外杰出人物群体，如思想家与哲学家、政治家、军事家、实业家、数学家、科学家、地学家与探险家、旅行家、医学家、农学家、工程技术专家与发明家、教育思想家与教育家、文学家、史学家与考古学家、音乐家、美术家、表演艺术家、新闻工作者等；建立了有300多项参数的数据库；归纳出大约100个需要和可以相互比较的项目；分析了影响杰出人物成长的各种因素，研究了杰出人物成长的经历，探索了人才成长的轨迹。他把这些材料寄给我。我看了以后非常惊讶。在学术界还从来没有人这样研究过。我觉得他的研究方法很科学，收集的数据十分详细，这些材料很珍贵，整理归纳后可以汇成专著。后来他与他的助手编撰成两套丛书，一套是"中外杰出人物主题阅读丛书"，另一套是"中外杰出人物群体比较研究丛书"。前者是科普读物，主要由他的助手执笔，以面向中学生为主，由商务印书馆出版发行，一共有六册，分别为《兴趣是最好的老师》《自古英杰多磨难》《有志者事竟成》《贵在持之以恒》《勤奋是成功之母》《机遇垂青有准备的人》。后者属于学术专著性质，也是六册，分别是《人杰地灵？！——论美国等国人才辈出及近代中国数学落后的原因》《犹太民族之谜——启蒙运动以来犹太民族的人才辈出及其原因》《兴趣是最好的老师——中外杰出人物的兴趣爱好比较》《终生难忘的帮助——谁对杰出人物的一生帮助最大？》《自古英杰多磨难——26个中外杰出人物群体的磨难比较研究》《矛盾与冲突——略论不同群体杰出人物遭遇的矛盾与冲突》。

我认为这项研究非常有意义。我们天天喊要培养杰出人才，不断寻求破解"钱学森之问"，但至今还没有人认真研究杰出人才是怎么成长的、人才自身需要什么素质、外部需要什么条件。缪进鸿教授的研究还是第一家，可以说填补了这方面的空白。这项研究运用了科学的大数据方法，分析归纳了不同人物群体成长的过程和因素。虽然没有，也不可能得出什么结论性的规律，但给人们一种启示：理想、信念、兴趣和毅力是成功之母。

这项研究的意义还在于对学术研究者来说，开辟了学术研究的新领域。比较人才学运用了比较教育学和人才学两门学科的研究方法，开辟了一门跨学科的研究领域，值得继续研究下去。

这项研究的意义还在于对青少年有重要的榜样和教育作用。青少年可以从中得到启发，可以得出这样的结论：成功总是属于有理想、有兴趣、勇于战胜困难的人的。

最后，我还想说，缪进鸿教授开展这项研究是在十分困难的情况下进行的。他退休以后已经没有权力和财力，既没有研究机构帮助，也没有经费支持，只依靠几位年青学者的业余支持，以及自己投入全部精力开展研究。他曾经和我商量，能否在比较教育学科里建立一个分支队伍。但他在杭州、我在北京，我们两人的学历背景也不同，在当前的形势下，要建立一支队伍实不容易。我虽然支持他的研究，并且特别佩服他的这种执着精神，但却无力帮助，心里未免有几分惆怅。

过去我和缪进鸿教授并不是太熟，80年代他在浙大任教务处长，后来到浙江省高教局工作，我在北京师大任副校长；他是学工科的，我是学教育的，所以只是在高教会上遇到过。自从他研究比较人才学后，我们的联系就紧密起来。我虽然不研究人才学，但教育本质就是培养人才，所以很关心他的研究。他不断地把研究成果寄给我，使我受益匪浅。特别使我钦佩的是，已是耄耋之年，他还情系人才，执着地克服种种困难，开展这项前无古人的研究。因此，在这套丛书出版之际，我无论如何要写几句话，以表达我的心情。

2014年2月15日

《苏霍姆林斯基教育智慧格言》序

　　著名教育家苏霍姆林斯基在中国教育界可以说无人不知、无人不晓，他的教育思想以及他对儿童的热爱，一直鼓舞着我国教师努力学习，改进教育教学工作，培养优秀人才。

　　苏霍姆林斯基在他短暂的一生里，一直执教于乌克兰帕夫雷什中学，不仅实现了他的教育理想，而且著书立说，论述了他的教育思想和实践经验。我负责的北京师范大学外国教育研究院（现为国际与比较教育研究院）在20世纪80年代初就率先翻译了他的《要相信孩子》《把整个心灵献给孩子》《给教师的一百条建议》等著作，我也曾经参加部分翻译工作，深为他睿智的教育思想所感动。他一生著有40多部教育专著、600多篇论文、1 500多篇寓言故事，被译为中文的不下70种，在中国有广泛的影响。

　　他有许多名言，在我国流传很广，经久不衰。例如，他说："我认为，对人漠不关心是最不能容忍、最危险的一种缺点。"他又说："我们内心中应当对人、对他身上的良好开端具有无限的信心。"这有点像我国古代孟子的心善说，认为每个人生下来是善的。苏霍姆林斯基认为每个人身上都具有某些好的素质，教师要善于挖掘这些素质。他说："每一个儿童身上都蕴藏着某些尚未萌芽的素质。这些素质就像火药，要点燃它，就需要火星……教育的最重要的任务之一就是：不要让任何一颗心灵里的火药未被点燃，而要使一切天赋和才能都最充分地发挥出来。"

苏霍姆林斯基设计的教育目标是人的和谐全面发展。他说："所谓和谐的教育，就是如何把人的活动的两种职能配合起来，使两者得到平衡：一种职能就是认识和理解客观世界，另一种职能就是人的自我表现，自己的内在本质的表现，自己的世界观、观点、信念、意志力、性格在积极的劳动中和创造中，以及在集体成员的相互关系中的表现和显示。"他又说："和谐的教育就是发现蕴藏在每个人内心的财富。……就是使每个人在他的天赋所及的一切领域中最充分地表现自己。人的充分表现，这就是社会的幸福，也是个人的幸福。"他认为，我们要培养的人，不只是有知识、有职业、会工作的人，而且是大写的人，就是有高尚的精神生活，有理想、有性格，关心别人、关心集体的人。他说，我们时刻不能忘记："有一样东西是任何教学大纲和教科书，任何教学方法和教学方式都没有做出规定的，这就是儿童的幸福和精神生活。"他说："我认为教育的理想就在于使所有的儿童都成为幸福的人，使他们的心灵由于劳动的幸福而充满快乐。"

苏霍姆林斯基认为，学校里智育起着重要作用。但是，智育不等于简单地传递知识。学生获得知识是为了增长智慧、增长才干，以后能创造性地工作，造福人类，同时成为一个精神充实、文明幸福的人。苏霍姆林斯基说："对我这个教育者来说，一件必需的、复杂的、极其困难的工作，就是使年轻人深信：知识对你来说之所以必不可少，并不单单是为了你将来的职业，并不单单是为了你毕业以后考上大学，而首先是为了你能享受一个劳动者的丰富的精神生活；不管你是当教师还是当拖拉机手，你必须是一个文明的人，是你的子女的明智的和精神上无比丰富的教育者。"他认为，知识既是目的，又是手段。知识不是为了"储存"，而是为了"流通"。教师不只是让学生记住知识，而且要注意发展学生的精神世界。他意味深长地说:"不要让上课、评分成为人的精神生活的唯一的、吞没一切的活动领域。"我觉得这句话好像是直接针对我国当前的教育现实讲的。

培养学生的精神世界是道德教育的主要内容。他说:"形象地说,道德是照亮全面发展的一切方面的光源,而同时又是人的个性的一个个别的特殊的方面。"他强调道德教育要从童年抓起。童年时代由谁来引路,周围世界中哪些东西进入他的头脑和心灵,这些都决定着他今后能成为一个什么样的人。对祖国、对劳动、对长者、对同志的关心都应在孩子开始观察、开始认识、开始评价周围世界的时候就开始培养。

苏霍姆林斯基非常重视学生个性的发展。他认为,学生都是具体的,没有抽象的学生。学生的禀赋、才能、爱好和特长是各不相同的,要让它们充分发展,就要提供良好的条件。他说:"教学和教育的艺术和技艺就在于揭开每个儿童的力量和可能性。"他提出学校要达到三项具体要求:一是让每个学生都有一门特别喜爱的学科,鼓励他"超纲";二是让每个学生都有一样入迷的课外制作活动;三是让每个学生都有他自己最爱读的书。他说:"如果一个学生到十二三岁时在这三方面还没有明显的倾向,教师就应当为他感到焦虑,必须设法在精神上对他施以强有力的影响,以防止他在集体中变成一个默默无闻、毫无长处的'灰溜溜的'人。"所以他非常重视培养学生的学习兴趣。

苏霍姆林斯基也非常重视美育、体育、劳动教育,把它们当作和谐发展的重要组成部分,认为它们之间是互相联系的,而最重要的都是为了培养学生丰富的精神世界,为了学生幸福的生活。

苏霍姆林斯基还有许多精辟的见解,这些见解具有强烈的时代性、先进性、深刻性,可借鉴、可操作,成为教育的箴言。我在论文中也常常引用他的观点。苏霍姆林斯基的著作浩瀚,我们的教师们教学工作繁忙，不可能读那么多的著作，现在肖甦教授把他的重要观点编成格言，这就使教师容易学习和应用。我愿意把它推荐给各位老师，作为教育的座右铭，时时翻阅，对照自己的工作，会有所领悟。当然，要深入了解苏霍姆林斯基教育思想，最好能选一两本著作读读。

2014年7月9日

《王大中教育文集》序

　　捧读完《王大中教育文集》以后，仿佛一座中国最高学府、世界一流大学矗立在眼前。清华大学，这所中国学子梦寐以求的学校，建立在一百多年前风雨如磐的中国大地，一个多世纪以来学校历尽坎坷，但清华大学始终秉持科学救国的理想，与民族共命运，与时代同步伐，孕育了大批创新人才，形成了独特的清华传统。它的发展是与历届校长先进的大学理念、科学的管理方法、自身的学术魅力和人格魅力分不开的。王大中院士掌校的十年正是清华大学跨世纪发展的十年，是奔向世界一流大学的头十年。他对清华大学发展的贡献是清华人有口皆碑的。《王大中教育文集》集中反映了他的教育思想、办学思路、改革创新的精神、精细管理的经验。该书不仅记录了清华大学探索创办世界一流大学的历史轨迹，而且为我国大学的发展提供了先进的理论和经验。

　　《王大中教育文集》中，王大中校长的教育思想赫然纸上。我粗浅的体会，有以下几点。

　　王大中校长始终把立德树人、培养人才放在大学核心的位置。大学的本质是什么？我曾经于2010年在清华大学举办的大学文化论坛上说："大学的本质就是求真育人。"求真是开展科学研究，创造新的知识；育人是培养品德高尚、学术精湛的人才。大学不同于研究机构，育人是第一位的，开展科学研究，除了创新知识、服务社会外，也是为了用科学研究的成果来培养高质量的人才。王大中院士在担任清华大学校长以后，在全校师生中开展了"面向21世纪教育思想大讨论"，提出"清华的教育改革，核心问题是要回答清华在21世纪培养什么样的人，如何培养的问题"。他在《转变教育思想，更新教育观念，推进教育改革》报告中说，"在确定我校人才培养目标时，既要继承清华办学历史上优良传统，又要适应时代要求有所发展。学校经过反复研究，将我校人才培养目标概括为：面向21世纪的'高素质、高层次、多样化、创造性'的骨干人才"，并在报告中详细解析了高素质、高层次、多样化、创造性的内涵。立德树人是学校的根本任务。王大中校长特别强调对学生综合素质的培养。他说："教育从着重传授知识，到在知识基础上注重能力的培养，到重视素质教育，应该说是教育更接近其本质的观念性变革"，因而要加强"学生思想道德和人文素质教育"。

在培养人才上，王大中校长特别重视创造性的培养和个性的发展。王大中校长是中国科学院院士、核能物理专家，他十分了解和关注当代科学技术的发展趋势。他认为，21世纪，世界科技突飞猛进，一个以知识和信息为基础的竞争与合作并存的全球化市场经济正在形成。在知识经济时代，国家的创新能力，是决定一个国家、一个民族前途和命运的重要因素。因此，"大学必须改变传统的只传授现成知识的教育模式，而要树立创造性的教育思想"。现代社会的人才结构是多层次、多规格、多方面的，而每个学生的志向、兴趣、知识、能力等方面却存在很大差异，因此，教育要把全面发展与个性发展结合起来，重视学生的个性发展。王大中校长在报告中科学地、辩证地论述了学生全面发展与个性发展的关系，认为二者是不矛盾的，是辩证统一的，"学生的个性发展是全面发展的核心，全面发展是其个性发展的基础"，而且学生的个性发展是培养创造性的重要因素。

王大中校长在追索世界一流大学时总是把学科建设放在大学的学

术中心。他说："建设一流大学学科建设是核心。""一流大学应在国家创新体系当中起重要作用。清华应在世界高科技发展的主要领域占据前沿位置，并结合我校实际在某些方面形成有特色的优势学科，这是我校学科建设的总体目标。"王大中掌校清华十年正是清华大学奔向世界一流大学的头十年，他提出学科建设"综合性、研究型、开放式"的总体思路。清华大学在新中国成立前是一所学科齐全的综合大学，文理各科都有一流的学科和大师级领军人物。新中国成立后，1952年全国高等学校院系调整，把清华大学的许多文理科都调整到其他学校，清华大学变成一所纯理工科大学。"文化大革命"期间又受到严重破坏。"文化大革命"结束后初期主要是恢复元气，90年代是清华大学学科重建、建设世界一流大学的关键时期。王大中校长从1993年任职以后，在学科建设上做了顶层设计，恢复了清华大学以前的许多重要学科，如重建文学院等，与协和医科大学等合作，与中央工艺美术学院等合并，使清华大学重新成为一所名副其实的综合大学，并把新兴学科和交叉学科的建设和发展作为学校的特色，使学校向世界一流大学的目标迈出了重要的一步。

清华大学的老校长梅贻琦先生曾说："所谓大学者，非谓有大楼之谓也，有大师之谓也。"这已经成为大学办学的箴言。王大中校长秉持清华的传统，十分重视教师队伍的建设。他在每年的学校工作计划报告中都会强调教师队伍建设的重要性。他在1994年就职报告中就强调："世界一流大学都有一支高水平的师资队伍，有世界公认的学术权威、著名的学者。"他认为，这是建设一流大学最关键的问题。"九五"期间刚好是大学新老教师交替的时期，因此，要把教师队伍建设放在学校建设最重要的位置。要处理好质量和数量的关系，一是进人关，二是晋升关，要引入竞争机制。要加快青年骨干教师的培养，要培养年轻的学术带头人：一是业务尖子，二是科技帅才。并对他们提出三条标准：第一要是某一行的专家，学术造诣比较深，或者说有培养前途，很有潜力；第二要能够站在本领域的学科前沿和全局来把握学科的发展方向；第三要能团结人，能带领队伍打仗。在他的领导下，清华制定了人才队伍建设的"十百千工程"，使一批业务尖子和科技帅才脱颖而出。

王大中校长十分重视学校的文化建设，多次在清华举办大学文化的研讨会和论坛。我就参加过这些论坛。王大中校长认为学生的知识、能力固然重要，但综合素质更重要。他说："在建设世界一流大学的过程中，人文社会科学学科的发展具有重要的战略意义"，并全面论述了人文社会科学学科在培养人才、发展综合交叉学科、研究和解决社会问题、满足广大师生的精神文化需求和建设一流大学学科体系等方面的重要作用。为此，学校加强了人文社会科学的建设，推动了自然科学与人文科学的融合。

王大中校长毕业于清华大学，长期任教于母校，为母校的重点学科——核能物理做出了重大贡献。他担任清华校长以后，更是怀着对母校的深切情怀，全身心地投入到学校奔向世界一流大学的建设中。他秉持清华"古今贯通，中西融合"的传统，厉行改革，开创了许多新的办学思路和有力举措。他的教育思想和教育实践非常丰富，文集中有许多精辟的教育见解，我的体会只是举例于万一。读者一定会在文集中获得如何办好大学的更多的启发。大中校长邀我为文集作序，实不敢当，只能写这几点粗浅的体会，以表达我对大中校长仰慕敬佩之情。

2014年中秋

《PBL项目学习——项目设计及辅导指南》序

基于项目的学习（Project-based learning，简称PBL），早在20世纪中叶即在国外流行，90年代传入中国。21世纪初随着新课改的开展，一部分学校开始尝试开展基于项目的学习。我对PBL没有研究。据我粗浅的认识，PBL与其说是一种教学方法、一种教育技术，不如说是一种教育理念。PBL要求学生通过自主的参与、探究，达到解决问题的目的。它重视学生学习的过程，有利于促进学生的智力发展。正如汤姆·马卡姆在本书中所说的："PBL可被定义成一个使用各类探究性和挑战性问题来刺激学生掌握和改善各类技能的扩展学习过程。"

因此，在采用PBL时，首先要树立学生是学习的主体的理念，充分认识学生的能力。学生的潜在能力是很大的。传统教学往往低估了学生的能力，教师总是以传授的方式把现存的知识教给学生。学生在学习过程中缺乏自主学习的激情和兴趣，学生的智力得不到发展。PBL要求学生参与学习、探究问题，就应该把学生放在学习的主体地位。在当今信息化、互联网时代，教师已经不是知识的唯一载体，更不是知识的权威。教师是学生学习环境的设计者、学生学习困惑的帮助者、和学生共同学习的伙伴。

如何激发学生学习的积极性，如何组织学生有效地探究学习，这里面当然也有方法问题、技术问题，PBL就是一种有效教学的模式。但我在这方面实在缺乏研究，说不出一二三来。

汤姆·马卡姆的这本小册子，全面解释了PBL的指导思想、科学精髓、项目设计、引导学生探究、学习管理等，既有对PBL的理论解读，又有具体的技术方法。我想，愿意开展PBL的老师们可以从这本小册子中获益。本书将在光明日报出版社出版。编辑要我写几句话，是以为序。

2015年7月11日

《兰蕙》序

兰花是众人喜爱的花种，因为它高雅、纯洁、笑傲风雪。梅、兰、竹、菊，世称四君子。历史上文人雅士都欣赏兰花，咏兰之诗词多不胜数。写得最入意的如宋苏辙的诗："兰生幽谷无人识，客种东轩遗我香。知有清芬能解秽，更怜细叶巧凌霜。根便密石秋芳草，丛倚修筠午荫凉。欲遣蘼芜共堂下，眼前长见楚词章。"浙江绍兴有名胜兰亭，著名的王羲之的《兰亭序》就是在这里创作的。20世纪80年代，我的家乡无锡，在鼋头渚旁建了一处"江南兰苑"，是南京大学匡亚明校长题的名牌。苑内有一小亭，亭壁间嵌有王羲之题"兰"字碑，两侧有一联："山静兰初放，亭幽竹与清。"可见兰花和竹子都代表一种文化，在江南受到大众的普遍喜爱。

我也爱兰花，也因为它品格高雅，有文人气质，但并不真正懂得兰花，只知道它品种繁多，不易养护。也有学生知道我爱兰花，春节时送来一盆，我很想把它养护好，却总以失败告终。北京干燥的气候恰也不是兰花适宜的环境。

近日冯仰澄同志寄来他的专著《兰蕙》，读了才知道兰花在我国有那么悠久的历史，有那么多品种；才知道怎样科学地培育和养护。尤其是冯仰澄同志论述到兰花文化，称"兰花文化是兰花的生命……它又是道德的化身，人品的楷模，新时代社会和谐的样本"，给兰花赋予了精神世界，给人很大的启发。

我与冯仰澄同志交往已有50多年。当时他在北京任周建老秘书。80年代退休后回到绍兴，开始研究起园林艺术来，特别是培育兰花、研究兰花，创办《兰蕙》杂志。90年代初我们到绍兴，在他的老家参观了他的兰房，正是芳香扑鼻，沁人心肺。后来他家搬到余杭星桥嘉园的楼房内，前年我们去看望他，他又领我们欣赏了他在楼顶上建的兰花花房，可见他对兰花的钟情。他对兰花既有历史文化的研究，又有科学养护的实践经验。《兰蕙》一书就是他近30年来研究、培育、养护兰花的结晶。全书分五大篇：第一篇兰蕙身世，读了才知道，我国在7 000多年前的河姆渡时代就有兰花，兰花在几千年里与恶劣的环境作斗争才发展成今天的多姿多彩；第二篇养殖管理，主要是介绍兰花的形态、生理、生态、品种、培育和管理等科学知识；第三篇兰花文化闲谈，讨论了兰花的文化品质和个人对兰花品格的体悟；第四篇兰蕙姿容，选录了艺术家笔下的多姿多彩的兰花作品；第五篇兰蕙欣赏，选录了中华兰花名品并附有照片。全书融兰花的植物性、科学性、文化性、艺术性于一体，既是介绍兰花的科普读物，又是弘扬中华文化的文艺作品，图文并茂，赏心悦目，值得一读。

冯仰澄同志要我写几句，是为序。

2015年8月8日

《守望人生幸福——幸福人生教育的探索与实践》序

经常听家长讲："为了孩子将来的幸福，只好牺牲童年的幸福。"我要告诉他们："没有童年的幸福，将来也不可能有幸福。"你从小把孩子关在屋子里死读书、做练习，让他上各种补习班，成为考试的机器，孩子没有自己喜爱的活动，养成自我中心、孤僻的性格，不能与同伴共同玩耍，没有与同伴交流、合作的能力，长大以后能有幸福吗？本周二的《北京晚报》用大标题刊登一篇报道："状元大学生沦为流浪汉阶下囚。"当然，这是个别现象，但也不是个案，不是有研究生毒杀室友吗？有留学生枪杀导师和同学吗？这些青年都曾经是考试优胜者，但缺乏健全的人格。为什么？就是因为在童年没有幸福，人格被扭曲了。所以我说：没有童年的幸福，不培养他们良好的生活习惯、开朗的性格，将来不一定有幸福的人生。小学生应该让他们在玩儿中学习，在活动中成长。教师、家长要为孩子设计有意义的游戏和活动；课堂上要让学生积极参与，共同探索；在日常生活中注意孩子优良社会情绪的养成，使孩子们生动活泼地、健康地成长。这是基础教育的任务，也是素质教育的内容。

太原市实验小学提出了"幸福人生教育"的办学理念，将学校教育作为开启学生幸福人生的教育，为学生一生的可持续发展奠基，以此实现学生人生的幸福。这一理念，我特别赞成。他们将幸福教育作为一个重要课题开展研究，是基础教育素质教育的大胆实践。本书以幸福人生教育作为起点，探讨了幸福人生教育理论的源起和内涵，结合本校大量的教学案例，开展校本研究。本书以学校为基础，以教学为基点，以学生为中心，以活动为途径，使我们领略到了太原市实验小学开展教学改革和创新实践的孜孜以求的科学精神，也感受到了全体教师对教育事业充满理想、热忱和创造性。

本书既有理论的探讨，也有可操作的案例，相信你读完这本书，一定会有所启迪。

是为序。

2015年9月17日

《中国高等教育：多样化与教育教学质量》序

王义遒教授是在北大任教的物理学家，但从1985年开始担任北京大学的行政管理工作，先后担任教务长、副校长和常务副校长等职。20世纪80年代初，正是我国教育受到"文化大革命"的破坏开始恢复时期，学校百废待兴。王义遒教授在恢复北京大学教学秩序、学科建设和科学研究方面做了大量工作，同时积累了丰富的经验。王义遒教授善于思考，在领导学校工作时不是就事论事，而是高屋建瓴，抓住问题的要害，通俗易懂地提出自己的观点。1997年出版的《谈学论教集》就是他指导学校教学工作的经验体会。该书既谈到教师怎么教，又谈到学生怎么学。他让我作序，我读了很受启发，至今记忆犹新。

今天收到他另一部著作《中国高等教育：多样化与教育教学质量》，拜读之余更感到他对我国高等教育改革和发展的见解十分精辟。此书是论文集，内容非常丰富，可以说涉及我国高等教育改革和发展的方方面面，但又有所侧重。其中谈论最多的是以下几个问题。

一是高等教育大众化和多样化问题。1999年我国高等学校扩招以后，高等教育迅速进入大众化时代。但是由于种种原因，高等学校片面追求高大全，专科想升格为学院，学院想升格为大学，都想办成综合性大学，同质化现象日益严重。王义遒批判了这种现象，认为高等学校的趋同化、千校一面是中国高等教育存在的严重问题和前进的主要障碍，而多样化则是中国高等教育大众化发展的方向和关键。作者对"多样化"的内涵做出了科学的界定，提出了解决问题的思路。

二是论述了一流大学与大学精神。作者认为一流大学应该对国家的发展起到引领作用；一流大学的主要标志应是国际公认的学术成就和学科水平，而建设一流大学的关键是大学领导人。同时，大学是最高学府，是文化组织，因此构建一流大学不能仅仅依靠物质，更重要的是精神。作者对于大学精神，以及北大精神写了多篇文章，对大学精神的内涵、形成、表述和功能等做了详细的论述。

三是论述了文化素质和通识教育问题。大学文化建设是20世纪90年代我国高等教育界讨论的热门话题。我也曾参加到这个讨论热潮中，王义遒则是这个热潮中最热心的弄潮儿。我曾听到他在许多研讨会上的发言，他也写了不少文章，现收集到本书中。文章随着时代的发展，依据政策的要求，提出了提高大学生文化素质的新要求。提高大学生的文化素质，就要加强"通识教育"。作者对如何把"通识教育"纳入教学系统，它与文化素质的关系，做了深入的探索和分析。

四是提高教育教学质量问题。立德树人是教育的根本任务。高等学校是培养人才的地方，提高教育教学质量，永远是高等学校的主题。作者在北大负责教育教学工作多年，不仅积累了丰富经验，而且发表了多篇文章。作者认为：（1）提高教学质量根本上是要使学生树立和养成积极主动地学习的态度和能力。（2）提高教育教学质量不仅在于教学活动，而且是全校的事情。他提倡全校师生员工参与的"全员教育"和整个校园的"全园教育"，即教书育人、管理育人、环境育人。（3）课堂教学是学校教学的主渠道，教学质量标准主要在于是否激发和提高学生的学习兴趣和提出问题的能力，好教师要做到"四真"："真知、真信、真行、真情。"（4）基础与创新是不矛盾的，基础是创新的前提，因此要夯实基础。作者对"培养拔尖创新人才"和"钱学森之问"提出了自己的看法，认为学校主要是面向全体，打好基础，拔尖创新人才是在工作以后逐渐冒出来的，学校不能制造出拔尖人才。

我与王义遒教授相识在20世纪80年代，他在北大担任行政教学工作，我则在北师大负责行政教学工作。我们经常在会议上碰面。特别是北大教务长汪永铨教授在北大筹建高等教育研究所以后，我们的交往更加频繁。90年代末，我们与教育部高教司王冀生同志、清华大学吴显章教授等组成一个研讨大学文化的课题组，多次开会研究大学文化的本质、内涵和建设问题。我们对大学文化建设都有一致的看法，王义遒教授每次发言都给我以启发。

当前，我国无论是在经济建设方面，还是在文化教育方面，正处于转型时期。高等教育既要建设一批世界一流大学和一流学科，又要培养具有较高文化素质的技术人才。高等教育必须深入改革，遵循教育发展的规律，适应时代的要求，立德树人，培养多种层次、多种规格的人才，为实现中华民族伟大复兴的中国梦提供人才资源。王义遒教授的这部著作无疑给我们提供了许多办学经验和思考。王义遒教授作为我的老朋友要我写几句话，是为序。

2016年4月15日

《民族教育　岁月峥嵘——哈经雄的研究与实践》序

哈经雄教授是我的老朋友，他曾经担任中央民族大学校长多年，长期从事民族教育研究。众所周知，我国是一个统一的多民族国家，各个民族的共同发展和团结，关系到国家的长治久安。而教育是民族发展的基础，也是各民族交往、交流、融合的桥梁。作为校长，哈经雄教授不仅培养了大批少数民族的干部，为民族大学的建设做出了贡献，而且在处理繁忙的校务工作之余，潜心研究民族教育学。他主编的《中国少数民族高等教育学》（1991），荣获1999年全国第二届教育科学研究优秀成果一等奖，《民族教育学通论》（2001），荣获2002年北京市第七届哲学社会科学优秀成果二等奖和北京市高等教育精品教材奖。评选这些著作时我都在场，至今记忆犹新。

民族教育研究在我国开展的时间不长，但非常重要。我国55个少数民族不仅有不同的语言，而且风俗习惯不同、宗教信仰各异。开展民族教育，必须尊重各民族的特点，同时又要遵循教育规律。因此研究民族教育学是一项十分重要而又艰巨的工作。哈经雄教授率先明确提出民族教育是相对独立的学术领域，并论述其学科体系；先后在中南民族学院和中央民族大学指导创办民族教育研究所，成功地领衔申报民族教育领域的首个硕士点和博士点。特别是，在"九五"期间，哈经雄教授倡导并促成在全国教育科学规划中设立民族教育学科，并担任该专家组组长，多次主持制订该学科的规划和课题申报指南，主持课题申报评审，从而促进了民族教育这个年轻学科的快速发展。哈经雄教授是我国民族教育学科建设的奠基人之一。

哈经雄教授从校长岗位退下来以后，并没有休息，而是继续从事民族教育和民族政策的研究，并且关心、指导、帮助年青一代开展研究工作。我的博士后苏德教授担任民大教育学院院长以来，开展的各项课题研究，无论是在开题还是在结题时，都有哈经雄教授在场。我们多次在这种场合见面。

在与哈经雄教授30年的交往中，我深深感到，哈经雄教授毕生在各级各类民族教育机构辛勤耕耘，为我国民族教育事业呕心沥血，特别是对我国民族高等教育事业的发展做出了特别重要的贡献。

哈经雄教授著作丰硕，现在集结成书，丰富了我国的教育科学宝库。相信读者在读了本文集后，不仅能了解我国民族教育的现状，而且会对哈经雄教授治学、治校和为师的品格有更具体的感受。

2016年7月14日

《王承绪研究丛书》序

　　王承绪先生离开我们已有四年时间了，但一提到比较教育，人们就会立即想起他，想起他对我国比较教育学科建设的贡献，想起他敬业爱生、严谨笃学的精神。今年是比较教育学科创立200周年，在这个值得纪念的日子里，我们更加怀念他。

　　王承绪先生是我国老一辈教育家，他的百年生涯见证了中国教育发展的百年沧桑。王先生与我是同乡，他出生于江阴县沙洲镇，中学毕业于梁丰中学，后就读于浙江大学。我认识王先生是在改革开放以后，1980年一起编写新中国第一部《比较教育》时。三十多年来我们几乎年年见面，他的博士生答辩邀我去主持，我的博士生答辩请他来主持；后来我在杭州师院担任学术委员会主任，每年到杭州，总要去看望他。我们常常促膝长谈，成为忘年之交。

　　但我一直只了解改革开放30年来王先生为我国比较教育建设做出的巨大贡献，今天拜读了《王承绪研究丛书》，才了解他教育的一生，他为中国教育的现代发展做出的巨大努力。他青年时就立志"教育救国"，投身于中国的教育事业。早在20世纪30年代就发表了多篇论文，论述中国教育的问题，特别是介绍和评论各国的教育，这是我国早期的比较教育重要论著，是比较教育理论宝库中的重要财富。《王承绪研究丛书》的出版填补了我国比较教育发展史的空白。

《王承绪研究丛书》不仅收录了王承绪先生的论文，而且收录了他的弟子研究王先生教育思想研究的专著。专著介绍了王先生的生平和他的学术生涯，研究了王先生关于"基本教育""高等教育""比较教育""教育史学"以及翻译等领域的思想，使我们对王先生的学术生涯有了全面的认识。我祝贺《王承绪研究丛书》的出版。

2017年7月19日

《我的教育探索》自序

　　如果从1948年当小学教师开始算起，那么到今年我从事教育工作已经整整50年了。当然，其中有几年是在北京师范大学和苏联学习，但总体上没有脱离教育这个大领域。50年来，我当过小学教师、中学教师、中等师范学校的教师、中学校长、师范大学的教师、系主任、副校长及研究生院院长等，可以说，经历了学校教育的各个层次。既教过书，又做过教育行政工作；既做过实践工作，又从事过教育理论研究。从教育经历来说不谓之不丰富。但是我对教育的认识，却仍然十分肤浅。改革开放20年来，我也写过不少文章，发表过多次讲演。不少朋友劝我把它们收集整理出来，但我总犹豫不定。一方面也想给自己几十年的经历留个痕迹，另一方面总觉得我对教育的认识很肤浅，这些文章没有什么保留价值。但最后还是经不住诱惑，趁在日本鸣门教育大学讲学之余暇把它们整理成册。据说有些著名画家晚年要把年轻时画的不太成熟的画撕掉，以免流于后世。好在我不是什么著名学者，写的文章也已白纸黑字印刷出来。这次整理成册，也只想为自己留个纪念，并不想流芳百世。想到这里也就心安理得了。

　　我在文章中多次提到，教育是十分复杂的社会现象。虽然多次提到要认识教育规律，按照教育规律办教育，但是有哪些教育规律，至今并不明确。我几十年来好像在大海中游泳，有时隐约地看到前面有陆地，以为发现了新大陆，但游到跟前一看，原来还是在老地方；有时又好像在森林中漫步，总想找一条捷径走出森林，但总是在里面打圈圈，走不出来。因此我给自己的书名定为"我的教育探索"。

的确，我在教育理论领域中做过多次探索，而且现在还在探索。我曾经探索教育与生产发展的关系，曾经提出"现代教育是现代生产的产物，教育与生产劳动相结合是现代教育的普遍规律"的命题。有人批评这个命题缺乏阶级性。邓小平同志在1978年的教育工作会议上提出，教育必须与国民经济发展相适应，必须为社会主义现代化建设服务，那么，教育如何才能与国民经济发展相适应呢？"文化大革命"前和"文化大革命"中只讲教育与政治的关系，现在教育要与国民经济发展相适应，就要研究教育与生产的关系，所以我写了《现代生产与现代教育》一文，在研究现代教育与现代生产的关系中提出了上述命题。当时教育理论界正在争论教育本质的问题，我不过是从另一个角度来探索教育的本质。

在教育是传授知识还是培养能力的争论中我曾提出"学生既是教育的对象，又是教育的主体"的命题，也引发了不同的意见。

我曾赞成和提倡"愉快教育"的实验，曾经被不少学者误解为学习不要刻苦，有人责问我："学习不勤奋、不刻苦如何成才？"回想我小时候，学习还是蛮轻松愉快的，不像现在的孩子那样视学习为畏途，我对自己感兴趣的学科好像也曾下了点功夫，可能总体上没有做到像某些学者要求的那样勤奋和刻苦，所以至今未能成才。

我曾呼吁教育改革的关键是教育观念的革新，但应该树立什么新的观念，如何才能革新教育观念，我自己也说不清。

我曾批判学历主义，并异想天开地提出高等教育的发展最好抓一头放一头。国家只抓好授予学位的高水平、高质量的高等学校，把专科和短期职业大学放给地方去办；把职业资格证书与学历证书分开。但实践中却难以做到。

我曾呼吁高等教育包括研究生教育要加强人文科学教育，近几年来又在探索教育与民族文化传统的关系。但许多问题仍在朦胧之中。

总之，越探索觉得问题越多，越没有头绪。实际上，对于教育理论研究，我只是一个杂家，而不是专家。从我的这本集子中可以看出，我探索许多问题，但既不成体系，而且哪个问题也没有彻底解决。

最后说说本书编排的体例。一般的论文集都是按时间顺序排列下来的，但因为我的文章太杂，按时间排列就显得杂乱无章，因此采取了折中的办法，分了几个专题，再按时间顺序排下来。这样可以看出我对每个专题的思路。文章大多是在报刊上发表过的。这次整理时除极个别文章因重复做了少数删节外，一般只做了些文字改动。虽然个别观点恐已过时，但仍保持原貌，以作为我的探索的痕迹。有些内容因分散在不同的文章中，仍有一些重复，但为保持文章的原貌均未做改动。有些不当之处，敬请读者斧正。

1998年6月

《思考教育》自序

　　10年前，我的学生为我出版论文集，问我起什么名字好，我想了好久，就叫《我的教育探索》吧。我在该书的前言中写道："我在文章中多次提到，教育是十分复杂的社会现象。虽然多次提到要认识教育规律，按照教育规律办教育，但是有哪些教育规律，至今并不明确。我几十年来好像在大海中游泳，有时隐约地看到前面有陆地，以为发现了新大陆，但游到跟前一看，原来还是在老地方；有时又好像在森林中漫步，总想找一条捷径走出森林，但总是在里面打圈圈，走不出来。"一晃又过了10年，我似乎仍在森林中打圈圈，不知道出路何在！

　　我的教育生涯可以分成两部分：一部分是"文化大革命"结束以前27年，是一个教书匠的生涯，除了在大学学习7年外，就是在中学和大学教书。也发表过几篇小文章，主要是1958—1962年间在北师大附中做教导处副主任、负责班主任工作时遇到了问题有感而发的，如《从理论联系实际谈起》《纪律教育中的严格要求》《表扬与批判》等，说不上是论文。但这一段时间对我来说很重要，我在中学里学到了许多书本上学不到的东西。在1958年"教育大革命"时期，我在师大附中开展九年一贯制、半工半读等教改实验，做了许多违背教育规律的事；我在对学生进行教育时出现过许多失误，这都是我的反面经验。但同时我听了许多优秀教师的课，和许多班主任、少先队辅导员共同工作，学习到了许多宝贵的经验。这些都是我后来从事教育研究的资本。"文化大革命"十年挨批判，被下放到工厂、农村劳动，虽然心情不舒畅，但也使我了解了工人、农民的生活，对我来说也是一种财富。

另一部分是"文化大革命"结束以后至今30余年，特别是改革开放30年来，开始尝试着研究一些教育问题，发表了一些见解。但仍然只能说是对教育问题的探索，说不上是深入的研究，更谈不上什么思想体系。那么，这几十年来我探索了哪些问题呢？其实我并无计划，只是想到什么问题就摸索一番，发表一些自己的意见，过后就掷掉了；过几天又遇到另外一些问题，我又尝试着发表一点自己的看法。总之，越探索觉得问题越多，虽然发表了一些看法，但哪个问题也没有彻底解决。因此，我常常把自己看作是教育的杂家，而不是专家，更不是什么教育理论家。最近，北京社科联要出版一套北京社科界同仁的文集丛书，我也忝列其中。虽然我的论文并无什么价值，而且多数已经发表，但是，我想利用这个机会捋一捋自己的思路，到底这几十年来探索了哪些问题。

1975年我在北师大担任教育革命组副组长兼文科组组长，"文化大革命"后改为文科处处长，1979年又任教育系主任、外国教育研究所所长。"文化大革命"以后拨乱反正，我写的第一篇文章就是《"两个估计"是"四人帮"压在教育战线上的两座大山》，发表在1977年的《北京师范大学学报》上，当时不流行个人署名，所以署名为教育革命处。

1978年党的十一届三中全会确立了以经济建设为中心的政治路线，实行改革开放。1978年3月18日，邓小平在全国科学大会开幕式上讲话，提出了两个重要论断：一是科学技术是生产力；二是知识分子"是工人阶级自己的一部分"。邓小平的讲话极大地解放了人们的思想，使广大知识分子受到极大的鼓舞。1978年4月22日，邓小平在全国教育工作会议上讲话，提出"整个教育事业必须同国民经济发展的要求相适应"。这一年我参加了中国社科院副院长于光远和陈元晖等召开的一些座谈会，讨论教育的重要性和教育的本质问题，使我的思想得以解放。我在想一个问题，就是"教育与社会发展的关系"。长期以来我们把教育作为阶级斗争的工具，教育要为政治服务。这本来也没有错，脱离政治的教育是不存在的。但是党的十一届三中全会确定了以经济建设为中心这一党的政治路线，教育就要为经济建设这个中心服务。那么，怎样从理论上来说明教育要为国民经济发展服务，如何服务？总应该从学理上有一个说法。我在研究教育发展史的时候发现，学校的产生和发展并不像一般人所想象的那样，先有小学，再有中学，然后才有大学。事实恰恰相反，先有大学，然后才有中学和小学。最早的现代意义的学校是产生在中世纪的大学，那是少数学者聚集起来探讨学术的地方。贵族子女主要是在家庭中接受教育，没有现代意义的小学和中学。文艺复兴以后，资本主义开始萌芽，为适应第三阶级的兴起出现了行会学校和中学。直到工业革命以后，大工业机器生产需要有一定文化的工人，再加上工人阶级争取受教育权利的斗争，于是在19世纪，资本主义国家开始实行普及义务教育，这个时候才出现了现代意义的小学。经过几十年的教育现代化发展的过程，从小学到大学的现代教育制度才得以建立。因此，可以说，现代教育制度是现代大工业生产的产物。由于现代教育制度是随着现代大工业生产的产生和发展建立起来的，因此它摆脱了古代学校教育脱离生产劳动的状况，要求教育与生产劳动的紧密结合，所以教育与生产劳动相结合是现代教育的普遍规律。这就是我在20世纪80年代初发表《现代生产与现代教育》（《百科知识》1981年第5期）、《现代生产对教育提出的要求》（《红旗》1980年第19期）两篇文章的缘由。

"现代教育是现代生产的产物"这个论断似乎被大家接受了。但人们对于"教育与生产劳动相结合是现代教育的普遍规律"这个观点却长期有争议。有些同志批评这个观点缺乏阶级性，他们认为"教育与生产劳动相结合"是马克思主义教育原理,是社会主义的教育方针,不能是现代教育的普遍规律。直到1992年还有一所大学的杂志批判我这个观点。但是一百多年以前马克思提到的生产劳动必须与教育相结合,培养体脑结合全面发展的人的论断是指关系到大工业生产生死攸关的问题,并非只指社会主义的教育。

80年代我探索的另一个问题是教学过程中的学生发展问题。早在1958年我就翻译过苏联赞科夫《论教育与发展的问题》的论文,对学生如何在教育过程中发展的问题一直很关注。1980年我在编写中等师范学校教育学教科书时,就把促进学生发展的问题放在重要地位,同时提出"学生既是教育的对象,又是教育的主体"的论断,文章发表在《江苏教育》1981年第9期上。这个问题提出以后立即引起了教育界的争论。赞成者有之,反对者更多。反对者的论点大致有以下几种。

第一种意见认为教育过程中教师应该是主体,学生只能是教育的对象,是教师教育的客体。

第二种意见认为教师要起主导作用。从教育过程看,教师是教育的主体,学生只能是学习的主体。

第三种意见从哲学方面来论述。毛泽东在《矛盾论》中讲,在同一个事物中只能有一对主要矛盾,在一对矛盾中只能有一个主要方面。在教育过程中的师生关系这对矛盾中,教师是矛盾的主要方面,教学过程中不能有两个主体。

为此,我在1991年《华东师范大学学报(教育科学版)》上发表了《再论教师的主导作用和学生的主体作用的辩证关系》一文,阐述了在教学过程中师生互为主体、互为客体的辩证关系,阐明教师的主导作用与学生的主体作用不是矛盾的,相反,教师的主导作用恰恰在于启发学生的主体性。时至今日,教师主导作用、学生主体作用的提法似乎已经被广大教师接受了,而且主体性教育实验也在全国开展起来了。

1964年我被师大党委调到外国教育研究室并负责筹备中宣部主办的《外国教育动态》杂志，于是我与外国教育、比较教育结下了不解之缘。新中国成立以后，我国实行"向苏联学习"一面倒的政策，除了介绍苏联教育的经验，对其他国家的教育经验采取一概排斥的态度。1964年周恩来总理提出要研究外国，要知己知彼。于是国务院外事办公室批准在若干大学成立了约40个研究外国的机构。我们北京师范大学成立了外国教育、苏联文学、苏联哲学、美国经济四个研究室，1965年合并成立外国问题研究所，由当时的党委副书记谢芳春任所长，我和另一个教师任副所长。《外国教育动态》在中宣部教育处领导下筹备了半年，出版了两期试刊，1965年夏天正式出版，但只出了3期就遇上"文化大革命"，被迫停办。1974年我曾作为中国代表团的顾问参加了在巴黎召开的联合国教科文组织第18届大会。会议期间了解到各国教育发展的情况，参观了巴黎大学等学校，深感我国与外国发达国家教育的差距。改革开放以后，我最先想到的是要恢复《外国教育动态》这本杂志，于是1979年秋天我给当时负责教育科技工作的方毅副总理写信，希望恢复这本杂志，并能在国内外公开发行。没有想到方毅副总理很快就批准了。1980年就正式出版发行，1993年更名为《比较教育研究》，我一直担任主编至今。

1980年教育部邀请美国哥伦比亚大学比较教育专家华裔教授胡昌度来北师大讲学，教育部组织了10所大学的教师来听讲进修。我作为北师大教育系主任兼外国教育研究所所长负责组织了这次教师进修班，同时也同堂听课，学习比较教育理论。三个月进修班学习结束后我们就开始编教材。经过两年的努力，在老一辈比较教育学者王承绪、朱勃等教授指导下，新中国第一本《比较教育》教材于1982年由人民教育出版社出版发行。

1979年我开始招收比较教育硕士研究生，1985年开始招收博士研究生，1983年开始担任中国教育学会比较教育分会的理事长。从此，比较教育就成了我的第一专业。在比较教育研究领域我大概做了以下几件事。

第一，改革开放以后，我认为应该对世界几个发达国家的教育，特别是战后的教育进行全面的研究，以把握世界教育发展的脉络，吸取他们的经验。于是我在制定教育科学"六五"规划时提议把"战后教育研究"列为国家重点课题。我的意见得到教育科学规划领导小组的批准。我就负责苏联战后教育研究。虽然新中国成立以后我国一直以苏联为师，介绍学习了许多苏联教育的经验，但是1960年以后中苏关系破裂，对苏联教育开始持批判的态度，并未真正客观地研究过苏联教育的发展和经验。这项研究持续了7年，其成果就是《战后苏联教育研究》一书，出书的时候正值苏联解体，该书刚好为苏联70多年的教育画上了一个句号。该书1994年获得第一届中国高校人文社会科学优秀成果一等奖。

第二，不断捕捉世界教育发展的趋势和动向。我写了多篇类似的文章，如《当代工业发达国家的教育改革》(《北京师范大学学报》1980年第4期)、《世界教育发展的新形势》(1987年)、《90年代世界教育发展的展望》(《中国教育报》1990年3月24日)、《高等教育改革的国际动向》(《中国大学人文启思录》1999年)、《世界高等教育发展的基本趋势和经验》(《北京师范大学学报》2006年第5期)等。

第三，关于比较教育学科建设。我认为，我国比较教育学科还比较年轻，改革开放初期，大家忙于介绍外国教育的经验，顾不上学科建设的问题。但到90年代，这个问题应该引起比较教育界的重视。于是我在1986年比较教育研究会第五次学术年会上发言——《谈谈我国比较教育发展中的几个问题》；1990年在比较教育研究会第六次学术年会上做了一个报告，题为《比较教育的回顾与展望》。两次会议都提到：一是比较教育要改变以往的研究重点，将单纯研究外国教育转移到从中国教育的实际出发，研究中外教育的比较上；二是拓宽研究领域，不能只限于研究几个发达国家的教育，至少对我们临近的、国情相似的几个亚洲国家的教育要有突破性的研究；三是加强比较教育学科的建设，特别是方法论的研究；四是加强比较教育队伍建设，包括研究生的培养。

第四，提出文化研究的比较教育方法论。我在研究各国教育的时候发现，过去我们在研究中分析影响教育的政治因素和经济因素较多，分析影响教育的文化因素较少，而各国教育制度和事实单单用政治因素和经济因素来分析仍难以理解。例如，美国、法国、德国等都是经济发达的资本主义国家，为什么他们的教育制度和处理教育事实的方法又大不相同；而社会制度、经济发展水平不同的东方国家，如中国、日本、韩国的教育传统却有许多相似的地方？于是我觉得应该把教育放在各国不同的文化背景下来研究。教育科学"八五""九五"规划时，我都选择了"民族文化传统与教育现代化"作为研究课题。经过团队的努力，成果反映在《民族文化传统与教育现代化》一书中，该书1998年由北京师范大学出版社出版。

为了提倡比较教育的文化研究，我又写了《文化研究与比较教育》一文（《比较教育研究》2000年第4期）。

1979年4月中国教育学会成立，我是当时最年轻的常务理事，因此对我国基础教育发展特别关注。当然，教育学实际上从它产生之日起主要也是研究儿童的教育。基础教育中遇到的最大问题就是素质教育和教育公平问题。关于素质教育，这个问题的起因说来话长，早在50年代后期，由于中等教育的较快发展，出现过单纯追求升学率的问题。改革开放以后，我国教育得到较快的恢复和发展，升入高等教育的压力越来越大。80年代初期就出现了"千军万马挤独木桥"的现象。许多学校把升学率作为成绩的指标，忽视了学生的思想品德教育，损害了学生的身体健康。这种状况引起了社会各界的重视。老教育家叶圣陶就在《中国青年报》上撰文《我呼吁》，呼吁社会各界关注中学生在高考重压下负担过重的问题，结束"千军万马挤独木桥"的状况。为此，1989年国家教委在张承先、王明达同志主持下成立了"克服片面追求升学率的对策小组"，我也是小组成员之一。当时还组成了一个调查班子，准备做系列调查研究并提出对策，由于特殊原因，只写了一篇文章即草草收兵，未有结果。关于教育公平问题是近几年才提出来的。本来素质教育与教育公平是两个不同的问题，但是由于教育资源分配不公，引起了教育的竞争。大家都争着考大学，而为了能考上大学，就要争上重点中学；为了能上重点中学，就要选择重点小学。层层竞争，越演越烈，素质教育就难以推行。对于这两个问题，我写了多篇文章，如《教育改革的关键在于教育思想的转变》（《教育研究》1986年第4期）、《提高民族素质，迎接21世纪挑战》（《中国教育学刊》1996年第6期）、《漫谈教育现代化与素质教育》（《中国教育学刊》1998年第3期）、《教育公平与素质教育》（《教育发展研究》2002年第1期）等。

　　教育既是一门科学，又是一门艺术。我觉得要想成为一名好教师，就要学习教育理论，懂得一点教育规律；同时对教育要有点悟性和创造性，要热爱孩子，理解孩子，因材施教。要想上好一堂课不仅要熟悉教材，还要研究学生，针对不同的对象、场合要采取不同的策略、不同的方法。我对教育教学没有深入的研究，只是凭我在中小学工作几年的经验，有一点点体会，因而写了一些教育随笔性的小文章，如《没有爱就没有教育》《没有兴趣就没有学习》《只有了解学生，才能教育学生》《只有尊重学生，才能要求学生》《我赞成"愉快教育"》等，均收入《杂草集——顾明远教育随笔》一书中。近年又出版了一本《野花集》。

　　我特别强调要建立民主、平等、和谐的师生关系。我认为良好的师生关系是巨大的教育力量。我特别反对教师不尊重学生，把学生分成三六九等的态度。为此，我认为现在不应该再评选"三好学生"。因为它不符合儿童成长的规律，不符合教育的规律，会伤害大部分学生。这个问题引起了社会的争论。为了说明我的观点，我写了《不要把学生分成三六九等》(《杂草集》)、《我为什么呼吁废除"三好学生"的评选》《从"十佳少年"评审谈起》(《野花集》)等。

90年代初，珠江三角洲和长江三角洲等沿海地区普及了九年义务教育，提出了实现教育现代化问题，邀请我去参加他们的讨论会。但是，什么是教育现代化？教育现代化有什么标准？大家并不太清楚。这促使我探讨教育现代化的问题。要想弄清什么是教育现代化，首先要弄清楚什么是现代化。关于现代化的理论在60年代的西方曾风靡一时。但西方现代化理论并不适用于我们中国。我提出了自己对现代化的看法。我认为："所谓现代化，是指人类认识自然、利用自然和控制自然（包括人类自身）的能力空前提高的历史过程以及由此而引起的政治、经济、文化等社会各领域广泛而深刻的变革，其目标是创造高度的物质文明和精神文明。"关于现代化是何时开始的，有两种观点：一种认为从文艺复兴开始，文艺复兴冲破了神的束缚，人得到解放，从而使人类步入现代化的进程。另一种观点认为从工业革命开始，以科学技术与生产的结合为标志。我倾向第二种观点。因为文艺复兴固然是一次伟大的思想革命，但它只是现代化开始的先兆，是思想准备阶段，只有产业革命把科学技术与生产结合起来，使大工业机器生产代替了手工业小生产，人类认识、利用、控制自然的能力才有了空前的提高。

现代化是一个历史过程，是动态的、不断发展的过程。它发展到今天经历了工业化和信息化两个阶段。有人说是发达国家经历了两次现代化。我国全国范围内的工业化还没有完成，但沿海地区已经进入信息化社会。因而教育现代化在我国也被提上了议事日程。

教育现代化是社会现代化的组成部分，社会现代化首先包括人的现代化。怎样理解教育现代化？我认为，就是指传统教育向现代教育转化的过程。教育现代化的内容很广泛，包括教育思想观念的现代化、教育制度的现代化、教育内容的现代化、教育设备和手段的现代化、教育方法的现代化、教育管理的现代化等。但我认为，最重要也是最难以转化的是教育思想观念的现代化。因此，我并不关心现代化的硬件指标，我最关心的是现代教育应该具有哪些特征。对于这个问题我探索了许多年，写过多篇文章，最近在《中国教育现代化的历史使命》一文中总结了八个特征，即：（1）受教育者的广泛性和平等性；（2）教育的终身性和全时空性；（3）教育的生产性和社会性；（4）教育的个性性和创造性；（5）教育的多样性和差异性；（6）教育的信息性和创新性；（7）教育的国际性和开放性；（8）教育的科学性和法制性。这种概括是否科学和全面，需要研究者来讨论。

我长期在师范大学工作，担任过北京师范大学的教育系主任、外国教育研究所所长、文科处处长、副校长、研究生院院长等职，又担任过几届高等教育学会高等师范教育研究会理事长，所以对师范教育特别关注。我认为办好学校、培养学生，归根到底要落到课堂上。因此，教师是办好学校的关键，办教育必须重视师范教育。我在这方面写的文章多一些，如《加强师范教育是发展教育事业的根本》（《教育研究》1982年第11期）、《论教师的职业和社会地位》（《光明日报》1989年4月12日）等。

为了培养优质教师，促进教师的专业化，师范教育必须改革。在师范教育界，长期存在着师范性和学术性之争，从20世纪50年代开始一直到今天仍在争论之中。我认为师范性和学术性是不矛盾的。一名优秀的教师要掌握所教学科的理论体系、基本知识和发展前沿，同时要懂得教育规律，具有教育能力。因此，师范性本身就包含着学术性。近几十年来，教师专业化的呼声很高。什么是教师的专业化？师范教育如何促进教师专业化？师范教育如何改革？这是从事师范教育的工作者应该回答的问题。我也曾经尝试回答这些问题，为此，在不同的时期发表了多篇文章，如《论高等师范教育的改革》（《教育科学》1988年第1期）、《师范教育面临的挑战和改革方向》（《光明日报》1997年9月12日）、《师范教育的传统与变革》（《高等师范教育研究》2003年第3期）等。这几年我又感到我国教师教育改革，所谓在教师教育转型中出现了一些问题，所以我又写了《我国教师教育改革的反思》（《教师教育研究》2006年第6期）和《谈谈我国教师教育的改革和走向》（《求是》2008年第7期）两篇文章。

教师是为未来社会培养人才的职业。世界著名教育家把教师职业称为"太阳底下最光辉的职业"。教师应该受到全社会尊敬。我在1985年曾和教育工会方明等同志在《光明日报》上发出倡议书，呼吁全社会都来尊重教师。但是，教师要想得到社会尊重，教师本身就要提高自己的思想品德和业务水平。所以，1989年我曾在《瞭望周刊》杂志上撰文《必须使教师职业具有不可替代性》（1989年第22～23期）。为了提高教师的学历水平，我们向国务院学位委员会提议设立教育硕士专业学位。该学位于1996年学位委员会第十四次会议通过，1997年开始招生。我开始担任教育硕士专业专家组组长，后又担任教育硕士专业教学指导委员会第一届主任委员。我写了《中国教育发展史上的里程碑——谈教育硕士专业学位》一文。

由于我长期在大学工作，1984年开始担任北京师大副校长，1987年又兼任研究生院院长，所以对高等教育的发展也很关心，也探讨了高等教育发展的一些问题，写了一些文章，如《现代高等教育的发展与我国高教改革》（《高等教育研究》1983年第2期）、《试论高等学校教学过程的特点》（《高等教育学报》1985年第1期）、《大学的理想和市场经济》（《比较教育研究》1994年第2期）等。1994年发生这样一件事，世界杯足球赛期间，我校研究生竟然做出砸玻璃、扔瓶子等不文明行为，使我感到有加强大学生的人文教育和文化建设的必要。于是我写了《亟需加强研究生的人文科学教育》（《学位与研究生教育》1995年第4期）、

《人文科学教育在高等学校中的地位和作用》(《高等教育研究》1995年第4期)。

　　我一直在思考一个问题,即教育与文化的关系。我在研究比较教育时总感到离开了一国的文化传统,很难理解他们的教育。所以我从20世纪80年代中期开始就萌发了研究民族文化传统与教育现代化的问题。同时,我深感我国教育现代化受到许多传统文化的影响。中国文化有悠久的历史,优秀的传统是我们应该发扬光大的;但中国传统文化中也有一些陈旧落后的东西,影响着教育现代化的进程。例如,前面讲到的素质教育的推行就遇到许多陈旧观念的阻挠。因此,在我国实现教育现代化的时候,如何正确地对待和处理与传统文化的关系,如何正确对待和处理吸收外来文化,是值得在理论上深入研究的问题。1987年我写了《教育的传统与变革》一文,发表在《中国社会科学》杂志1987年第4期上。同时,传统思想观念的转变,一直是我关心的问题。

　　90年代初我就酝酿着写一本《中国教育的文化基础》。但是我对中国文化不熟悉,我的文化底蕴很差,写这样的书真是自不量力。但总觉得应该写这样的书,把影响中国教育的传统文化因素梳理一下。于是我开始学习,阅读一些文化学、中国文化研究的著作,收集资料,边学习边写作,经过十年的努力,在2004年才完成。该书只是通俗全面地介绍了中国教育受到哪些中国传统文化和西学东渐的影响,展望了建设有中国特色的教育传统的途径。

　　新世纪我承担了教育部哲学社会科学攻关课题《学习型社会的理论与实践研究》。形成全民学习、终身学习的学习型社会是十六大提出的任务,也是时代发展的要求。我是最早接触到"终身教育"这个概念的中国学者之一。1974年我曾参加联合国教科文组织第18届大会,当时就见到"终身教育"的文件,但对终身教育并不理解,直到"文化大革命"结束以后,读到《学会生存》一书,同时在研究现代教育与现代生产时，才感受到它的深刻含义。2003年我写了《形成全民学习、终身学习的学习型社会》一文，发表在《求是》2003年第4期上。最近，作为攻关课题的成果，又写了《终身教育与人的全面发展》一文。

以上就是我一生探索教育的历程。从上面简要的介绍可以看出，我确确实实探讨了许多问题，但都没有深入地研究，更谈不上在理论上有什么建树。为了出这本自选集，我就对自己做以上的介绍，以求得同仁的指教。

2008年7月12日

书评选辑和读书笔记

《绞索套着脖子时的报告》读后[*]

当一个人知道了他为什么生活着的时候，他就能贡献出自己的一切力量，为他的信仰、为他的理想、为他的事业而忘我地奋斗。这该是生活的真谛。我们说真正弄明确这生活的真谛，不仅仅要理解它，还要经得起生活的考验。这道理我是看完了这本《绞索套着脖子时的报告》以后，才深深地体会到的。

《绞索套着脖子时的报告》的作者——尤利斯·伏契克，是捷克共产党中央委员。他在一九四二年四月二十四日被德寇逮捕。虽然经过了残酷的拷问，可是敌人始终没有从他口中得到什么。伏契克在狱中时刻想到党，想到他的事业，为党为共产主义事业而作着各种斗争。因此真是在绞索套着脖子的时候，他还在狱中借着一个狱卒的帮助，写出了这一首伟大的诗篇。

伏契克，是一个不平凡的人，但他也是一个平凡的人。伏契克和我们一样，酷爱生活，渴望幸福。可是他不仅酷爱生活，他还懂得为什么生活，他懂得要为美好的生活而战斗；他不仅渴望幸福，他并且懂得什么叫幸福，他懂得要为争取幸福而战斗。正像他书中所说的：

"我爱生活，并且为它而战斗。我爱你们，人们，当你们也以同样

---

* 原载《中国青年》第65期，1951年5月19日。

的爱回答我的时候，我是幸福的。当你们不了解我的时候，我是难过的。……让我的名字在任何人心里都不要唤起悲哀。这是我给你们的遗言。……如果眼泪能够帮助你们，那么你们就放声哭吧。但不要怜惜我。我为欢乐而生为欢乐而死。在我的坟墓上安放悲哀的安琪儿是不公正的。"

德寇严刑拷打他，可是伏契克并没有被吓倒，也丝毫没有恐惧过。相反，他充满着欢乐与希望。因为他懂得敌人的凶暴并不等于敌人的强大，却是说明敌人的垂死挣扎。因此，他对敌人是那么蔑视，他把敌人当作木偶，把审问他的彼得柴克宫当作电影院。我们看他在描写受刑时是怎样写的：

"——你说，不然我就枪毙！

——请枪毙吧！

一顿拳头代替了枪毙。"

看！我们看他写得这么坦然，似乎觉得他不是在受刑。

让我们来看看他在庞克拉茨监狱里的生活吧。

他的监狱生活并不是孤独寂寞的。相反，正如伏契克所说的"生活在二六七号牢房是奔腾澎湃的"。所有监狱里的人都互相关怀着，因为他们有同一个目标——为人类的解放事业而奋斗。

"监狱和孤独这两个概念一向被人视为一件东西，岂不是一个天大的错误。囚徒并不孤独：监狱是一个伟大的集体，何况任何最严厉的孤立都不能把他孤立起来，如果一个人不把自己孤立起来的话。"

真的，有着同样崇高的理想的人是任何东西也不能使他们隔离开来的。只有那些自己孤立自己的人，那些失去人性、出卖同志的叛徒，才把自己孤立起来。同志们之间用伟大的友爱联系着。这友爱是战斗的友爱。在你受刑的时候能给你忍受痛苦的力量；当你上刑场的时候能帮助你勇往直前。这是"血可流，头可断，而不能征服的友爱。如果不是这种友爱的帮助，十分之一的重担你都不能从自己身上减轻的"。这种友爱，是只有那有着同样理想并为这理想而奋斗到底的人才有的友爱。这种友爱不仅能把监狱联系起来，也能把一切战斗着的人们联系起来成为一条冲不散的阵线，成为一股力量。这力量使我们永远走向胜利。

因此，伏契克在狱中的生活是充满生气的。一九四三年的五一节他是在狱中过的。他不仅想象到红场上我们自己的伟大的强壮的队伍，同时他在狱中还做着各种象征五一节的动作。"镰刀和锤子，这是大家都知道的。"他们在狱中就像受着最庄严的检阅一样。

"这儿只有几个男女同志，然而你仍然会觉得这个检阅的意义是多么伟大。是的，是伟大的，因为这是那样一种力量的检阅，这种力量现在在洪炉中锻炼，它不是变为灰烬，而是变为钢铁。"

这真是庄严的检阅，这检阅是检查你是真正的人还是带有引号的"人"。本来生命是很可贵的，每一个人都爱惜自己的生命。可是问题在于懂得什么样的生命才可贵，以及怎样来爱惜他的生命。伏契克是最懂得这一点的。因此，他谩骂叛徒，骂他们不是真正的人而是带有引号的"人"。伏契克对于爱与憎就是分得这样明显的。

在这书里，每句每行里面都有一股力量，会使我们觉得那么轻快，壮丽而又充满着信心。这不是偶然的，这只有当他真正了解生活的真谛的时候，才会有那种坚韧不拔的胜利的信心。伏契克就是具有这种信心的人。他知道为什么而生活，这就预见了未来，预见了人类最伟大的事业，这是任何困难也挡不住的。这是一份坚强的信心。这信心帮助他不怕死，甚至在绞索已经套着他的脖子的时候，他仍写出了力量充沛的诗篇来，为胜利而狂欢着。

听！这就是他充满着胜利信心的歌声：

"我们歌唱着。歌唱着……我用歌送别那大概永远不会再见的同志们；用歌欢迎那从东方传来的好消息；我们为了自慰而歌唱，由于欢乐而歌唱，就像人们在久远的过去歌唱过，在未来还要歌唱着，只要生命还存在着。……"

"太阳，这个圆圆的魔术家是这样慷慨大量地普照着大地，在人们的眼睛中创造了这么多的奇迹。但生活在阳光下面的人们却是这么少。"

"是的，太阳一定、一定要照耀的，人们也一定要生活在它的光线中的！"

伏契克这本书给了我们无穷的力量，使我们对未来充满了信心。同时我们将永远记着伏契克最后所告诫我们的："人们，我是爱你们的，你们可要警惕啊！"

我再重复一遍，伏契克是一个不平凡的人，但他也是一个平凡的人。从他的身上我们可以看到只有在布尔什维克党领导下，一个平凡的人才可能变为不平凡。中国在几十年来的革命中也有着千万个像伏契克一样的同志。他们都是平凡的人，但是他们却做了不平凡的事情。同志们——我们要永远记住我们要做平凡的人，像伏契克这样一个平凡的、真正的人。有些人是不理解这"平凡"两字的，他总想做一个不平凡的人，想出人头地，想比人家都有名望，了不起，可是他却忽略了要做一个真正的人。同志们！我们可要警惕啊！

最后我不由得想到《钢铁是怎样炼成的》里保尔的名言：

"人生最宝贵的是生命，生命对于我们只有一次而已。一个人的生命是应当这样度过的：当他回忆往昔时不因虚度年华而悔恨，也不因碌碌无为而羞耻——这样，他在临死的时候，就能说：我整个的生命与精力，都已献给世界上最壮丽的事业——为人类的自由与解放而斗争。"

展历史长卷　树史学丰碑*
——六卷本《外国教育通史》评介

　　经过全国外国教育史界近8年的共同努力，滕大春先生主编的六卷本《外国教育通史》（以下简称《通史》）由山东教育出版社全部出版了。它标志着我国教育研究工作者对外国教育史的研究进入了一个新的阶段。

　　1986年，滕大春教授在山东教育出版社的支持下，联系北京、上海、武汉、河北、安徽、山东、辽宁、吉林、广东等省市的几乎所有外国教育史专业博士点和硕士点的教授或副教授，组成了代表当时我国外国教育史研究最高水平的写作队伍。他们经过几年努力，完成了这部巨著。《通史》集我国几十年外国教育史研究成果之大成，并大量吸收了国外近年的研究成果，成为我国外国教育史科学研究中第一部可与外国同类著作相媲美的鸿篇巨制。它已被国家教委列为我国高等学校教育专业的教学用书，将在我国的高等教育中发挥重要作用。

　　与在此之前出版的同类著作相比，《通史》在许多重要方面都有了突破，形成了自己的特色。

---

*　原载《中国图书评论》，1995年第6期。

第一，《通史》以六卷200万字左右的宏大规模，论述了从原始社会到现今人类教育发展的全过程，涉及了除我国以外的世界各主要地区的众多国家，为读者展示了一幅丰富多彩的历史长卷。特别是对过去的外国教育史著作中没有涉及，或涉及了而语焉不详、失之肤浅的教育制度和教育思想等，都做出了论述。在重要的教育改革实验和教育思潮方面也做了许多补充论述。《通史》以其宏大的篇幅跨东西、兼古今地容纳丰富多彩的外国教育发展史内容，是十分必要的，舍此不能反映中国以外各主要地区教育发展之全貌。

第二，历来西方的教育史著作片面强调西方中心并以基督教文化为主线，是对世界教育史的一种片面认识。《通史》以相当多的篇幅更为深入地研究了古代东方以及近代以来欧美以外主要国家的教育。例如，对拜占庭、阿拉伯国家的教育，对印度、埃及、朝鲜、韩国、菲律宾、印度尼西亚、尼日利亚、澳大利亚及新西兰等亚非澳各洲主要国家的教育及它们的教育家，对佛教和伊斯兰教这两大世界主要宗教思想影响下的教育，都做了进一步的研究，从而打破了外国教育史著作中以欧美为起源为中心的旧框架。《通史》充分利用最新的考古资料，证明了欧美以外的东方教育是更为古老而具有丰富内容的教育。这一点即使在世界范围内也具有重要意义。与此同时，《通史》还运用辩证唯物主义的观点阐明东西方文化教育的相互交流和影响的事实以及先后时期之间的继承与变革关系，从而清楚且较为全面地反映了外国教育历史发展的脉络和层次。

第三，在教育发展的历史中，教育制度与教育思想总是有着紧密的联系的。《通史》虽然将重要教育家列单章论述，但这些章次分别紧邻于有关国家教育制度的章节前后，并将其他教育家包含于国家教育制度中加以论述。这种做法避免了过去在苏联有关著作影响下形成的理论的论述与制度的论述相分离的现象，构建了教育通史著作写作结构的新模式，从而能更好地反映出教育家的思想与他所处国家和环境的关系，以及与当时教育实践之间的关系。这样就为更深入、更易为读者理解地阐述教育思想和教育制度创造了有利条件。

第四，科学的方法论是分析和研究历史问题的生命线。单一的阶级分析法和贴标签式的下结论方式，虽然早在20世纪50年代就已受到人们的批评（例如，曹孚先生的《教育学研究中的若干问题》），但在极左路线占统治地位的年代，真正做到多角度全方位地考察世界教育历史中的问题是不堪设想的事。《通史》有幸正逢思想解放的改革年代，客观地分析评价历史事件和历史人物已成为可能，所以，综合地、客观地阐述了影响教育思想和历史事件的多方面的因素。例如，对美国的杜威、贺拉斯·曼，俄国的乌申斯基等教育家的分析，不仅注意了他们所处的社会政治背景，而且也着重地注意到彼时彼地的文化环境（如民族传统、思想潮流、宗教影响等），甚至还涉及教育家青少年时期的家庭状况、个性特点等，把教育家作为一个活生生的人展示在读者面前。读者由此可以更为全面地理解他的教育思想的来龙去脉。对于某种教育制度的形成，也尽可能多方面地进行了分析。

第五，外国教育史作为教育方面的一门基本理论学科，与实用性或技术性的学科有很大的不同。它不可能为现实中的具体教育工作提供现成的实施方案，它的研究成果也不可能立竿见影地产生某种经济效益。然而教育史除了阐明史实和历史规律外，更能培养人们远大的教育眼光和较为深刻地领悟的能力；教育历史中的许多重要理论，至今仍然影响着人们的教育指导思想，许多教育管理措施也仍然具有极高的参考价值。鉴于外国教育史学科的研究成果对于现实生活的隐蔽而迂回的巨大作用，《通史》特别重视总结各时期教育发展的规律和相互联系，也着意阐明重要教育家的思想对后世的广泛影响，把人类教育的过去、现在、未来有机地联系在一起。在结构上，《通史》也把与当今联系更为密切的近现代教育放在重要地位，给予了比古代教育更多的篇幅。《通史》后四卷的"各卷引言"以及全书的"结语"高度概括地论述了从古至今数千年来重要教育史实间的相互关系和教育发展的规律及趋势，向读者展示了中国和世界教育发展的光明前景。

作为我国第一部大型的外国教育通史著作，《通史》在许多方面没有前车可鉴；且作者多达数十人，从第一卷到第六卷的出版过程，历经数载，因此前后有不一致的地方。例如，《通史》第一、二卷未设"本卷引言"以及独有第二卷设"本卷结语"等，都与后四卷不相统一；少数外国人名的中文译名也有前后不一致之处。同时，由于篇幅所限，一些有重要教育影响的人物如法国的拉夏洛泰等未能涉及；某些资料的取舍也有值得进一步斟酌的必要。

虽然《通史》还不完善，但它集中和总结了过去外国教育史研究成果，实为一部难得的高水平学术著作；它为今后的外国教育史研究打下了良好的基础。

分析教育现实　寻觅出路对策[*]
——读《中国教育热点难点研究丛书》

　　教育是人们议论经久不衰的话题，这是因为它关系到我国现代化
的建设，关系到千家万户孩子的成长。同时还因为，我国正在经历一
场深刻的革命，经济体制要由计划经济向市场经济转变，不能不引起一
系列的社会变革。教育历来都是受社会政治经济所制约的，我国的教育
体制是在计划经济条件下形成的，现在经济体制正在转型，教育体制也
必然要随之变革。但是，教育作为整个社会系统中的子系统，具有相对
的独立性和凝固性，它的变革需要经过相当长一段时间的思索、酝酿和
试验，不能一蹴而就。而且，教育体制的改革，不仅要在制度上和政策
上，而且要在思想上、观念上转变。因此，对教育改革和发展的热点与
难点问题展开讨论是十分必要的。这种讨论，必然会扩大人们的视野，
启迪人们的思维；同时寻觅出一条正确或者比较正确的道路。

　　教育的热点和难点是很多的，例如：如何正确认识和处理社会主义
建设必须依靠教育，教育必须为社会主义建设服务的问题；如何认识
"科学技术是第一生产力"与教育的关系问题；如何建立有效机制，保

---

* 　原载《人民教育》，1995年第12期。

证教育经费的投入，保证《中华人民共和国教师法》的执行，稳定教师队伍；如何改革教育结构、内容和模式以适应市场经济对人才的需求；如何保证到20世纪末完成基本普及九年义务教育和基本扫除文盲的任务；如何克服当前"应试教育"的弊端，减轻学生的负担，让学生生动活泼主动地发展；如何解决学校收费和教育平等的矛盾；等等。要解决这些问题，需要开展教育科学研究，需要对我国教育发展的历史和现状做周密的调查，需要借鉴外国教育改革的经验，而更需要的是认真学习和领会邓小平同志的教育思想。

《中国教育热点难点研究丛书》力图来担负这个使命。第一集共八册，它们是《从无偿教育到有偿教育》《学校关系大转型》《稳定、优化与改革》《农村教育的困境与出路》《发展之道：现代化》《中国基础教育的教学改革》《普九工程探难》《多元化办学模式探索》，以后还要编写第二集、第三集。丛书作者力图以马列主义毛泽东思想，特别是邓小平同志建设有中国特色的社会主义理论为指导，历史地、科学地分析教育的现实，寻求对策和出路。他们思想解放、思路开阔，既总结了我国教育的历史经验，又提出了创新意见，丛书值得教育工作者一读。丛书的内容非常丰富，我这里不可能一一论述，只举几个例子供大家思考。例如，《发展之道：现代化》这本小册子，它的副标题是"通向二十一世纪的中小学教育"。该书讲到现代化的概念，讲到教育现代化的内外动力，讲到教育现代化必须改革学校内部的管理和分配制度、改革学校德育、解决教学方法的问题，等等，对中小学教育改革提出了一个完整思想。又如《农村教育的困境与出路》一书，论述了农村教育的概念，把农村教育当作农村现代化的基本问题，而且结合作者在农村教育中的实践，提出了构建"三元""三环"农村教育新体系的构想。所谓三元是指农村的普通教育、职业技术教育和成人教育；所谓三环是指要把这三者连环套起来，而不是孤立地发展，强调三者的有机组合，互相补充，互相促进，很有新意。又如《学校关系大转型》一书，论述了学校关系在不同历史时期的不同模式，分析了不同模式的利弊得失，也颇有新意。当然，把某种模式说成是某种社会的产物，似乎绝对化，实际上在某种模式中往往也存在着其他模式的因素。例如，作者认为权力模式、制度模式、合作模式分属于前工业社会、工业社会、后工业社会，其实，权力模式中也存在着制度模式，合作模式中也需要制度和权力模式。

正因为这套丛书写的就是教育的热点、难点，因此必然会引起争论。丛书作者的观点只是一家之言。我希望这套丛书能够引起教育界的热烈争论，真正找出我国教育改革和发展的出路。这套丛书的作者有的是来自教育研究机构的专家，有的是来自教育第一线的教育实践家，因此丛书能有广泛的代表性，言之有物。丛书是以通俗读物的形式展现的，每册的篇幅不长，内容浅显，文字流畅，易于广大中小学教师和基层教育干部阅读。

历史钩沉向未来[*]
——介绍王承绪先生主编的《比较教育学史》

对每一门学科的发展来说，整理和反思自身的发展历程，都是一件很有意义而且非常必要的事情。比较教育还十分年轻，从朱利安1817年发表《比较教育的研究计划和初步意见》至今，不过一百八十年的历史，但关于比较教育的史学研究一直相当薄弱，对这短短一百八十年的历史，我们的考稽、梳理和分析还很不足，这无疑在一定程度上影响了比较教育的发展。我们每一个比较教育研究工作者都期盼着在这方面有优秀的成果问世，而王承绪先生主编的《比较教育学史》就是这样一部优秀的论著。

在廓清历史的基础上，侧重整理介绍当代比较教育的发展状况，是本书的第一大特点。这本书把比较教育的发展历史分成奠基期、形成期和发展期三个基本阶段，对奠基期和形成期的历史做了简明概括的描述，条理分明，脉络清楚。对于第二次世界大战后的发展时期，作者则用了较大的篇幅进行整理和剖析，史料翔实，亦较有新意。这样的剪裁和安排，一方面可以弥补以往有些比较教育史学研究厚古薄今的不足，

---

[*]　原载《比较教育研究》，1998年第4期。

另一方面也符合比较教育发展的历史事实。

紧扣各个时期的重要人物和主要学术流派来架构比较教育的历史框架，是本书的第二大特点。一切历史都是人的活动史，比较教育的历史，也就是不同历史时期的比较教育学者们进行努力不懈探索的历史，因此，抓住某一时期重要的比较教育学者，也就抓住了比较教育在这一发展阶段的主要历史线索。对这些比较教育学者以及由他们组成的重要学术流派进行深入细致的研究，就不仅可以厘清这一时期的基本历史事实，而且还可以从中得出对当前及以后比较教育发展的有益启示。王先生主编的这部《比较教育学史》，把比较教育在每一个时期中的重要人物和学术流派作为描述历史的主线，通过对各个重要学者和流派的主要思想和研究方法的概括介绍，来揭示比较教育在这一时期的发展状况。读来简明扼要，眉目清楚，脉络分明。

国际化的开阔视野是本书的第三大特点。国际化和全球化是近年来世界教育发展的一个新现象和新趋势，同时也是比较教育研究中一个新的发展方向。"国际教育"和"比较教育"如今已经成为一个统一的完整的研究领域，世界上很多高等学校系科设置的变更也反映了这一发展趋势。在这样的历史背景下，比较教育的史学研究理所当然也应当拥有一种国际化的开阔视野，否则就难以对当今和以后比较教育的发展产生积极的影响。本书在叙述第二次世界大战后比较教育发展和繁荣时期的历史时，就不再限于人物和流派的介绍，而是把眼界拓展到了世界各国以及一些国际组织在比较教育研究中的新进展和新趋向，体现了作者面向未来的理论眼界和远见卓识。

研究历史是为了更好地走向未来。我们研究比较教育的发展历史，目的也在于进一步推动它向前发展。比较教育发展到今天，已经走到了一个重要的转折时期。各国教育在经济全球化背景下的国际化和民族化发展，要求比较教育必须在更加广阔的领域里获得新的更大的发展，史学积累不足困扰比较教育发展的状况不应再继续下去了。王承绪先生是我国比较教育界的老前辈，他为我国比较教育学科的建设做出过重要贡献，今天他又以八十五岁的高龄主编这本《比较教育学史》，再一次对我国比较教育的发展做了奠基性的工程。这本书的出版必将产生深远影响。当然在这一方面，我们还有很多艰苦的工作要做，我们期待着更多优秀的比较教育史学研究成果贡献于世。

集中外智慧，探育人真谛*

——评《中外教育比较史纲》

在人文学者眼中，能够在文化传统上从源朔流、穷根究底，在中外比较中上下融贯、纵横旁通，在人类的智慧长河中探真谛、鉴价值、评优劣、论长短，是学者做学问追求的一种极致境界。然而许多学者囿于自己的专业和精力限制，无暇尽览浩如烟海的智慧长河，而不得不在"学贯东西"的极致宝殿前望而却步。山东教育出版社1997年出版的全国著名教育专家张瑞璠、王承绪教授主编的三卷本《中外教育比较史纲》，却在古今中外的教育慧海中纵横驰骋，勇敢地向这极致宝殿迈出了开创性的一步。

《中外教育比较史纲》是一部"熔比较教育、中外教育史、文化科技交流史于一炉"的研究成果，旨在"比较研究世界教育发展的规律和历史经验"，在古今中外的教育科学研究中属于首创。全书的框架体系建构"以历史为经，以问题为纬"，既尊重各国文化教育传统一脉相承的内在价值，又充分反映各国文化教育之间的交流碰撞和流衍互润。其关于可比性、可比价值和可比点的权衡与取舍，渗透着总编与分卷主

---

*　原载《中国图书评论》，1999年第4期。

编的精筹密策，细思慎酌。其内容则包容了古今中外重大的教育事件、重要的教育思想与教育制度的演变发展，并对宏观的教育决策和微观的教育实施加以比较分析，凝结着全国三十八位教育理论专家学者的集体智慧。

从历史研究的角度比较分析古今中外的教育思想、教育制度、教育事业发展的轨迹，试图集中外智慧，解决中国的教育问题，无疑是个难度与意义不言而喻的时代课题。中外教育思想制度和文化传统在历史上是如何珠璧辉映，互惠共存，如何在冲突中融合，在学习中创新，在参照中超越；世界教育事业在从古到今的长足发展中，出现过何种机遇与挑战、危机与困境；中外教育发展过程中传统与现代如何摩擦，历史与现实如何连续与冲突，理念与实施之间如何互动与沟通，人类教育恒久面临的共同迷惑与问题是什么，现代教育跨世纪发展中承受怎样的压力与挑战，这些都浓缩反映在字里行间，精心地编织在"以历史为经，以问题为纬"的教育智慧之网中。读者可以在这里发现，许多现代教育的热点和难点问题，都可能在某一历史时空有其产生和演化的历程，现代教育问题既是时代的产物，也有历史的承传联系，同时又带着时代的辉煌与困惑向未来延伸。

正是在时空坐标系中对古今中外重大教育问题的梳理、剖释、比较与分析，构成了该书的最重要价值和最突出特色。历史的、比较的和分析的研究方法之所以在人文社会科学研究领域具有恒久价值，就是因为任何宏观和微观领域重要教育问题的分析，任何实证研究中的数据分析结果，都应该在这种时空坐标系中辨别因果，探究联系，鉴定价值，建构解释的框架结构体系，寻找改进与发展的新生长点。如果没有时空坐标系的参照，没有历史的、发展的、联系的研究方法和洞察力，没有在比较鉴别中找准自己的位置，得出的结论往往会是井蛙之见。所以，在某种意义上，历史的、比较的研究方法是一种基础性的研究方法，其他的研究方法借助于它的奠基往往会更有效，得出的结论会更加有说服力，提出的研究对策会更有价值。为了对现代人类教育前所未有的成就和复杂、困惑与问题做出解释，为了对影响教育的种种因素进行权衡与分析，为了在教育面临的千头万绪的需求与压力面前寻找改进的对策和突破口，提供历史的、比较的和理论的参照框架尤其必要。

在时空坐标系中对古今中外重大教育问题的梳理、剖释、比较与分析，其难度与挑战实在是难以想象。现代每一个重大的教育问题，都值得进行纵向的历史研究和横向的比较分析，这是需要几代人的艰苦努力才可能遂愿的。《中外教育比较史纲》在这方面迈出了开创性的一步。虽然第一步不可能尽善尽美，但艰难起步中的经验，初步搭起的研究框架，奠定的丰富史料基础，则是后来者的宝贵财富。尤其该书在研究方法论上采纳了"纵横比较，横向为主""有所侧重，不求全备"的方法，不失为初创阶段的有效策略。

现代教学管理理论的一部力作*
——评《现代教学管理系统》

　　刘邦奇、齐平同志的专著《现代教学管理系统》一书已由河北教育出版社出版。该书是教育科学"八五"规划国家教委重点课题子课题成果，并被列入世界教育系统协会文库，使用该协会文库标志。

　　教育是人类的一种基本实践活动；教学是学校教育活动的主要内容和基本方式；教学管理是促进教学顺利实施、提高教学质量的根本保证。因此，学校教育管理的重点是对教学的管理，其他所有管理工作都是围绕着教学管理展开，并为教学管理服务的。然而，在教育管理理论体系不断完善的过程中，人们对教学管理理论的研究还很不够，这与其重要地位是很不相称的。作者选取这一问题进行专门研究，具有重要意义。该课题经过数年努力，取得重要成果，是我国第一部运用系统科学方法论述教学管理理论的专著。通读全书，觉得具有以下特点。

---

* 　原载《教育研究》，1999年第6期。

一、鲜明的思想性

翻开该书目录，并无复杂的篇目，仅十章四十余节，似乎很简单。但仔细阅读各个章节，可总体感受到一个显著特点，就是其鲜明的思想性和丰富的内涵。

作者在首章就开宗明义，通过对现代管理、教育管理、学校管理、教学管理等的系统关系分析和对教学管理的历史分析，对现代教学管理进行科学定义，描述了现代教学管理具有的系统化理论、合理的体制、科学的方法、信息化手段、专业化队伍等重要特征，明确提出以质量为核心、以人为本、科学与民主相结合、有效实现教学管理服务保证功能的现代教学管理系统化指导思想，进而确立了构建现代教学管理理论和实际操作体系的基本思路。

该书理论阐述中体现了明确的系统思想观点和较高的思想水平。对教学管理系统的概念界定、特征分析、结构功能和系统操作等的描述，充分反映了对教学管理的系统认识观；教学过程的相对性、教学管理系统职能与功能的统一性等观点，反映了辩证的系统认识观；教学管理的系统协同原理、教学管理系统要素的管理和结构的管理等阐述，反映了教学管理的系统化从形式深入内容、从概念走向应用，达到系统思想认识的较高层次。

二、突出的整体性

教学管理理论体系的建立，首要的问题是建立合理的总体框架结构。该书注重教学管理理论整体框架的科学构建，从教学管理思想、教学管理模式自然导出现代教学管理系统，进而展开现代教学管理系统的理论叙述，包括理论基础、基本原理、原则、要素管理、结构管理、管理方法、管理信息化技术等，形成完整的学科体系。不拘泥于个别章节、部分内容的完整，而是立足于整体优化，建立现代教学管理理论的总体框架，比如，提出现代教学管理的系统理论与实际操作体系，未受教学管理方法进一步向程序化方向发展的影响，保持了体系的完整性、系统性。概观之，该书层次结构分明，思路脉络清晰，章节安排合理，重点突出，达到了整体优化的目标，对教学管理理论体系的建设具有长远意义。

三、可贵的创新性

自从开始重视对教学管理的研究，人们取得了一系列成果，发表和出版了不少论文和著作。但已有研究无论是指导思想，还是方法、成果，都未能走出传统模式。值得赞赏的是，该书在这些方面进行了可贵的尝试，取得了一定的突破。

20世纪80年代在我国关于教育管理理论与实践的探讨中，对教学管理是作为学校管理的一项职能工作和部门任务来研究的，包括教学计划的制订、教学机构的设置、教学工作的展开、学生成绩的考核、教师教学质量的评价等内容，其研究成果基本上属于职能部门工作的经验总结，尚未升华成理论。该书首次对教学管理理论进行深入、全面的探讨，最突出的特色在于把教学管理作为"系统"意义的对象来研究，对教学管理系统的构成、特点、要素、运行机制等进行了理论层面的再认识，初步构建了现代教学管理系统理论框架。

在研究方法上，已经进行的教学管理研究基本上都是工作分析、经验分析等传统方法，缺乏必要的定量研究、系统分析等现代方法。我们一直期待的系统科学与教育科学的结合很大程度上还只是停留在宏观可能性上，要转变为现实成果仍需做大量微观细致的工作。该书采用逻辑分析与历史分析相结合、定性分析与定量分析相结合、演绎推理性研究与实证性研究相结合的方法进行研究，创造性地提出和运用了教学管理理论研究的新的方法体系。如在教学管理模式的研究上，对教学管理模式的概念进行的历史分析和逻辑分析严谨而又符合实际；关于模式的生成，运用归纳、演绎和实证分析，确定了生成的原则与方法，都有创新；关于模式的分类，提出基本模式、发展模式、再发展模式等，形成科学的分类方法和完整的理论体系；对每一种模式，既有对模式本质的定性描述，又有定量的数学模型分析。可以说，关于教学管理模式的研究，具有较高的水平。

在教学管理发展趋势研究上，该书也体现了较高的前瞻性和创新意识。经过科学分析、预测，该书得出了教学管理的发展趋势，如提出并阐述了教学管理的再发展模式、教学管理信息系统等，其中在教学管理信息系统中，对教学管理信息系统的概念、本质、系统原理和开发过程进行了系统阐述，描述了教学管理信息化的发展趋势。

此外，该书对传统研究中某些不为人们重视的问题阐明了自己的看法，如教学过程管理中的招生、入学、毕业设计、毕业工作等环节的管理内容和方法，观点新颖，阐述严谨，具有重要的理论和实践价值。

四、较强的实践性

教学管理既是一个理论课题，又是一个实践性强的课题。进行教学管理研究，既要探讨其理论体系，还要研究其实践操作模式，运用理论为教学管理实践服务。该书把实际操作体系作为现代教学管理系统的重要组成部分，详细阐述了现代教学管理的内容、方法和技术，提出了实际操作的基本途径。除了在具体阐述中介绍许多操作实例外，还专门针对当前教学管理中的热点、难点问题进行案例研究，如对"目标—计划"管理模式、教师培养、教学计划决策、教学质量评估等问题进行探讨。其中"目标—计划"管理模式是作者从事教学管理实践工作期间，在理论指导下将实验研究与实际工作结合起来进行的很有成效的探索。该模式以教学管理的实际操作为目标，通过实证性研究，建立了进行教学管理实际工作的原则、方法和程序，其可操作性较强。

该书稍显不足的是，在教学系统结构管理个别内容上还需进一步细化，在教学管理方法技术的程序化研究上还需加强。希望作者对现代教学管理系统理论继续进行研究、深化，取得新的成果，在学术上不断攀登；也希望更多的同志加入到这个行列中来，使现代教学管理系统理论不断发展完善，促进教学管理实践工作，为我国教育事业做出贡献。

一笔珍贵的教育财富*
——读《全国著名特级教师教学艺术与研究丛书》

上个星期,《北京晚报》连续刊登了两条消息,使我为之震惊。一是成都市成华区某校初二·三班10多名学生因为抗议老师呵斥挖苦,集体服用安眠药,幸亏抢救及时,才没有酿成大祸。二是北京市某外国语学校初一·二班班主任让成绩好的学生先吃饭,成绩差的后边看。摧残学生到了无以复加的地步,何谈素质教育?因此,教师本身的素质不提高,中国的教育就没有希望。

怎样才能提高教师素质?除了加强师范教育,提高教师职前培养质量以外,当前迫切的任务是要加强在职教师的学习,不断提高他们的思想水平和业务能力。提高在职教师素质的最好教材就是先进教师的教育思想和教育经验。我国各地都有一大批优秀教师,全国有一万余名特级教师。他们有先进的教育思想,丰富的教育经验,是一笔珍贵的教育财富。把这些先进的教育思想和经验总结出来,就是提高青年教师素质的最好教材。

由中央教育科学研究所的戴汝潜研究员主编、山东教育出版社编辑

---

* 原载《山东教育》,1999年第10期。

出版的《全国著名特级教师教学艺术与研究丛书》承担了上述的任务，这是功在千秋的盛事。

这套丛书有如下一些特点。

一、一人一书，各具特色

丛书第一辑包括18本，精选了18位全国著名的特级教师，主体部分由教师本人撰写，这样就写出了他们自己的特色。例如，中国地理学会教育委员会委员、北京师大附中地理课特级教师王树声，他在书中写出了他当地理课教师的历程：成长—创新—教学—育人。他把地理教学、把教书育人当作自己的生命。文中洋溢着对学生的真情挚爱，读来深受感动。又如，纪晓村的小学数学"兴趣教学"，把兴趣作为学生学习的动力，作者从实践中论证了教育学、心理学的原理，给年轻教师很多启迪。再如，中学语文教师魏书生，破常规，敢创新，成绩突出；袁浩老师运用心理学来教小学作文，成绩十分显著；胡炯涛老师能把枯燥的中学数学教得那么生动活泼；姜兆臣老师的小学语文韵语教学体现了"科学、高效"……总之，丛书中的每一本都体现了教育既是一门科学又是一门艺术的思想，展现了我国教育经验的丰富多彩。

二、既是经验，又是理论

丛书的设计别具匠心。每本书都分两部分，第一部分是探索篇，由特级教师本人撰写；第二部分是"研究篇"，由研究人员撰写。特级教师谈自己的教学实践、经验和体会，畅所欲言，充分展现各自的教育思想和实践，不局限于理论的提炼。而研究人员则运用教育学、心理学等理论来阐释特级教师的教育实践和教育艺术的理论意义和实际价值，把他们的经验上升为教育理论，使理论和实践相得益彰。

三、内容生动，热情洋溢

每本书不是刻板地总结特级教师的教育经验，而是谈思想，谈体会，甚至谈自己的坎坷人生，不仅有教师教学的经验，而且有教师本人的思想感情，有血有肉，具有很强的可读性。我们经常说，教育是一门科学，又是一门艺术。艺术的特点是不仅具有创造性，而且具有个性。教育经验也具有创造性和个性。每个教师的教育经验都有自己的个性，因此推广教育经验不能就经验论经验。学习别的教师的经验也不能简单地照搬，因为每个教师的经验都融入了自己的思想感情。学习别的教师的经验最好的方法是理解他的教学思想，把握他成功的精神实质。这套丛书的特点就在于不是简单地介绍一些特级教师的教学经验，而是深入教师的思想情感深处，用它来启迪人们。据说，这套书在南京举行的1998年全国教育出版社的订货会上，创下了20多万码洋的订货纪录。山东教育出版社应广大读者的要求，现在正在编辑出版第二辑，这说明了市场需要它。我相信，这套丛书的出版一定会促进我国教师素质的提高，从而促进教育质量的提高。

知识的哲学思考*
——释介《现代教育知识论》

　　《现代教育知识论》是洪成文在其博士论文基础上修改和扩充而成的。论文最初的设想是想对现代教育家的知识观进行比较研究，从而探索知识观现代化的问题。而这个问题又是我所主持的国家哲学社会科学重点课题"民族文化传统与现代化"的一部分。作者不仅达成了课题的设计目的而且最终的研究结果大大超出了最初设计。该书是作者多年心血和智慧的凝结，同时也是山西教育出版社为繁荣教育科学研究的又一成果。我相信该书将成为山西教育出版社"中国中青年学者学术文库"的一个新亮点。

　　《现代教育知识论》是一本以知识问题为关注对象的著作。全书研究视角独特、领域新颖、理论色彩浓、现实观照性强。

　　首先，该书是迄今唯一一本系统研究教育家知识观的专著。知识问题是一个多学科研究对象，教育哲学需要研究知识，课程研究也要研究知识，而教学论也要探讨知识的传授问题以及知识与智力发展关系问题。但是，像《现代教育知识论》这样系统探讨知识问题的专题

---

*　原载《北京师范大学学报（人文社会科学版）》，2002年第4期。

研究，还不多见。"人文知识与科学知识""知识结构与知识分类""知识价值与知识选择"等专题的选择，足以反映作者学术思想敏锐，切入点把握得也很好。新颖的框架设计，有理有据的分析，使得该书成为当前教育科学研究中的一部力作，它开创了教育科学研究一条崭新路径。

其次，该书学术性较强。全书无论是对教育家的知识观做历史回顾，还是对知识做专题研究，抑或是对中西知识观做比较分析，都充满浓厚的学术性和理论色彩。特别是"人文知识与科学知识""知识结构与知识分类""知识价值与知识选择"以及"中西现代知识观的比较"等章，理论分析透彻，见解独到。

再次，该书对教育现实进行观照。尽管全书理论性强，但作者对教育现实的观照始终贯穿于写作的全过程。该书强调的是知识研究的现实指向性，避免了为研究知识而研究知识的倾向。正如作者在"导言"中所言，知识研究是课程研究不可或缺的基础研究，从知识的角度来看，就是从精选知识开始，到编排知识，再由师生之间的交互作用（知识呈现），使学生能力发生变化，为运用知识和创造知识（知识目的）而提供知识基础的过程。在"知识与课程"和"面向知识经济的课程改革"两章，作者不仅说明了知识与课程之间的关系，而且还为未来课程，特别是课程改革，提供了很多有价值的思考。

最后，史论结合是全书的又一特点。全书用两章篇幅梳理了中外知识观的发展沿革，使得全书的比较研究有了厚重的历史感。知识研究中以认识论研究为多，但以教育家的知识观为研究对象，且涉猎教育家数量之多、论述如此系统，先史而后论，史论结合，在最近出版的教育图书中，还不多见。

当然，本书远非尽善尽美，未来知识观等问题还有待于进一步深入研究，而苏联教育家的知识观及我国当代著名学者的知识观还没有涉足。相信洪成文能继续沿着这一方向，不断开拓，多出佳作。

一本理论著作，不能没有对现实的观照；一本以现实问题为研究对象的著作，不能没有理论的高度。要求很好地把握这两点，对作者可能意味着苛刻。可喜的是，我们在《现代教育知识论》中看到了一丝端倪。

时代性·超前性·实践性[*]
——读《胡克英教育文集》

　　胡克英是我国教育学界的老同志，新中国成立初期就在北京师范大学任教。1956年我从苏联回来，他已被调到中央教育行政学院，虽不常见面，但彼此认识。"文化大革命"结束以后，我们的接触就多了。我们共同参加了《中国大百科全书·教育卷》的编审工作，共同举办了小学教师研究班，共同参加了第2届国务院学位委员会教育学科评议组的工作。他秉性耿直，说话风趣，为人谦虚，待人和蔼。我特别佩服他的道德文章。他对个性发展和教学论特别有研究，而且有许多精辟的见解。过去他的文章一发表我就拜读，总能得到某种启发，今天系统地读了《胡克英教育文集》，更感到受益匪浅。

　　胡克英的教育思想具有时代性、超前性、实践性的特点。

一

　　他特别重视儿童的个性发展。他认为，"办教育不可目中无'人'，

---

[*]　原载《中国教育学刊》，2003年第6期。

不可把人的个性心理整体加以肢解——不可目中无完'人'"。这里的
"人"，是人的个性；"完人"即马克思讲的个性的全面发展，或者全面
发展的人，是具体的德、智、体诸方面都得到发展的人，不要误解为抽
象的人，是有个性的人，而不是一个模式的人。在《教育与个性发展》
一文中他说："如果说，60—70年代国际教育改革的主题是'教育与智
力发展'……那么，80年代后教育改革的重心势必转移到教育与个性发
展'的主题上来。"胡克英同志总是把握着时代的脉搏，把最先进的教
育思想介绍给中小学教师。他介绍苏联赞科夫教育与发展的思想，介绍
日本第三次教育改革。他对国际上提出的"教育个性化"有自己的解
释。他说，"教育个性化"与因材施教不尽相同，"教育个性化"的"战
略目标指向：教人因其材（个性），教人尽（充分解放）其材，教人展
其材"。关于个性发展教育，他有许多精辟的见解。

首先，什么是个性？他认为，个性就是通常人们说的"有头
脑""有思想"。相反，没有个性的人是指"唯唯诺诺，逆来顺受，随世
沉浮；察言观色，看风使舵"的人。其实，每个人都有个性。所以他
说，实质上，"没有个性"正是一种消极的个性。而教育要发展积极的
个性，"积极发展和展现真实的人的价值，把孩子当人并培养成堂堂正
正的好人或强者"。

其次，他认为个性具有多方面的规定性，即：（1）独立自主性，或
称主体性；（2）社会倾向性，或者说是个性的意识倾向性；（3）个性心
理的整体性，包括理智、情感、意志、性格等要素；（4）个性的独特性。
最后他总结起来说，"个性就是独立自主性与社会倾向性的统一体，是
心理整体性与独特性的统一体"。

胡克英同志非常重视自我教育。他认为，个性发展不是外部条件径
直地推动的，其间有个中间环节，这就是主体的自我教育。他把教育与
个性发展列为下列公式：

教育→自我教育→个性发展

他还认为，这个公式还可以是逆向的。即是说，个性如果获得发展，独立自主性不断增强，社会倾向性（理想、道德）水平不断提高，那么，自我教育的愿望和能力由此也不断发展，从而反作用于教育，使教育成为有效劳动。

这些见解都非常有时代性和超前性。今天我们越来越感到培养个性的重要，因为个性的核心是创造性，没有个性的人是不可能有创造性的。我们要培养学生的创新精神，就要重视从小培养其个性。

二

胡克英同志对教学论有深入的研究。针对教育理论界普遍认为教学过程是特殊的认识过程的观点，他认为，不能把教学过程的特殊性绝对化，教学过程不同于探索未知的学科研究过程，有它的特殊性，但也不能忽视两者的统一性。他说："如果把这种特殊性绝对化，就易于把教学引上单纯传授知识而堵塞引导学生独立'探索'未知的道路，走教条式的学习道路，从而不能培养学生的独立探索能力，不能出真才。"他对教学过程中学习知识与发展能力、教与学等都做了辩证统一的解释，澄清了教学实际工作中存在的模糊思想。

经过多年研究，胡克英同志提出了学习认识过程的基本规律，这就是四个方面的转化：（1）由形象思维活动到抽象思维活动；（2）由已知到未知；（3）由认识到实践；（4）由理解到记忆。这与一般教育学教科书中所说的感知、理解、巩固、运用四个环节不同。他强调学生主动的思维活动，这四个转化都是在思维活动中进行的，而且是既有相对的独立性，又是相互联结的整体。我特别欣赏他所说的第二种转化，即由已知到未知，而不是一般人认为的由未知到已知。这里有深刻的意义，说明学习不仅是获得知识，更重要的是要去探索未知。

他对小学情有独钟。他经常到小学去听课，和小学老师一起搞教学实验。因此，他的教学论不是空洞的理论，不是学院式的说教，而是与实际相结合的理论，具有很强的实践性。他的论文中有很多生动的教学案例，老师读后就能和自己的教学联系起来，从而深刻理解他的教学论思想。

三

胡克英同志十分重视道德教育。他认为个性发展中的一个核心是社会倾向性。社会倾向性是指"特定的理想和道德意识的方向性"。而理想和道德意识集中表现为"个性的社会责任感，也就是形成所行所为对社会负责、对国家民族负责的良心"。他不是孤立地谈道德教育，而是把道德教育与个性发展联系起来。也就是说，个性发展不是抽象的，是和一个人的社会意识，即社会理想和道德联系在一起的。反过来，不发展个性，进行道德灌输是没有成效的。他曾批评背诵道德"三字经"的做法，尖锐地指出，那是"有害无益的，甚至可以说是教育改革的大倒退"。他反对道德的说教，道德说教"不但难以引起学生的心灵共鸣，而且会堵塞自我教育的道路"。他认为，任何道德准则要内化为道德信念，必然有赖于儿童的直接经验及其自我体验，而这种自我体验只有在儿童主体性活动，尤其是在集体活动中才能获得。《胡克英教育文集》中有许多生动的例子，亦说明了他讲的这些道理。

胡克英同志主张用"爱的教育"来焕发自我教育。他认为，如果在师生之间、同学之间、学生与家长之间充满爱，他们互相友爱，互相帮助，互相关心，儿童就会感到幸福、安全和欢乐，就会萌发自我教育的愿望。

他主张让每个孩子找到自己的价值，培养自爱、自尊和自信心，有意识地让孩子"露一手"，使他们在爱好和才能方面寻觅自己的价值。教育还应该让每个孩子找到自己人格上的价值，产生高尚的情感。如在公益活动中孩子帮助别人，就可获得人格的自我体验。

他分析批评当前存在的儿童观。他说，当前存在两种错误的儿童观：一种是把儿童当"小奴才"看待，家长可以随意向孩子施加体罚、羞辱等肉体或精神虐待；另一种是把儿童当作全家的"小祖宗"看待，娇惯放纵，任其所欲，尽情满足，特别是在我国的独生子女家庭中，其表现尤为突出。这两种儿童观表面上看来迥然相异，但却具有共通的本质。"这就在于，在我们祖传的习惯上儿童只是家庭和家族的隶属品，儿童没有也不可能有独立自主的人格，只有对长辈的人身依附关系。"他从我国长期存在的封建文化传统的影响来分析，正是抓住了我国教育弊端的根本。这个问题在80多年以前鲁迅就分析过了，鲁迅批判封建礼教"吃人"，发出了"救救孩子"的呼声。将近一个世纪过去了，"吃人"的事件并不少，可见文化传统的变革、教育观念的转变之困难。

胡克英同志非常重视教育实验，支持教育实验。他在谈到提高教育质量时，强调要从教育实验入手。他说，要从教改实验研究入手，探索科学的教育思想和切实可行的新路子、新方法，借以提高质量。他还认为，教育科学的生命在于教育实验。他支持一切教改实验活动。有些同志对群众性的教改实验不感兴趣，甚至说那些实验不科学，"土气十足"。他却从维护广大教师的积极性出发为之辩护。他认为，当代我国教育改革实验，虽然多属"民办"，而且大多缺乏专业理论工作者的参与和指导，但就他所接触的情况看，"主流是健康的、稳步的，没有重大偏差"，在正确处理教与学、"双基"学习与发展智力、集体教学与因材施教、提高教学质量与减轻学生负担、课堂教学与课外校外活动等关系问题上，取得了大量的新经验，提出了许多新思想。因此，他认为，"一个真正懂得教育科学和中国实际情况的人，必然会珍视这些实验，包括所谓'土实验'"。他呼吁，一是要大力加强对实验的科学指导与理论研究，二是教育行政部门要以正确的方针支持和领导实验。

胡克英同志的教育思想十分丰富，很难在这样一篇短文中介绍于万一，我只是作为他的老友谈一点自己的体会。克英同志离我们而去已两年了，但他留给我们的教育思想是永存的。《胡克英教育文集》必将受到广大教育工作者的欢迎。

不信今日无古贤
——读《论教育家》

前不久，高等教育出版社出版发行了一套《中国当代教育家丛书》，引起社会上议论纷纷：中国有教育家吗？这几位教师算得上是教育家吗？这就引出一个话题，什么人能称教育家？中国当代有没有教育家？刚巧，江苏教育科学院孙孔懿同志承担了研究教育家的国家级和江苏省教育科学"十五"规划课题，经过五年的钻研，完成了课题研究，写出了《论教育家》一书，回答了上述问题。

孙孔懿同志没有直接回答什么人能称得上教育家，也没有说明当代中国有哪些教育家，而是从分析教育家的特征开始，研究了古今中外教育家的形成环境和规律，得出"不信今日无古贤"的结论。应该说，研究方法是可取的，结论是正确的。该书有以下一些重要内容：

一、从理论上对教育家进行界定。作者对教育家进行了谱系分析，指出教育家有多种类型：有广义的教育家、狭义的教育家；有社会教育家、家庭教育家、学校教育家；有教育思想家、教育理论家、教育行政家、教育行动家、教育事业家、教育改革家、教育实践家；还有"杂家"中的教育家等。这种分析可以使人们避免从笼统的不科学的视角来求全责备某一类教育家。

二、该书从古今中外分析了教育家形成的环境。作者分析了《教育大辞典》中所列中国历代教育家形成的过程,得出中国历史上出现教育家最多的是春秋战国时代、宋代和现代三个时期,都是社会动荡的时代。在这样的时期,社会呼唤思想家、教育家;宽松的环境催生各种思想流派;文化的积淀酝酿大师辈出。这种分析不无道理。

三、该书分析了教育家社会影响的基本要素和传播方式,认为教育家的人格、思想和业绩是三个基本要素,并分别论述了这三个要素的形成和发展。对中外教育家进行了典型剖析,以卢梭为典型,分析了他的教育思想的渊源和后来的影响。

四、该书用很大的篇幅分析了教育家的品质,特别是教育家的人格特征、风格特征以及教育家群体和流派的形成。

该书运用历史学、社会学的方法,从古到今、从外国到中国分析了教育家形成和发展的外部环境因素和内部人格因素,从总体上阐明了教育家成长的规律。对教育家做这样的科学研究,在国内还是第一次,具有重要的理论意义和实际价值。

作者对当代中国有没有教育家未做正面回答,所举典型例子也都是外国的或中国的古人。这的确也难为作者,很难具体地回答。当代社会主义中国,教育有了空前的发展,在有2.5亿学生的社会里,绝不是举出几个教育家出来就够的。在当代中国,教育家应该是一个群体,他们高举党的教育方针的旗帜,培养着建设社会主义的栋梁。但是作者也给我们指出了一条思考的路线:教育家是多种多样的,不是一个标准、一种类型。为教育做出贡献的、在社会上有影响的都可以称为教育家。但是教育家也必须有一定的条件,即有高尚的人格品质、先进的教育思想、重大的教育业绩。这是我拜读《论教育家》一书的体会。

2005年1月1日

充满激情的教育诗[*]
——评《为了人人都享有的权利》

　　读了这本书，好像读了一本教育史诗。书中充满了作者对教育的深情。

　　作者丹增用了大量历史事实来说明教育在人类社会发展中的作用。正如作者所说的，"教育"是"人类永不熄灭的火炬"，它照亮着人类从野蛮走向文明，从黑暗走向光明，从挫折走向胜利。

　　该书系统梳理了中外教育发展的历史，但又不是一般的教育史教科书，而是用满腔热情来歌颂教育在人类社会发展长河中的作用和功绩。作者以史为鉴，用教育发展的历史来说明今天教育在我国实现全面建设小康社会中的重要地位。正如作者所说："教育的竞争、人才的竞争正在主导着国家间、地区间的综合竞争。无论是发达国家，还是发展中国家，都更加重视教育在国家发展战略中的基础性、先导性、全局性作用，对教育发展的调适、改革，更是成为一种最显见的社会发展潮流。"作者论述了教育促进政治、经济、文化发展的功能；介绍了20世纪世界教育发展的形势和各种教育思潮；总结了世界教育和我国教育发展的经验和教训；提出了我国教育改革的方向和思路。他在书中写道："教育

---

[*]　原载《人民日报》，2008年1月27日。

改革必须与社会需要和经济发展保持同步，一方面要充分探索教育与地区经济发展的最佳结合点，转变思想，充分发挥教育培养各类人才的主要功能；另一方面要努力拓宽教育的社会服务功能，推动教育直接参与地区社会经济发展，使教育事业和经济社会发展进入良性循环的轨道。"

丹增是云南省的领导，因此这本书不是就教育论教育，而是立足云南，放眼世界。作者用人类发展的历史、世界教育发展的眼光来看云南社会和教育的发展；总结了云南教育发展的经验，展望了云南教育的美好愿景。作者详细分析了云南的自然地理环境、社会经济发展水平、教育发展的艰苦历程，歌颂了云南人民对教育的憧憬和所取得的辉煌成绩。作者用详细的数字说明了这些成绩，同时又对云南教育今后的发展——从基础教育、职业教育到高等教育以及终身教育的发展，以及如何借鉴国外的经验，提出了许多宝贵的切实可行的意见。这些意见不仅在云南适用，在全国其他地区，特别是西部地区也有普遍的意义。

作者用云南教育发展的事实阐述了我国改革开放30年来的伟大成绩；解读了党的十七大把教育放在优先发展地位的精神。十七大报告把"优先发展教育，建设人力资源强国"放在"加快推进以改善民生为重点的社会建设"大题目中，表明党把教育看作人人应该享受的权利，受教育权是人权的重要组成部分。长期以来我们只关注教育的工具性，有时把它作为阶级斗争的工具，有时把它作为经济增长的工具，却忽视了教育的本体性。教育的本质就是培养人，促进人的全面发展、创造能力的提高。教育的本体性和工具性是不矛盾的。教育受政治、经济、文化等诸因素的制约，反过来又服务于社会政治、经济、文化的发展。但这种工具性是在本体性的基础上显现出来的，只有每个人得到发展，每个公民的素质得到提高，才能为社会发展服务。丹增强调教育是人人应该享受的权利，强调了教育的育人本质，在教育理论上也是有意义的。

总结30年成果 迈向教育新征程[*]
——读《教育大国的崛起》

今年是我国改革开放30周年，我国教育在"解放思想，实事求是"思想路线的指引下，坚持改革开放，取得了举世瞩目的成就，同时也积累了许多宝贵的经验。以陈至立同志为总顾问的《教育大国的崛起》一书对我国30年来教育改革发展及经验做了全面的总结。读了这本书后，我感到十分振奋。

短短的30年，我们由一个文化教育十分落后的人口大国，转变成一个人力资源大国，实现了两个历史性跨越：一是实现了九年义务教育的全面普及，二是高等教育进入了大众化阶段。这可以说是一个奇迹。西方经济发达国家用了50年到100年才完成九年义务教育的普及，我国仅仅用了15年；西方国家高等教育的大众化用了约20年的时间，我国仅仅用了5年的时间。我国教育的发展真正称得上是一次快速的崛起，教育的崛起意味着民族的振兴和国力的增强。综观世界大国的崛起无不与重视教育有关。1944年第二次世界大战还没有结束，胜利在望的时候，西方许多国家就纷纷提出战后教育复兴和改革的方案，使得战后各国教育

* 原载《中国教育学刊》，2008年第12期。

得到迅速发展，很快进入了新的科技革命时代。我国的教育崛起也必然会促进我国科学技术的发展，促进社会主义现代化建设和整个社会的进步。

30年来，我国教育取得的巨大成就是在思想解放的前提下，通过坚持走中国特色的社会主义道路、坚持改革开放取得的。这些成绩可以用四句话来概括：教育观念的转变，由"教育为阶级斗争服务"转变为"科教兴国"的发展战略；教育事业的发展，由人口大国转变为人力资源大国；教育制度的创新，调动了地方和学校办学的积极性；教育科研的繁荣，由一本教育学的一枝独秀转变为教育科研的百花齐放。

《教育大国的崛起》一书的出版，具有重大的历史意义。该书不仅全面展示了30年来我国教育发展的辉煌成就，系统总结了教育改革的经验，而且为今后的教育改革和发展指明了方向。十七大提出"优先发展教育，建设人力资源强国"，办好让人民满意的教育，建设创新型、学习型社会。教育发展和改革进入了一个新的历史时期，这又是一次重大的转变，也就是教育要从数量的发展转变到质量的提高上。这个任务比发展事业更加艰巨。只有坚持邓小平理论、"三个代表"重要思想，贯彻落实科学发展观，继续解放思想，坚持改革开放，在制度上不断创新，才能较好地实现新的转变。要建设人力资源强国，就要从两方面着手，一是全面提高全民族的文化科学素质，二是培养拔尖创新人才。基础教育在这两方面都负有重要的责任，要强有力地推进素质教育，才能完成这两方面的任务。而要有效地推进素质教育，就要解放思想，摒弃束缚我们头脑的陈旧观念和落后的制度，全社会都要树立正确的、符合时代精神的人才观、学生观和教学观，把学生和老师从沉重的课业负担中解放出来，让他们在轻松、舒畅的环境中自由、充分地发展。

我建议广大教师都来读读《教育大国的崛起》这本书。这本书使人振奋，为我们所取得的成绩欢呼；这本书使人更加坚信，坚持改革开放，建设中国特色社会主义教育体系，必定会使我们的国家走向人力资源强国，为和谐社会的建设奠定教育的基石。

读《为了生命的尊严——有一种爱，让我们不再陌生》有感

　　旅居海外（新加坡）的慧汝女士把她的书稿发给我，要我写几句感言。我看到这个题目就非常感兴趣。书中讲到教育中的真爱，只有真爱才能培养出人才；讲到家庭教育中的爱的误区，失去了真爱的本质，会误了孩子的前途。该书收集了许多案例说明误爱的危害，也给出了真爱的建议。这是一本家长应该读、教师应该读的书。

　　我们讲，没有爱就没有教育。一般父母都是爱孩子的，而且爱得很深；一般老师也都是爱学生的，常常会恨铁不成钢。但是什么叫真爱？我们并不是很清楚。慧汝女士告诉我们，真爱就是让孩子有生命的尊严。

　　中华民族有优秀的传统文化，但传统文化中也掺杂着一些不符合现代社会的思想观念，如"学而优则仕"的思想，又如父母往往把子女视为自己的财产，希望子女"光宗耀祖"，以及"养儿防老"等思想，再如教育方法中的"棒子底下出孝子"，等等。这种传统文化一直影响着今天的教育。中国还是一个人情社会，"自己的孩子考试不如别人家的孩子，我的面子不好看"，"别的班的学生成绩比我的班的成绩好，我做老师的没有面子"，再加上对老师的不公正的评价制度，于是老师把压力加在了学生身上。

在现实生活中，社会的激烈竞争也一股脑儿地施压到教育的身上。有一次我在会上说，我反对人人学奥数。不料一个小学生站起来说："顾爷爷，您说反对奥数，但我不学奥数就上不了好的初中，上不了好的初中就考不上好的高中，上不了好的高中就考不上好的大学，上不了好的大学毕业以后就找不到好的工作，我怎么养家糊口呀？"这句话出自一个小学生之口，真是又可笑又可悲。这说明社会的压力全都集中到了教育上。在这种环境中我们还能怪家长、老师没有真爱吗？

真爱实在是难。有位小学老师曾说，"看孩子们活泼可爱，我真喜欢他们，真想和他们一起玩儿。但是一想到提高学生的成绩，想到上级的要求，我只好严肃地板起面孔，让他们安静下来学习"。

但是我们还是要提倡真爱，克服爱的误区，用真爱来感染我们的孩子，为了他们一生的尊严。为了孩子一生的尊严，在儿童时期就要尊重他们，尊重他们的需要和爱好。马斯洛曾经分析每个人有五种需要：生理的需要、安全的需要、社会的需要、尊重的需要、自我实现的需要。孩子也有这些需要。特别是孩子非常看重尊重的需要。你尊重他，他才会尊重你。这是相互的。所以我常说，爱要建立在相互信任的基础上，为此要相互理解，为了理解就要相互沟通。没有平等的相互尊重是无法沟通的。

慧汝女士宣传真爱，认为这是教育的基础，我很赞成她的观点。读了她的书也发表一点自己的感想。

2010年11月26日

《大学理性研究》读后

　　中国把高等学校都称为大学，这与欧美对大学的理解不同。大学，英文为University，原意是"组合"，后专指学术团体组织。因此，早期大学一般有4个学院，即文学院、神学院、法学院、医学院，以人文学科为主。随着科学技术的发展，特别是工业革命以后经济社会的发展，大学的系科逐渐扩大，理工科逐渐占据了主要地位。但大学对高水平学术追求的思想没有改变。因此，在欧洲，大学历来都是指本科以上教育的机构，单种技术性的、短期的高等教育机构一般不能称为大学。在中国，情况就不同了，凡是高等学校都称为大学。这就混淆了高等教育的层次结构，也为中国高等学校的同质化埋下了隐患。

　　高等教育发展到今天已经从精英教育发展到大众教育。第二次世界大战之前，即使工业发达国家的高等教育毛入学率也没有超过10%，20世纪六七十年代一下子膨胀到50%以上。这就使高等教育的性质发生了变化。众所周知，大学的教学、科研、服务三大职能也是随着经济社会的发展而逐渐形成的。而大学传承文化、创新知识、创新思维方式、培养人才的本质没有变。高等教育大众化以后，其职能就要有所调整，有所分工。大学就分化为研究型大学、以教学为主的大学、技术学院等。不同的大学有不同的职能。

　　中国高等学校统称为大学，这就混淆了不同高等学校的职能，因而同质化现象相当严重。今天厘清这个问题，明确各类学校的职能，这是不是可以说是对我国大学的理性思考？中国有一种攀比文化，称为"大学"似乎身价较高，称为"学院"似乎低人一等。为了迁就这种文化，大学名称可以不改，但职责目标需要明确，才能培养适应社会发展的人才，大学本身也才能得到发展。

大学原本是象牙之塔，工业革命以后走向社会、走向市场，特别是20世纪后半叶，学校规模扩大，学校与企业的联系加强，凸显了大学的服务职能，也促进了大学科研、教学的发展。但同时也增加了大学功利主义倾向，造成大学理性的缺失。

20世纪末，我国高等教育研究有过一段"大学理想"热、"大学文化"热，许多学者都发表了自己的见解。我曾经说，大学理想也好，大学文化也好，其本质就是求真育人。求真就是追求真理，创新知识；育人就是培养品德高尚、本领过硬的人才。大学理想靠谁来实现？当然要靠大学教师——教授来实现。大学是学术中心，是高水平学者聚集研究学术的地方，所以只有教授治学，大学才能创新知识，培养人才。

对大学理性的思考，一方面要研究大学的本质，另一方面要研究高等教育的结构体系，明确各类学校的职能，还要研究大学的治理，还原大学（高等学校）求真育人的本质和治学的主体。

张学文的《大学理性研究》运用哲学思维，社会学、历史学的研究方法，引用古今中外思想家、教育家、社会学家的理论见解，论述了当代大学理性的缺失，阐发了应有的大学理性。特别是作者联系我国高等教育的实际，发表了很有见地的见解，使人对大学理性有了较为深入的认识，读来甚有启发。

2014年8月25日

回归教育原点是教育改革的永恒主题
——纪念古得莱德教授和他的教育时代

近日听闻约翰·古得莱德（John I. Goodlad）于2014年11月29日在西雅图去世，十分惋惜。虽然素未谋面，但我拜读过他的大作——《一个称之为学校的地方》，深受启发。去年，我们拿下了世界比较教育大会2016年的举办权，受此书启发，也通过大规模深入的调查研究，计划以一个学生从入学到毕业的就读全过程为线索，全景式地向世界介绍中国学校的运行逻辑以及面临的时代挑战。为此，我们还专门写信求教于古得莱德教授1992年在西雅图创立的非营利性机构"美国教育研究所"（Institute for Educational Inquiry，简称IEI）。虽然因为年代久远最终没能找到《一个称之为学校的地方》当年调研的原始材料，但我们还是收到了该机构Paula McMannon女士的详细回信，并得知古得莱德先生已经94岁高龄，身体欠佳，只是万万没想到这么快就离我们而去了。

古得莱德是美国当代知名的教育学者，1920年出生于加拿大不列颠哥伦比亚省的温哥华市，1949年获得芝加哥大学博士学位，曾任教于芝加哥大学、加利福尼亚大学洛杉矶分校和华盛顿大学，并创立了著名的华盛顿大学"教育革新中心"（Center for Educational Renewal at University of Washington，简称CER）和"美国教育研究所"，担任加利福尼亚大学洛杉矶分校教育学院研究生院院长长达16年之久。他以研究学校变革与教师教育见长，先后出版了30多本著作，如《教学的道德层面》《我们国家的中小学教师》《培养教师的地方》，80篇书章和200多篇学术论文。最为著名的当数1984年出版的《一个称之为学校的地方》，这份基于27 000多人调查数据形成的研究报告先后获得了"美国教育研究协会"（American Educational Research Association，简称AERA）的"年度最佳书籍奖"和Kappa Delta Pi的"年度最佳书籍奖"，他本人也因此荣获了AERA颁发的"教育研究特别贡献奖"。

　　《一个称之为学校的地方》因其规模宏大、设计全面、数据翔实而著称，更为重要的是古得莱德及其团队对美国学校教育有敏锐的洞察力和深刻并富有远见的见地。古得莱德第一次向美国人描述了美国学校教育的"语法规则"，即美国学校教育的基本理念、实践、日常运作以及参与这些运作的人们的真实心态。他直言当时美国的教育问题，"我们以考试的分数来衡量学校，例如，SAT的测试分数，好像分数可以反映出学校的某种状况似的。然而，它们能告诉我们的关于学校的情况，甚至少于一个测量人体温度的温度计能告诉我们的关于身体健康的状况"。他在大量研究的基础上提出"走向教育性的社区"的倡议，"对于许多人来说，要超越现有的学校去寻求建立教育性的社区和教育性的社会，是一个令人难以置信的概念……然后，创造未来却开始于对今天的改造"。虽然我们无从考证《一个称之为学校的地方》在多大程度上影响了《国家处于危机之中》这份80年代美国教育领域最为重要的政策报告，但西奥多·赛泽（Theodore R. Sizer）在该书的序言中明确指出："《国家处于危机之中》对于它的时代是重要的，《一个称之为学校的地方》则是长久之计。"

　　古得莱德教授及其代表作《一个称之为学校的地方》不仅影响了80年代以来美国教育的改革和发展，事实上也开启了一个以"提升教育质量"为主题的全球教育改革时代。美国、英国、德国、法国、俄罗斯、日本、韩国以及中国都先后发布了各项教育改革的重大决议，如日本1984年开启第三次教育改革，英国发布《1988年教育改革法》，苏联1984年发布《苏联普通学校和职业学校改革的基本方针》，中国1985年也颁布了《中共中央关于教育体制改革的决定》。虽然《一个称之为学校的地方》的中文译本直至2005年才在大陆出版，但古得莱德先生的教育思想从80年代就已传入中国，并影响了一代中国教育学者。在我们看来，古得莱德教授和他的《一个称之为学校的地方》已成为一个教育时代的符号。

在经济全球化和信息化快速发展的今天，中国又迎来新一轮的教育改革浪潮，从2010年国家发布《国家中长期教育改革和发展规划纲要（2010—2020年）》到十八届三中全会确定"深化教育综合改革"战略部署，中国的教育决策者、教育研究者和教育实践者几乎都将改革的重心转向了学校，也纷纷呼吁回到"一个称作学校的地方"，"回归教育的原点"。而教育的原点到底是什么？学校的功能到底是什么？我想，教育的原点就是培养人，学校就是传承文化、创造知识、培育人才、促进人类发展的地方。而古得莱德先生提倡的"教育性的社区"其实就是一个良好的教育生态环境，因此我们也倡议"教育是一项社会系统工程，需要全社会的支持和努力"。谨以此文纪念古得莱德教授，纪念《一个称之为学校的地方》，纪念并迎接这个回归教育原点的教育时代。

2015年1月13日

一部青年成长的教科书
——读《温家宝地质笔记》

今年4月喜得温家宝同志《温家宝地质笔记》亲笔签名赠书。拜读以后深深感到，这是一部青年成长的教科书。《温家宝地质笔记》，从科学家的角度可能看到的是我国地质科学的发展历史，看到地质科学宝库中增加了珍贵的地质资料宝藏。作为一名教育老兵，我实在看不懂笔记中的宝贵的地质资料，但我看到了一种精神。这是一种满怀祖国情怀，肩负巨大使命感，从而激发出来的勤业奋进的精神。

众所周知，地质工作是一项非常艰苦的，但也是国家发展最需要的工作。我们要建设国家，就要摸清自己的资源家底。但新中国成立前我国地质队伍非常薄弱。记得1951年我在燕京大学做出国留苏准备时，住在一起的有一位山东大学的教师，他是学地质的，准备到苏联去读地质科学研究生。他告诉我，中国从事地质工作的不满百人，国家多么需要地质工作者啊！温家宝同志就是选择了这样的职业，并且立志："一生将以高山为伴，不断探索和追求，努力攀登科学高峰，做个有益于人民的人。"他在祁连山区进行地质测量，条件十分艰苦。《笔记》中记录了当时许多艰苦生活和工作的场景。他矢志不渝，从不动摇。是什么让他如此坚守？是对祖国的情怀，是对人民事业的忠诚。什么是青年的理想？这就是青年的理想。今天我们正在为实现中华民族伟大复兴的中国梦而努力，这也是青年一代的历史使命。青年人可以从《笔记》中寻觅到为国为民的青年理想，青年立志的支点。

实现伟大理想，要靠扎实的本领。这就要从小打好学习的基础，温家宝同志中学阶段是在天津南开中学度过的，正是著名的南开中学培养了他的学习能力、实践能力、创新能力。大学阶段是在中国地质大学攻地质科学。他一路勤奋学习，直到工作岗位，仍然不忘读书和学习。他在《笔记》中写道，每逢节假日，同事们有的打扑克，有的下象棋，但他总是不愿浪费时间，而是抓紧时间看书学习，读鲁迅的散文，《呐喊》就读了三四遍，还阅读了恩格斯的《家庭、私有制和国家的起源》等文章。正是这种勤奋的学习，使他不仅在专业上不断成熟，而且提高了人文素养。这种素养为他后来从事国家管理工作打下了坚实的基础。

实践是一个人成长的必经之路。温家宝同志在大学学习期间就多次到野外进行地质测量实习，研究生毕业以后被分配到最基层的地质测量队，后来又在地质部工作，一干就是18年。他在工作中努力实践，勤奋工作，一丝不苟。《笔记》中收录了他的测量记录、图表手迹影印件六百余幅。我虽然看不懂它们的内容，但他那工整的笔迹、精密的图表，展示出他对工作的严肃态度、认真程度。他在地质系统工作了18年，大多是在甘肃祁连山地区艰苦的环境中度过的。但他认为"这18年是我从青年到中年这段人生中最宝贵的时光，也是个人成长的重要阶段"。

理想、学习、实践是青年成长的必经之路。《温家宝地质笔记》真实地记录了温家宝同志的理想信念、扎实学识、实践创新的全过程，堪称一部青年成长的教科书。我希望青年学子读读这部书，有益于自己的生涯规划，实现人生价值。

2016年劳动节

读《苏霍姆林斯基评传》

苏霍姆林斯基是我国教育界最熟悉的名字。他虽然离开我们已经有47年的时间了，但他的教育思想一直在世界各国流传，而且至今仍发出耀眼的光芒。苏霍姆林斯基教育思想的形成不是偶然的，是与他所生活的时代密切相关，与他的成长密切相关的。他热爱生活、热爱孩子、热爱教育。在帕夫雷什中学担任校长的几十年里，他从来没有离开过课堂、离开过学生。他担任班主任从一年级一直到十年级学生毕业；他带领学生到田野、到社会去体验劳动、体验生活；他研究三千多名学生，探索儿童成长的规律。于是他形成了自己的教育思想。

孙孔懿先生收集了大量资料，查阅了无数文献，不仅实地访问了帕夫雷什中学以及现任校长捷尔卡其女士，而且多次与苏霍姆林斯基的女儿、乌克兰教育科学院院士苏霍姆林斯卡娅教授面对面交流请教。这部作品把一个活生生的苏霍姆林斯基呈现在读者面前，使我们在了解苏霍姆林斯基生平事迹的同时，也详细了解了他在帕夫雷什中学的工作与生活。从一桩桩教育事件、一个个教育故事中，我们不仅能全面地理解苏霍姆林斯基的教育思想，而且能更真实地触及苏霍姆林斯基的精神世界，感悟他的高尚品质和人格魅力。我们学习和践行他的教育思想，更应该学习他热爱生活、热爱儿童、热爱教育的精神。

《苏霍姆林斯基评传》力求在对苏霍姆林斯基生平事迹的陈述中，解读他的教育思想体系和内涵，是一部颇为完整的研究苏霍姆林斯基的传记类著作。感谢孙孔懿先生为我们提供了这份丰富的精神食粮。

2017年6月8日

《人生中心教育论》读后

　　教育的本质是什么？对于这个问题人们已经争论了几十年。长期以来人们以工具理性来认识教育，重视教育的功能性，忽视了教育的本体性。近些年来学术界开始重视教育本体性的研究，因此提出生命教育的理念。其实教育的本体性和功能性是不可分的。教育是个体生存发展的基础，但个体不可能单独生存。自从猿猴转变为人类以后，人们就结成了集群。集群为了生存，就要利用自然，改变自然，还要与其他集群争夺资源。教育要培养下一代适应这种环境，因而教育也就被赋予了社会的功能。当然，教育促进个体的发展是基础，没有个体的发展，也就谈不上教育的功能。由于阶级社会长期片面强调了教育的社会功能性，忽视了教育促进个体发展的本体性，因此今天提出生命教育是有重要意义的。

　　我认为，教育的本质可以概括为：提高生命的质量和提升生命的价值。对个体来说，提高生命的质量，就是使个体能够生活得有尊严和幸福；提升生命价值，就是使个体能为社会、为他人做出有价值的贡献。青年人都在讲要实现"人生价值"。人生价值是什么？一个人总是要对社会、对人类、对自然做出一点贡献的。人的价值总是体现在与他人、他事的关系中的。在人类社会中孤立的自我价值是不存在的。这就又回到功能性问题了。所以教育的本体性与功能性是无法分开的。

为什么说今天提倡生命教育有重要意义呢？因为我们长期只把教育当作工具。学校把学生的升学率作为争当名校的工具，地方长官把学校的升学率作为展示政绩的工具，家长把教育作为孩子进入名校的敲门砖。有的学校甚至把学校变成军营，仿似监狱，摧残生命，抹灭人性，扭曲了教育的本质。我国的教育方针是全面的，既要求教育培养德智体美全面发展与个性发展的人才，又提出要培养学生为人民服务、为社会服务的责任心，把教育的本体性和功能性统一起来。但应试教育背离了教育方针。生命教育要还原教育的本质，提高生命的质量和生命的价值。

　　李金初校长是教育改革家、教育实践家。他在短短的十多年时间里把一所连区重点都算不上的普通学校办成中国知名的学校，靠的是他对教育深深的情怀，靠的是他改革创新的精神，靠的是他攻坚克难的勇气，靠的是他的勤奋努力。从事教育五十多年来，他不断学习，不断探索。退休以后，退而不休，又办起民办学校——建华学校，而且短短几年，又使之成为家长争相选择的学校。李校长长期担任中学教师、中学校长，本来就有先进的教育理念，一切为了学生的发展。现在办起幼儿园、小学，听到小朋友一声"爷爷，您好"，唤起他对人生的顿悟（这是他自己提到的）。教育不就是为了人生吗？为了使人生更美好吗？这种顿悟不是偶然的，是几十年从事教育并不断探索的思想积淀，是教育思想的升华。李校长近几年周游世界，更体会到人生的价值，于是提出"人生中心教育"理念。由此出发，在古稀之年，他居然读起哲学、心理学、社会学、教育史等著作来，寻求"人生中心教育"的理论基础。李校长的"人生中心教育"不是停留在理论上，而是付之于实践。李校长在高中开设了人生教育的课程，和学生一起讨论人生、讨论生命、规划生涯。在理论探索和实践经验的基础上他终于完成了《人生中心教育论》这部巨著。

我无意评论"人生中心教育"的理论体系，我只想说，读了这部著作，感觉像读了一部活的教育学教科书。该书论述了"人生中心教育"的理论基础，梳理了人类教育发展的历史和历代教育家、思想家关于教育的理念，并且构建了"人生中心教育"课程框架，论述了"人生中心教育"课程理论和实施方案，并汇集了建华学校的教学案例，形成了《人生中心教育课程论》这部姊妹巨著。两部巨著既有理论，又有实际，而且语言生动活泼，从身边的事件、自己的感受到亲身的教育实践，娓娓道来，具有可读性。这是李金初校长五十多年来服务于教育事业的结晶，我祝贺它的出版！

2017年10月20日

书　信

致林正范同志

杭州师范学院党委、院长林正范同志：

　　去年4月我有幸被贵校聘为院学术委员会主任，这是对我的最大的信任，也是我最高的荣誉。作为一名老教育工作者，能够为杭州师范学院的建设做一些工作，也是最有意义的事情。学校为此给我高达十万元的年薪，实在与我所做的工作极不相称。虽经推辞，总未得到林院长的应允。为此，决定将这笔钱捐赠给学院作为贫困生基金，恳请院党委和林院长接受我的请求。

　　此致
敬礼！

顾明远　谨启

2002年10月20日

致中野光教授

中野光教授：

您好。夏日已到，东京也一定炎热起来了。谅先生身体健康，一切顺利。

今年春天，能和先生在东京见面，非常高兴。本来应日本教育学会寺崎会长的邀请将在7月参加日本教育学会年会，但因"非典"肆虐，不能成行，十分可惜。

可喜的是，北京已经控制了"非典"，世界卫生组织已于昨天把北京从禁止旅游和疫区名单中除名。到北京旅游是安全的。我们希望您在适当的时候来华，我们再一次见面。

横山宏先生是我最早认识的日本朋友。他的去世使我失去了一位老友，也是中日教育交流的损失。我很怀念他。为此，我写了一点回忆的小文。现寄给您，也请转告新保敦子。

日中教育研究交流会议在横山先生担任会长期间，做了许多中日友好和教育交流的工作。我相信在您的领导下，一定会继承横山先生的传统，使中日友好和教育交流有进一步发展。

祝您身体健康，合府安康。

顾明远

2003年6月26日

致缪进鸿[*]

进鸿学长：

您好！来信及大作均收到。您在做一件极有意义的工作。每次您的来信都使我受益匪浅。

近代科学为什么未能在有着四大发明的中国产生，这是许多学者探讨的问题。大多数研究者认为是长期封建专制统治的原因。去年华东师大有一位博士的论文以为是中国人对知识的认识问题，很有新意。我则认为是中国传统文化的思维方式问题。中国传统文化只有归纳，没有演绎。孔子的《论语》句句是断语，没有论证，只有论点，没有论据。历来科举只是读经、诵经、背经。注释也是思辨的，什么都是天经地义的，不问一个为什么。这样的思维方式怎么能产生近代科学？可惜的是，直到今天我们的教育还是这个样子，只接受书本知识，不问为什么。我近来在做"中国教育的文化基础"这个课题，就是想挖挖中国教育的老根。可惜我的国学底子太薄，写起来很吃力，写了不知对不对，心里没有底。但是还是在写，不怕别人笑话。

我很赞成有人研究犹太民族教育。我主编的《教育大辞典》里有古希伯来教育、犹太教、犹太法典等条目。但作为辞典，只是词目解释，

---

[*] 缪进鸿，1929年生，浙江大学教授，浙江省高教局原副局长，著有《比较人才学》。

不可能反映整个犹太民族的教育。金锵①能出来研究，实是最佳人选。

来件当送英杰②。他近日去英国，不久就回来。他接替我担任国务院学位委员会教育学科评议组副组长，并非教育规划小组副组长。

不知您的E-mail，否则发过去会快得多。我的E-mail是：mygu@sina.com。

专此，余不多及。顺颂

夏祺！

弟　明远敬上

2003年7月18日

---

① 金锵，1929年生，浙江大学教育学院教授，外国教育史专家，杭州大学原副校长。
② 王英杰，1945年生，北京师范大学教育学部教授，原副校长。

致缪进鸿（二）

进鸿学长：

　　您好！

　　收到您寄来的三个文件。从文件中可以看出您对课题研究的执着努力，也反映出您身体健康，甚感钦佩，亦感欣慰。还望保重身体，不要太劳累。我不清楚您有没有助手，如果没有助手，搜集资料、处理信息都要您亲自动手，那就太辛苦了。我建议您到浙大兼职，招收研究生来帮您做这个研究。

　　您寄来的年度工作报告，对工作进程做了一些变动。我认为这种变动很好，很实事求是，而且先从具体再到一般，从数学家群体到一般科学家群体，也比较合乎逻辑。您信上说还有附件一、二、三，但这次寄来的材料中没有。

　　新作《我所认识的陈立先生》一文，充满着您对陈立先生的感情，反映了陈立先生的道德文章，使我受益匪浅。我与陈立先生认识也是在20年前，是在学位委员会学科评议组上认识的，本来就很崇敬他，但没有深入地请教过什么问题。您这篇文章使我对陈立先生有了更深入的了解，他的教育思想、治学态度值得我们永远学习。

　　谢谢您经常把您研究的成果寄给我。去年拙作《中国教育的文化基础》出版。现寄上一本，请您斧正。此书我写了十年，但写出来觉得很肤浅，原因是我的文化底蕴太浅薄，理论水平不高，因此只罗列了一些众人都知的事实，感到意犹未尽，但不知如何深入。当初写这本书的动机我在前言中写得很明白，感到我国现在教育中的问题，都与我国的文化传统有关。而我国的传统文化有优秀的一面，也有消极的一面。对于现代人才培养来讲，应该说中国传统文化的消极影响更大一些。但作为全面论述，又不能不论述中国传统文化的优点，特别是在伦理道德方面，因此感到问题讲得不够透彻。我自己对这本书也不是太满意，但已花了十年时间，也没有能力和精力再深化了，只是把问题提出来，供年轻人去思考、深入。

　　余不多及。顺颂

夏安!

顾明远上

2005年6月3日

致于光远老师

于光远老师：

您好！首先向您祝贺90华诞，祝愿您健康长寿，万事如意。

同时要向您道歉，没有知道昨天为您举行祝寿仪式，未能参加当面向您祝贺。请您原谅。

您是我国著名的经济学家、教育家。但您常常讲，您愿意当一名教育家。这使我们长期从事教育工作的同志感到十分鼓舞。大家都说，于老都愿意当教育家，我们还能不尽心尽力地干吗？于老您对我国革命和社会改革做出了巨大贡献，一直是我所尊敬和崇拜的。我在新中国成立以前就读过您的著作，是您和其他老一辈的革命作者把我们引上了革命之路。您又一直关心教育。记得1978年您对"教育是上层建筑"的论点提出质疑，在教育界引起了极大的反响，使教育理论界解放了思想，引起了教育界关了教育本质的大讨论，促进了教育理论的发展。后来您又主张教育"三体论"，写好文章以后让我提意见，使我又一次受到教育。80年代后期，您反对人体特异功能，有一次研讨会我也参加了。最近几年您又提出聪明学，我跟随您参加了几次会议，您对教育的精辟发言使我一次又一次受到启发和教育。您的学识、胆略都值得我们学习。我虽然没有直接成为您的学生，但实际上受到您的许多教诲。所以我要称您为于老师。

再一次祝于老师健康长寿，使我们能够听到更多您对教育工作精辟的见解。

此致

敬礼!

学生　顾明远　叩上

2005年7月4日

致江阴澄江中心小学

尊敬的老师们，亲爱的同学们：

值此母校建校一百周年之际，我谨向母校的老师和同学们致以最热烈的祝贺。祝贺母校百年来桃李满园，人才辈出，为祖国培养了无数人才。感谢老师们的辛勤劳动。同时衷心祝愿母校在新世纪里不断创新，再创辉煌。

我在澄江小学读书的时候，是我国历史上最黑暗的年代，我们祖国受到日本侵略者的蹂躏。但是我们的童年受到老师们热情的呵护，使我们能够健康成长。感谢老师们对我们的爱护和教诲。

人才的培养，童年是基础，小学六年是最关键的阶段。希望澄江中心小学的老师们在教育改革中不断学习，努力创新，为培养新世纪的人才创造新经验。希望同学们愉快地学习，活泼地成长，成为新世纪建设社会主义祖国新人才。

我因为这几天刚好有别的会议，不能参加母校的庆典，向母校的老师们表示歉意。祝老师们、同学们节日快乐。

顾明远

2005年10月10日

致横地清先生、铃木正彦先生

横地清先生、铃木正彦先生：

你们好！铃木先生的来信收到。感谢你们在钟善基先生遗体告别时专程从日本赶来吊唁。我当时正在外地出差，未能参加钟先生的告别仪式，只写了一副挽联，以寄托哀思。因为不在北京，所以未能与两位先生晤面，非常遗憾。

钟善基先生的逝世，令人悲痛。这是中日友好交流的损失，是数学教育学术界的损失，也使我们失去了一位最好的朋友。1980年，横地清先生第一次访问北师大，钟先生和我接待了横地清先生，以后每年我们都要见面交流，至今已二十五年。我们的友情至深至笃，是一般学术交流难以比拟的。钟先生的去世，使我们感到无比悲痛，我们永远怀念他。

钟先生走了，但中日数学教育的交流与合作还要继续。我个人非常欢迎你们一如既往地来我校开展交流活动。

但是，我现在已经不担任学校的任何职务，我没有权力再要求学校做什么事情。去年我们会谈时我和钟先生都表达了这个意思。我们认为，今后的交流主要是数学学院的事，应该与他们会谈，并由他们向北京师范大学校领导反映，争取学校的支持。

横地先生提出拟在今年8月在北师大召开横地清文库国际研讨会，

这个设想很好，但不知道是否与数学学院协商过。因为要组织一个国际会议需要做许多工作，需要具体单位、具体人员负责，还要有一笔经费支持。因此，会议不能以我的时间来定，需要由数学学院来定。8月上、中旬我可能会在北京。会议召开期间，我一定去看望你们。

天气酷热，望两位多多保重。

此祝

暑安！

顾明远　谨启

2006年7月11日

致方明同志*

方老:

您好! 山西的农村教育研讨会的准备工作,谅一切顺利。您多费心了。中国教育学会对这个会议也很重视,开了会长办公会研究这件事,觉得应该向陶研会,特别是向您学习,重视农村教育问题。

本来我是准备参加这个会议的,但是现在情况有点变化。我们学校通知我,希望我在23日至24日到珠海出席北京师大珠海分校的第一届毕业生的毕业典礼和学术研讨会。我是分校的专家组成员、教育学院的名誉院长兼首席教授,每年我都去给学生做报告,学生也希望我在他们离校以前与我见一面。我也觉得不能辜负几百名即将走向工作岗位的同学的期望,决定前去参加。因此,山西的会议就不能参加了。特向您请假,请您谅解。

我们决定请常务副会长郭振有同志参加。他是原教育部副总督学、督导团办公室主任,长期从事基础教育工作,对农村教育很熟悉,又是山西人。我们会长办公会一致决定请他参加。

陶行知教育思想至今犹放射出时代的光辉。尤其是他那深知农民疾苦、决心改造农村、推进农村教育的精神和思想,在今天更具有现实意

---

* 方明(1917—2008),原中国教育工会主席、陶行知研究会会长。

义。如果说在新中国成立前国民党统治时期，国民政府不关心农村和农民，陶先生的教育思想难以推行，那么，今天政治的障碍已经不复存在，陶行知教育思想在今天正可以大放光芒。但是今天推行落实陶行知教育思想却仍然遇到不少困难。困难来自落后的教育思想，来自以考试为中心的评价制度，来自用城市的标准来要求农村教育，等等。因此，农村教育只有克服这些障碍，才能得到发展，才能为农村的发展服务。山西省阳曲县在贯彻落实温总理关于学习前元庄实验学校教改经验的批示，深化农村教育改革中做了大量工作，做出了可喜成绩。在阳曲县召开农村教育研讨会，学习阳曲经验，必然会对在全国范围内推广陶行知先生的教育理念、促进农村教育的发展产生重大影响。我预祝大会取得圆满成功。

方老您的精神尤其值得我们钦佩和学习。您已九十高龄，仍不辞辛苦，奔波于全国农村。您对陶行知教育思想的忠诚，对农村教育的执着，永远是我们学习的榜样。我祝您健康长寿，也祝与会代表身体健康，工作顺利。

顾明远

2007年6月15日

致马场善久副校长

尊敬的马场善久副校长：

您好！

谨悉为祝贺创价学会名誉会长、国际创价学会会长池田大作先生80华诞，北京大学与创价大学将于2月27日下午举办"池田大作80寿诞庆典暨学术报告会"，十分高兴。但是十分遗憾的是，届时我正在西安出席陕西教育学会代表大会，不能出席北大的庆典。只能请我的助手高益民博士代表我去参加庆典和学术报告会。为了表示对池田先生的敬意和祝贺，特书"寿"字一幅，祝他健康长寿。请代向池田先生表示歉意。

专此，并颂

春祺！

顾明远

2008年2月15日

致敬东先生

敬东先生：

您好！敢峰同志转来您的大作及信件，谢谢！

拜读了大作，虽然未能精读，但已深受启发。"潜人才"的提法给人才学提出了一个新概念。对我来讲，耳目一新。

过去没有人研究人才学，20世纪70年代末中国大地上才出现了人才学的研究。这是由小平同志"尊重知识、尊重人才"的思想引发的，也是思想解放的产物。今年是改革开放30周年，人才学也是改革开放30年中伟大成果之一。

人才学应该是研究人才的发现、培养、发展、使用和管理的问题。但过去人才学似乎只研究人才成长、使用和管理等问题，很少研究人才的发现和培养问题，特别是对具体的各行各业人才的发现和培养问题研究尤为薄弱。我在1980年写过一篇文章——《人才学和教育学》，发表在《人民教育》同年第4期上。我说，"人才学和教育学有着共同的目标，但它们研究的领域又有所不同。它们有着紧密的联系，人才学的出现，对教育学提出了许多新的课题，它必将促进教育学的发展"。为什么这么说？因为早期发现人才和培养人才实际上是教育学的任务。但学校毕业生能否成才，还受许多因素的制约。教育学一般对出了校门的人都不管了。当然，现在提倡大教育观、终身教育，教育学也管到人的一辈子了，但教育学不管使用人才、管理人才。人才学的概念比教育学的概念要大得多，它应该涵盖教育学的内容。人才学中发现人才、培养人才就是教育学的任务。当然，人才学研究的发现人才和培养人才往往是指已经从学校毕业的人才。但是真正要培养人才，还应早期发现、早期培养。您所提出的"潜人才"的概念，也适用于教育学。实际上，学生都是潜人才。教育可以培养人才，也可以摧残人才，就如现在的应试教育，"奥数班"，等等，实际上是在摧残人才。因此人才学要关心教育问题。不知道我说得对不对，向您请教。

我在1979年和敢峰、王通讯等一起参加过人才学的讨论，也是人才学研究会第一届理事会的常务理事。但我对人才学确无研究，只研究教育学，所以和人才学界的朋友疏远了。其实我们研究的教育问题也都是人才学的问题。

拜读大作，深有启发，向您学习。专此，并颂
夏祺！

顾明远

2008年7月16日

致陈时见副校长

陈时见副校长：

你好！欣闻西南大学成立国际与比较教育研究所，特此向你们表示最衷心的祝贺。当今世界，在经济全球化背景下，教育不仅提供国际竞争的人力资源，而且是国际交流的重要渠道。教育是沟通不同文化的桥梁，是播撒和平种子的播种机。同时，教育已不再封闭于一国一域，一国的教育改革，瞬间可以传播至全世界。因此不研究别国的教育，很难改革和发展本国的教育。立足中国，放眼世界，是我国教育改革和发展的必由之路。

感谢你们邀请我参加贵所的成立大会，但因最近身体不适，不宜外出，甚以为憾。祝你们大会取得圆满成功，祝贵所将来硕果累累。

顾明远

2008年12月9日

致蔡林森校长

尊敬的蔡校长：

值此蔡林森教育思想研讨会召开之际，特向你表示热烈的祝贺。同时要向你表示深深的歉意，本来要来参加这次研讨会，并向你学习，但是《国家中长期教育改革和发展规划纲要（2010—2020年）》调研组于9日至11日开会，时间刚好冲突，因此无法参加研讨会，特向你请假，也向任总表示歉意。

你在江苏省洋思中学开展了"先学后教，当堂训练"实验，创造了"明确学习目标；学生根据自学要求自学，教师巡视发现问题；学生汇报自学结果；讨论、指导；学生完成作业，教师当堂批改"的教学新经验，取得了显著的效果，受到全国教育界的关注和学习。先学后教是建立在"学生是教育的主体"这个现代教育理念的基础上的。长期以来，我国的教学总是把教放在主要位置，忽视学生的主体作用，不重视调动学生的主动性和积极性，从而导致教学效率低下。"先学后教，当堂训练"就改变了这种状况。学生先学，发挥了学生的主体性，学生先去了解教材，初步认识所要认识的事物，同时产生疑问；然后教师根据学生的疑问进行答疑，根据学生没有理解或领会的内容进行深入的讲解。这种教学方法切合了学生的思想，贴近了学生的实际，使学生容易理解，并且印象深刻，易于巩固。当堂训练，既能即时巩固，又减轻了学生的课外作业负担。这是提高教学效率和质量的最好方法，符合教学规律和学生认知的规律，具有普遍意义，值得推广。

现在全国为推进素质教育的艰难而困惑。其实，推进素质教育，除了要克服教育外部的干扰以外，最根本的途径就是提高课堂教学的效率和质量。学生在课堂上学懂了学会了，课外的负担就减轻了。这样，课外时间就可以还给学生，就像温家宝总理说的：给学生"留下了解社会的时间，留下思考的时间，留下动手的时间"。你在洋思中学为教育改革创造了这方面的经验。今天你又把你的理念和经验带到河南焦作永威学校。我相信，在任总的支持下，你的教育思想会发出更耀眼的光芒。

最后，预祝蔡林森教育思想研讨会取得圆满成功！

顾明远

2009年4月8日

给银川市六盘山中学生的信

致六盘山中学祁鸣昕、何玉金、陈嘉琦、仇文博、白云生、熊莉、虎伟龙、马宏斌、郭晓暾同学：

你们好！你们的来信都收到了。从来信看到，你们在六盘山中学生活很愉快，学习有进步，我很高兴。特别是你们学校开展感恩教育，让每个学生认识到，一个人的成长需要得到父母、师长、社会各方面的支持和帮助，长大了不能忘记祖国对我们的培养、父母师长对我们的教育。这是一种做人的基本要求。但是这种感恩不是单纯针对个人的，更重要的是要感激党和国家。你们写信都说要感激我对你们的帮助，其实我对你们的帮助是我感激党和国家培养的一种表现。我与你们素不相识，但是你们是祖国的未来，民族的希望，所以我以微薄之力帮助你们。所以你们不应感谢我，而是要感谢党和国家，培养自己对社会的责任感，将来学业有成，走向社会，为社会做贡献。

现在你们的任务就是好好学习，不只是考试成绩好，更重要的是要培养自己的能力，做到自信自强，养成高尚道德情操和自力更生的能力。许多同学来信中都说考试成绩不理想，排名不靠前。我觉得不要去计较一时的考试成绩，要着眼于未来，志存高远，将来不论从事什么职业，都能为社会做出贡献。就像奥斯特洛夫斯基在《钢铁是怎样炼成的》中所说的，要无愧于人生。

专此，祝你们生活愉快，学习进步！

顾明远

2009年6月19日

致东昌、卓宝同志

东昌、卓宝同志:

你们好! 久疏问安, 歉甚!

收到《何东昌论教育》大作。拜读之余, 深感东昌同志为我国教育改革和发展做出了巨大贡献。今年是新中国成立60周年, 东昌同志是新中国教育改革和发展的见证人, 特别是改革开放30年来, 东昌同志长期担任教育部门的领导工作, 参加了30年来的教育改革和发展的重大决策。我国教育改革和发展的成绩与东昌同志的工作分不开。

拜读大作以后, 深感东昌同志对我国各级各类教育的发展都有精辟的论述, 许多思想是超前的, 具有远见性, 在今天仍然有重要的意义。结合您1994年出版的《十年历程: 建设有中国特色社会主义教育的探索》一书, 更感到您对我国教育的忠诚。正像您在扉页中所写的"献身人民教育, 要有崇高的社会理想!", 您永远是我们教育工作者的榜样。

您主持并主编的《中华人民共和国教育史》《中华人民共和国教育专题史丛书》对我国60年来的教育发展进行了系统的梳理, 是传世之作, 我们中国教育学会把它们作为中国教育学会的大奖推给全体会员和全国老师, 使大家能了解历史, 面对现实, 更好地展望未来。

感谢您邀请我参加于7月18日举行的《何东昌论教育》座谈会。非常抱歉, 该日中国教育学会要在济南举行全国青少年创意大赛颁奖会,届时政协原副主席张怀西也要参加，我不能不去。所以无法参加大作的座谈会，十分抱歉，还请原谅。

去年为纪念改革开放30周年，我应中宣部之邀，主编了一部《改革开放30年中国教育纪实》，现呈上一册。此书主要由北师大教授和博士研究生撰写，名为纪实，主要是把事实记下来，但作为学术著作，也发了一些议论和看法，虽经中宣部审查通过，但有些意见不一定正确。更由于当时时间紧迫（仅用3个月时间），所以可能有不少错误，谨请批评指正。

多年来我是在您的领导下成长起来的，虽然也已到耄耋之年，实不敢忘记您对我的帮助和提携。暑天炎热，恭祝两老健康长寿！

晚　顾明远　叩上

2009年7月14日

给王奕凡同学的信

亲爱的王奕凡同学：

你好！你的来信收到了。不巧，你来信的时间我正在日本访问，因此迟复为歉。

听说你们正在开展志愿者活动，我感到非常高兴。志愿者活动可以培养我们对别人的爱心，对社会的责任心，而且可以锻炼我们的活动能力、组织能力。助人为乐是中国的传统美德，古时候孟子说："老吾老以及人之老，幼吾幼以及人之幼"，永远是我们应该做的。

学习，不仅要学习书本知识，更要从社会实践中学习做人的品德、鲜活的知识和待人接物的能力。所以说，社会是我们学习的大课堂。你们开展志愿者活动就是走进大课堂，向社会学习。

你邀请我做你们志愿者的大朋友，我非常高兴，我一定以我微弱的能力，向社会献出爱心。你们对我有什么要求可以写信或发E-mail给我。我的E-mail是mygu@vip.sina.com。

9月20日至22日我曾经回到江阴，可惜没有来得及回母校。江阴现在建设得很美丽，一派大城市气派，可惜文物保护得不够。

最后祝你们学习进步，身体健康！

你们的大朋友　顾明远

2009年12月12日

给母校小朋友们的信

亲爱的小朋友们：

你们好！收到你们的来信，非常高兴。你们都是小学二年级的学生，已经能够写这么好、这么长的信，真了不起。这说明你们学习很努力，进步很快。我为你们的进步而高兴。

你们来信介绍了母校美丽的校园和愉快的学习生活，特别是你们告诉我，你们在一年级时就成立了"书香中队"，同学们读了许多有趣的书，学到了许多知识。这使我了解到母校这几年又有了新的发展。我很羡慕你们幸福的学校生活。

母校给了我很高的荣誉，把我作为名人介绍给你们。其实我也是一名普通的老师，小时候在母校学习时还很淘气呢。我们当时学习的时候条件很差，生活很艰苦。你们现在有那么多喜爱你们的老师、有先进的设备和图书。你们生活在幸福的时代。希望你们努力学习，天天向上，将来为祖国、为社会做出大贡献。

请代我向你们的老师致敬，也祝你们学习进步！

顾明远

2010年12月3日

致李成蹊老师

尊敬的李老师：

您好！

感谢惠寄大作《实存斋——汉语论文选集》。即时拜读，受惠匪浅，使弟子了解训诂学的知识及其对阅读古文的重要意义。特别是读了《〈论语译注〉献疑》一文，茅塞顿开。"足食，足兵，民信之矣"的杨译确是不妥。对于老百姓来讲，"充足的粮食、充足的军备"是不相干的，只有关系到切身利益，吃饱了、穿暖了，再相信政府。孔子这句话对现在不是也很适用吗？其他文章中的辨析都非常精辟。恭读大作以后，深深感到弟子似乎又一次坐在课堂上接受老师的教诲。

老师严谨治学的学风更使学生感动。现在学校中浮躁之风盛行，不少青年学者的论文，旁征博引，但不求甚解；有的引用西方学说，生吞活剥，食而不化。因此非常需要提倡严谨治学、科学求真的学风。老师永远是我们学习的榜样。

专此，恭祝

春安！

生　顾明远谨上

2011年5月7日

给郭帆等小朋友们的信

郭帆、赵晶晶、李赛：

你们好！

收到你们的来信，知道你们在学习上有进步、生活很愉快，非常高兴。你们生活在一个幸福的时代，有美丽的校园、先进的设备、热情的老师、活泼的同学。只要你们自信自强，一定能够实现你们的理想。我非常羡慕你们。我小时候生活在抗日战争年代，就没有像你们这样幸福。今天的幸福生活来之不易，希望你们珍惜它、爱护它。珍惜和爱护的表现就是努力学习，将来报效祖国、服务人民，以告慰先烈。

赵晶晶领导一个"卓越组"，祝你们的学习更加卓越！郭帆说，一年的学习使他更独立、更有素养、更文明了。认识到自己的进步，就是一种自觉。李赛写得一手好字，体会到坚持就是胜利。你们各有特点，是班级同学的代表。我想你们班其他同学也一定生活得很愉快，学习有进步。

暑假到了，是一个休整的时期。希望你们在假期中好好休息，同时开展一些你们喜爱的活动，做一段时间的社会志愿者，去体验一下社会生活。最后，祝你们快乐！

顾明远

2014年7月20日

给铁西区聋人学校同学们的信

亲爱的铁西区聋人学校任晏乐等同学：

你们好！很高兴收到你们的来信。特别是知道你们在老师的精心、细心、耐心的帮助下，在你们自己的刻苦努力下，克服了重重障碍，学会了说话，能够和爸爸妈妈、同学交流；你们学会了舞蹈，在表演中获得成功，我感到特别高兴。身体的缺陷是无可选择的，但发展的命运掌握在你们自己手中。你们是一群有志的少年，只要你们努力学习，幸福的梦想就一定能实现。希望你们继续努力，克服一切困难，去取得更大成功！

你们要求我为你们的学校写校名，我非常乐意。现将写好的校名寄给你们。

请你们代我向你们的老师致敬。你们的老师把全部爱献给你们，献给特殊教育事业，是最可敬、最可爱的人。

最后，祝你们春天快乐！

顾明远

2015年4月22日

致杜祖贻教授

杜祖贻教授大鉴：

贺词收到，谢谢您的关心！近年来内地教育有较大的发展，但我深感教育革新之艰难，人才培养模式之陈旧，教师专业水平亟待提高。北师大几位长期从事教育理论研究的同仁，梦想利用社会公益组织的优势，凝聚社会有识之士，为中国的基础教育改革做点贡献。事业初创，尚需各界支持和扶植。我本年迈，不可能再有作为，只是为中青年学者搭个平台而已。

杜教授为内地教育，特别中青年学者的发展，做出了巨大贡献，我们时时铭记于心。您在内地改革开放之初、教育研究发展最困难的时期，给内地青年学者提供了资金和指导，使他们得到较好的发展。现在他们大多数已经成为教育科研中的骨干，如蒋凯教授等。今天内地条件虽已有所改善，但我们永远感谢你的支持。今后虽然不需要资金的支持，但在科研精神的引领、学术事业的发展方面，仍然希望得到杜教授的指导。

寒冬将至，望多珍摄，并向尊夫人致意问安！

顾明远谨上

2016年10月27日

贺　词

普及教育理论，传播教育经验[*]

——贺《人民教育》出版 400 期

人们常常说，要按照教育规律办教育，才能取得较高的效率和较高的质量。但是，这里就遇到两个问题：一是什么是教育规律，或者说有哪些教育规律；二是如何使广大教师认识教育规律、掌握教育规律。《人民教育》的创刊就是为了解决这两个问题。

教育规律不是抽象的、不可捉摸的。它的表现形式主要是两方面：一是表现在国家制定的方针政策、制度规定、教育计划、课程设置之中；二是表现在优秀教师和教育管理人员的实际经验之中。当然，这些制度和经验都应该是科学的，是符合教育规律的。教育制度和教育经验的上位还有一个教育观念及其系统化的教育理论问题，它支配着制度的制定和经验的创造。但是，教育理论以及处于主导地位的主流教育观念是要依靠科学研究工作者和教育决策领导人去精心研究的，广大教师和教育管理人员只是从学习教育理论和贯彻执行国家的教育方针、政策中来掌握教育理论，树立正确的教育观念，从而在教育实践中运用，创造出科学的亦即符合教育规律的教育经验。也就是说，研究教育规律和掌

---

[*]　原载《人民教育》，1998年第4期。

握、运用教育规律是两个层面。对广大教师来讲，主要是掌握、运用教育规律。掌握、运用教育规律不能光靠教育学教科书，不在于背熟教科书中的几个条条，而在于在实践中领会所学到的理论，创造性地运用这些理论，这就是实际的教育经验。教育理论是需要学习的。正如列宁所说的，没有理论指导的行动是盲目的行动。但教育理论的学习必须和实际结合起来，学习教育理论是为了教育实践，同时也只有在教育实践中才能更好地理解和掌握教育理论。

《人民教育》杂志既是教育领导机关的喉舌，又是广大教师学习、交流经验的园地。《人民教育》从创刊之日起就既认真宣传党和国家的教育方针，又着力介绍优秀教师的经验，为我国的教育改革和发展做出了卓越的贡献。我国有800万中小学教师，还有数以百万计的教育管理人员。他们靠什么来了解国家的教育方针、政策，靠什么来学习和掌握教育理论？除了依靠文件传达、学校培训外，最好、最直接的渠道就是报刊。《人民教育》在宣传党和国家的方针政策、普及教育理论、传播优秀教育经验方面的作用是其他机构所不能替代的，所以说它的贡献是巨大的。

《人民教育》在我50年的教育生涯中是最好的良师益友。当我还是北师大学生的时候，《人民教育》就是我们最好的教材。创刊号和第2期上发表的钱俊瑞同志论述教育要为生产服务、要为工农开门的教育方针的文章，我至今记忆犹新。我不断从杂志中吸取营养，丰富了教育经验，提高了教育理论水平。有时我也在这个园地里发表一些文章，但这只能说是学习的心得和与同行们的交流。今天《人民教育》已出刊物400期，真是可喜可贺。衷心祝《人民教育》在我国实现教育现代化和提高民族素质中发挥更大的作用。

向她学习了许多东西[*]

卢乐山先生是我国教育界的老前辈，我是她的晚辈，虽然无缘成为她的学生，但我们在北京师范大学教育系共事四十多年，我直接或间接地向她学习了许多东西。

幼儿教育是人生最重要的一段教育，我国古代人民是很重视幼儿教育的，有许多幼儿教育读本说明了这个问题，例如，《小儿语》《弟子规》《幼学琼林》。虽然内容不免有封建思想，但重视幼儿教育的精神是可嘉的。而且有些内容今天仍有价值，例如，《小儿语》一书分四言、六言、杂言三章，教育幼童须有良好的思想、品德和言行；又如《幼学琼林》内容丰富，有天文地理各种常识。现代人更重视早期教育，"从零岁开始"已经成为大家的共识，但是如何进行科学的幼儿教育，却不是所有父母都知道的。幼儿教育可以分为幼儿园教育和家庭教育两部分。幼儿园的学前教育在新中国成立以后，得到党和政府的高度重视，发展也很快，但还没有被纳入义务教育范围，而不少发达国家已经把学前教育的最后两年纳入义务教育。我相信，经济发达以后，在财力许可条件下，我国迟早也会把它纳入义务教育的。而我国对幼儿家庭教育却关注得不够，没有机构来指导。许多父母不懂幼儿成长发展规律，不会用正确的

---

* 原载《群言》，2002年第11期。

教育方法，从而影响了儿童后来的发展，这是很令人担忧的。

卢乐山先生早年就认识到幼儿教育的重要性，青年时代就投身于幼儿教育事业，在幼稚园工作多年，有丰富的经验；后来又领导北京师范大学学前教育教研室的工作，为新中国培养了一大批学前教育工作者，为学前教育的学科建设做出了重要贡献。卢先生对于学前教育学术造诣甚深，尤其是对蒙台梭利的理论有深入的研究，可以说是她较早地把蒙氏理论较详细地介绍到了中国。

卢先生为人谦和，胸怀宽厚，特别是在新中国成立之初，积极响应祖国号召，毅然舍弃国外优越的条件回到祖国，为新中国的幼儿教育艰苦奋斗，实在令人钦佩。我国改革开放以后，卢先生已年逾花甲，但她仍然抓住大好时机，笔耕不已，关心学前教育，关心家庭教育，活跃在幼儿教育的舞台上。

一份珍贵的新中国教育史料[*]

——《张承先回忆录》出版座谈会发言摘登

张承先同志是我国老一辈教育家。他在中学时代就参加了革命，新中国成立前夕就开始从事解放区的文教事业。新中国成立以后，他一直在文教战线的领导岗位上工作，特别是"文化大革命"结束以后，长期担任教育部门的领导，对我国教育事业的发展做出了重要贡献。他的回忆录，大部分讲的是新中国成立以后他参与我国教育发展中的大事件，可以说，这部回忆录是新中国的教育发展史。读这本书，可以使我们这些经历过的人更清楚地了解我国教育发展的脉络；使年轻的教育工作者了解我国教育是如何艰难曲折地发展过来的。这部回忆录还记述了许多鲜为人知的事件，如"文化大革命"第一张大字报是怎样出笼的，"四人帮"是如何企图利用学校、利用大部分学生的无知及少数坏人的私心达到他们夺取政权的目的的，等等。这部回忆录使我受到很大的教育。

承先同志长期担任中国教育学会会长，领导教育理论界研究讨论中国教育改革和发展规律中的理论问题。例如，关于学习邓小平同志"三个面向"的题词，关于教育方针、素质教育、教育现代化的讨论等，可

* 原载《中国教育学刊》，2003年第10期。

以说引领着教育理论研究的方向，使中国教育学会沿着正确的方向发展，并成为教育部门有力的参谋、广大教育工作者的亲密朋友和伙伴。

承先同志在教育研究中坚持马克思列宁主义、毛泽东思想、邓小平理论，自觉地以"三个代表"为准绳来开展教育研究，想广大群众之所想，在人大常委会工作时为基础教育呼吁，亲自领导教育实验区的教育实验。

承先同志既坚持原则，又注意听取不同的意见，发扬学术民主，从不以势压人。他与华中师范大学肖宗六教授关于教育方针、关于教育与生产劳动相结合的两次争论，就是实际的例子。这在回忆录中都能读到。

这部回忆录可以说是一部教育学著作，也是一部新中国的教育史，既有许多鲜为人知的史实，又有深刻的理论。它的出版，是中国教育学会的一件大事，也是中国教育界的一件大事。承先同志为出版这部回忆录付出了许多精力。我们要向他表示敬意和感谢。

贺清华大学人文社会科学学院成立10周年

清华大学人文社会科学学院：

　　值此贵院成立10周年之际，谨向你们表示最衷心的祝贺和崇高的敬意。我因为要出差，不能参加你们的庆典，深表歉意。

　　人文社会科学是研究社会现象和文化艺术的科学。如果说自然科学主要是求真的科学，则人文社会科学就是求善、求美的科学。大学是培养高级人才的场所，除了要培养学生的科学精神和使他们掌握科学知识、科研能力外，还需要培养他们崇尚的思想品德和高尚的审美情操。因此大学要把自然科学和人文社会科学结合起来，培养学生追求真、善、美的能力，使学生成为社会建设的栋梁。

　　清华大学历来重视学生文化素质的养成，但成立人文社会科学学院对清华大学具有更为重要的意义。它不仅极大地加强了人文社会科学的教学和研究，提高了整个校园文化的品质，而且把社会现象和文化艺术作为学科开展研究，培养人文社会科学的人才，使清华大学成为集工程教育、自然科学和人文社会科学教育为一体的综合大学。清华大学原本是一所综合大学，有很强的人文社会科学学科，历史上培养了一批大师级的人物。但由于人为的原因，清华变成了一所综合工科大学。人文社会科学学院的成立标志着清华大学将恢复传统，向世界一流的综合大学迈进。

　　祝贺你们在人文社会科学，特别是教育科学研究和人才培养方面取得的成绩，预祝你们取得更大的成绩。

2003年12月9日

他山之石　可以攻玉[*]
——写在《基础教育参考》创刊一周年之际

江泽民同志2002年在北京师范大学建校一百周年庆典大会上的讲话中说道："要密切关注世界教育发展的大趋势，在继承中华民族优秀教育传统的基础上，积极吸收人类文明的一切优秀成果，借鉴世界上先进的办学经验和管理经验来提高我国教育的国际竞争力。"现代教育原本是国际性的。我国现代教育制度的建立从清光绪二十九年十一月二十六日（1904年1月13日）颁布的癸卯学制算起，到现在刚好经过了一百年。起初，我国的学制模仿日本，后来以美国学制为蓝本，新中国成立以后向苏联教育学习；改革开放以来，我们又引进了许多西方发达国家的教育理论和教育经验。当然在整个学习过程中，我们并没有丢掉我国自己的教育传统，中华民族的文化传统始终是我国教育的基本精神。我国现代教育就是在不断吸收的世界各国优秀教育经验与我国自己的教育传统的冲击融合中发展起来的。

今天，社会已经进入信息化时代。信息化使世界变得越来越小，国际交通越来越便捷，信息交流越来越快捷，每一个国家的每一项改革会

---

* 原载《基础教育参考》，2004年第1～2期。

迅速传遍全世界。大量在国外学习的留学生，在异国工作的专家和顾问，在世界各地举办的国际会议，学者间的往来，都促进了国际教育文化的交流。

教育的国际性和开放性关系到国家的生存和发展。缺乏信息交流，就会使我国的教育止步不前，就不可能培养出能参与国际竞争的人才，我国的科学技术就会落后于世界。"文化大革命"十年的教训是深刻的。因此我们要不断关注国际教育发展的新趋势，了解各国教育改革的新动向，学习先进理论和经验。当然，学习不是照搬，而是结合我国的实际，把别国的经验经过消化、吸收，变成我们自己的经验。国外有些经验对我们来说不一定有用，甚至还带来过一些失败的教训；但无论是经验还是教训，只要我们认真学习，勤于思考，一定会从中得到有益的东西。

《基础教育参考》以刊登国外基础教育信息为主，以突出可借鉴性为特色，为我们了解世界教育、学习别国教育的优秀经验提供了一个窗口。我很喜欢这样的杂志。在栏目设置上，该刊从专题调研、海外传真、借鉴园地、域外回声和广角等不同视角介绍了当今世界基础教育的新动向，专门服务于基础教育各级行政领导、中小学校长、教育教学研究人员和骨干教师，供他们在工作中参考与借鉴。我认为这一定位是正确的，也符合当代我国基础教育改革与发展的实际需要。我曾主持和主编由北京师范大学外国教育研究所举办的《外国教育动态》，当时很受中小学教师的欢迎。1993年该刊改为《比较教育研究》，内容虽然没有太多的变化，只是增加了一些比较教育的理论文章，但中小学教师认为理论味太重了，订阅的人就少了。因此，我希望《基础教育参考》更贴近教师的实际，能够帮助教师更新观念，改善方法。有些问题可以引导教师来讨论，来分析。不要以为介绍进来的都是好的，我们要用脑子来思考，吸收真正有益的东西。杂志后面也可以辟一栏"读者反馈"，了解读者的收获和意见，以便改进。

《教育学报》创刊祝词*

《教育学报》正式出版了。这是北京师范大学教育学人的大喜事，也应该是教育学界的大喜事。作为师范教育排头兵的北京师范大学教育学人，在教育科学的研究和发展中有着不可推卸的责任，他们应为教育科学的繁荣而努力。繁荣学术的一个重要条件，就是要有园地。今天我们终于有了这块园地。应该说，全国的教育园地已有千百个，为什么还要再开辟一个新园地？新园地应该有些什么与众不同的地方？说得文气一点，就是《教育学报》的定位在哪里？有何特色？这是大家必然会提出的问题。我想就此提出几点希望。

第一，要重视基础研究和学科建设。我把它称为要有点"学院"气。大学以学科知识和理论为基础，以培养人才和创新知识为己任，因此它必须重视基础理论的研究和学科的发展。科学研究分两大类：基础研究和应用研究。大学应该以基础研究为主。这就是我所说的"学院"气。这不应该被理解为可以脱离教育改革的实际。相反，我们时刻关注教育改革的现实问题，但不是就事论事去讨论这些问题，而是在更深层面上研究这些问题，做理论上的探讨，寻求科学的答案。

第二，要关注教育改革和发展中的重大理论问题。理论联系实际是

* 原载《教育学报》，2005年第2期。

一切科学发展的生命线，教育实践是教育研究的源泉和归宿。因此，我们要时刻关注教育实践中亟待解决的理论问题，通过调查研究，做出理论上的解释。要反对空谈理论或者不加分析地照搬外国某个学派、某个学者的理论。

第三，要鼓励学术争鸣。学术争鸣是学术繁荣的重要途径。教育是十分复杂的社会活动，我们对它的认识还很肤浅，只有在各种不同观点的争辩中才能有深入的全面的认识。我把教育比作一块宝石，开始的时候我们并不太认识它，可能认为它是一块三棱镜，后来有人说是五面镜、八面镜，再后来经过打磨成了光彩夺目的宝石。我们现在对教育的不同见解就是在打磨宝石的镜面，打磨的镜面越多，宝石越光彩夺目，我们对宝石的认识也越深刻。因此要允许不同意见的争论。当然，这种争论是友好的，不掺杂任何个人的情绪，更不能使对方受到伤害。

第四，要讲究学术规范。学术规范已经成为当前学术界十分关注的问题，《教育学报》应该在学术规范上做出榜样。学术规范有利于学术繁荣，它像一把修花的剪刀，修去枯枝烂叶，才能使鲜花盛开。

《教育学报》虽由北京师范大学主办，但不能成为同仁杂志，而应向整个学术界开放，广泛吸纳国内外教育研究的优秀成果，成为教育科学研究的公共平台和理论宝库。以上是我对刊物的祝愿。

贺北师大数学系数学教学90周年

值此数学系建系90周年华诞及《傅种孙数学教育文选》《钟善基数学教育文选》《丁尔陞数学教育文选》《曹才翰数学教育文选》首发式之际，我谨代表中国教育学会向数学系的老师们，向钟善基先生和丁尔陞先生表示最热烈的祝贺。祝贺各位老师对我国的数学和数学教育做出巨大贡献。

数学是一切科学的基础，也是青少年素质教育的基础。我校数学系在中国数学界享有很高的声誉。尤其是数学教育，自从傅种孙先生早年在北京师大附中任教，并编写《初级混合数学》教材起，北师大数学系就一直关心中小学的数学教育，领先于数学教育的改革和完善，对我国中小学数学教育改革和发展起到了举足轻重的作用。

傅种孙先生是我校的老校长，可惜我当时还年轻，受教不多。钟善基先生则是我的好老师。我们同在中小学教材审定委员会工作，十多年来每年都为审查教材在一起开会。钟善基先生一丝不苟的精神，使我们受到很大的教育。钟善基先生晚年还和我一起培养了多名数学教育博士研究生，包括日本留学生。其实这些研究生主要是在钟善基先生指导下顺利完成学业，取得学位的。钟善基先生不计报酬，不计名利，实在让我感动和感激。我可以说是钟先生没有入室的弟子，也可以说是结成了忘年之交的友谊。我祝他健康长寿。

曹才翰先生和丁尔陞先生默默奉献于数学教育的改革和研究，创建了我国数学教育理论体系，为数学教学论这门学科的建设奠定了基础。我和两位先生都非常熟。曹才翰先生过早去世是我国数学教育理论界的一大损失。原来我们两人联合培养博士研究生，他在病中还坚持辅导学生的论文写作。他的精神使我很感动。丁尔陞先生是我的学长，我们曾经在教务处共事，他默默无闻，踏踏实实地工作，是我们的楷模。他对数学教育理论的精辟见解，影响了我国一代中小学数学教育工作者。

　　几位先生教育文选的出版是数学系的大喜事，也是北京师范大学的大喜事，更是我国教育界的大喜事，为我国教育科学研究宝库中增加了新的财富。我再一次向你们表示祝贺。

　　我因为当日要出席全国首届小学校长大会，不能出席你们的庆祝大会和几位先生的教育文选首发式，甚以为歉。特写短信，聊以表达我对数学系及几位先生的祝贺，并请各位原谅。

2005年12月13日

贺国家教育发展研究中心成立20周年

在国家教育发展研究中心成立20周年之际，我谨代表中国教育学会向国家教育发展研究中心的全体同志致以最热烈的祝贺。20年来你们坚持以邓小平理论为指导，坚持科学发展观，理论联系实际，深入地研究我国教育发展战略，为国家的宏观教育决策服务，为我国的教育改革和发展做出了杰出贡献。祝愿你们在今后15年内，为实现全面建设小康社会的教育发展和改革做出新的贡献。

国家教育发展研究中心是我国改革开放的产物，是在中国教育体制改革的过程中产生的。你们在原教委党组和教育部党组的领导下，深入调查研究，密切结合中国实际，吸取各国优秀经验，预测教育未来，开创了我国教育发展战略研究的先河，不仅为我国的教育改革和科学教育决策做出了重大贡献，而且在我国开辟了教育发展战略的新学科，填补了教育科学领域里的空白，丰富了教育理论宝库。这里要特别提到的是郝克明同志为国家教育发展研究中心的创建和教育发展战略学科建设做出的重大贡献。郝克明同志思想敏锐，勇于创新，给国家教育发展研究中心正确定位，承担了许多国家级教育科研重大课题，为国家教育发展研究中心的发展奠定了科学研究的基础，使得中心不断发展和壮大。郝克明同志功不可没，也使我们感到十分钦佩。

国家教育发展研究中心是一个思想库和智囊团。中心不仅组建了一支高素质的科研专职队伍，而且聘请了教育行政部门、高等学校和科研单位的专家作为中心的兼职研究员，后来又成立了中心专家咨询委员会，团结了我国教育界的一大批专家学者来为我国教育改革和教育事业发展出谋划策。在中心每年召开一次的兼职研究员会议，和现在的专家咨询委员会议上，许多专家都会对当前的教育热点难点问题进行热烈的讨论，提供各种不同的解决方案供教育领导部门决策参考。我作为中心过去的兼职研究员和现在的咨询委员在历次会议中不仅能畅所欲言地发表各种意见，而且能从各方面专家的讨论中学习到许多东西。因此每次开会我都要争取参加，舍不得放弃学习机会。

国家教育发展研究中心是一个丰富的信息库。中心的教育研究是建立在大量信息的基础上的，因此他们十分重视教育信息的采集，不仅重视国内教育信息的采集，而且重视国际教育信息的采集。他们在国内开展调查研究，收集了大量的资料，他们还利用出国考察和参加各种会议之便，收集国外最新的信息，开展国际比较研究，编写了大量资料，为教育科学研究提供了题材。中心定期编写的《研究动态》和年度报告给我们提供了许多新信息。中心的研究成果总是具有时代性、前沿性和前瞻性。中心的许多报告都给人耳目一新的感觉。

国家教育发展研究中心是一个国际教育交流平台。中心重视国际交流与合作，与许多国家的知名学者来往交流，并且多次召开国际会议。这些交流与会议不仅对我国的教育发展产生了影响，而且在国际上也产生了良好的影响。特别是1989年年底在香山饭店举行的由中心主持的联合国教科文组织面向21世纪国际研讨会，是20世纪末一次非常重要的会议。与会代表探讨了教育面向21世纪的种种挑战，提出"学会关心"的口号，在学术界引起了极大的反响。1989年正是我国在国际环境中处于极度困难的时期，那时能够在北京召开这样的国际会议是极不容易的。这是中心在国际学术界拥有较高的威望并受到国际组织重视的结果。

国家教育发展研究中心是一所严肃的科学研究机构。中心不仅为领导机构提供信息和咨询，完成领导交给的各种任务，而且开展严肃的教育科学研究。郝克明教授主持了多个国家级重大课题和重点课题，取得了重大的研究成果，为国家宏观教育决策所采纳。中心工作作风扎实严谨，重视调查研究，注重定性和定量分析，强调研究方法的科学性、规范性。他们的科研作风，堪称教育界的楷模，在当前学术界存在着浮躁和急功近利的情况下，他们的严谨求实的作风更值得大家学习。

同志们、朋友们！我们正处在我国教育发展的机遇期。党中央和国务院都十分重视我国教育事业的发展。胡锦涛总书记在中共中央政治局第三十四次集体学习时，强调坚持把教育摆在优先发展的战略地位，努力办好让人民群众满意的教育。温家宝总理在教师节前夕到北京黄城根小学听课并和教师座谈，提出教育改革的新思路。领导的讲话为我国的教育改革和发展指明了方向。我们要认真学习胡锦涛总书记和温家宝总理的讲话，正确全面地理解他们讲话的精神，坚决地在实际工作中贯彻和落实。作为教育研究人员，我们要学习国家教育发展研究中心的工作作风，深入实际，调查研究，开展教育改革实验研究，为落实领导的讲话精神，为全面推进素质教育，建设具有中国特色的社会主义现代国民教育制度而努力奋斗。

2006年10月18日

给蒙台梭利教育国际研讨会的祝贺信

获悉蒙台梭利教育国际研讨会在美丽的杭州召开，我谨代表中国教育学会向大会表示热烈的祝贺，并因为我另有任务，不能与会而表示歉意。

蒙台梭利是20世纪初世界著名的幼儿教育专家，原本是意大利罗马大学附属精神病院的医生。她在护理残疾和低能儿童的实践中认识到，造成儿童智力缺陷的主要原因是教育问题，而非医学问题；她创造了一套发展幼儿智力的方法，并且在罗马举办了儿童之家进行教育实验，力图以医学、生理学、心理学为基础，用直接观察的方法，建立"科学的教育学"。她认为每个儿童都具有天赋的潜能，教育的任务就是使每个儿童的潜能在适宜的环境中得到发展。教师要了解儿童，尊重儿童，给儿童学习以自由，帮助他们实现自我教育，成为具有自动性、能适应生活的人。她强调儿童感官训练和肌肉练习，并设计了一整套训练感官活动的教具和发展动作的器械及设备，制定了使用规则。她的教育方法成为幼儿教育的重要流派并在全世界得到传播。

长期以来，教育界对蒙台梭利的教育方法有争议。有的人认为她的方法主要适用于残疾和智力障碍儿童，不适用于正常儿童；有的人认为用众多的教具和器械来训练儿童并非最好的方法，且许多教师并不了解器械的作用和使用方法。因此，在20世纪中后期蒙台梭利教育法被冷落了约半个世纪。尽管如此，仍有一些教育家在研究推广她的方法。1980年，我应日本蒙台梭利研究所所长、日本著名教育家平冢益德邀请第一次访问日本，访问了他的研究所，和他进行了交谈。1987年访问美国时我参观了蒙台梭利幼儿园。这是我第一次看到蒙台梭利教具，并看到儿童在玩这些教具。我觉得这些教具是有益于儿童的智力发展的。当时园领导告诉我们，蒙台梭利幼儿园在美国也不是很多，而且儿童入这种幼儿园之前，需要让家长了解了它的特点，自愿同意才能入学。幼儿园的教师都必须经过培训，持有证书，才能上岗。由此也可以看出，蒙台梭利教育法具有它的独特性，人们需要认真研究，了解了它的特点和掌握了一套方法才可以实施。我对蒙台梭利教育法了解不多，但我认为，任何一种方法的背后都有指导思想，因此我们在试验蒙台梭利教育法的时候，不能就方法论方法，应该研究方法背景的指导思想，才能真正把握蒙台梭利教育法的实质，真正促进幼儿的智力发展。

我国长期以来都是以苏联的幼儿教育为样板，以幼儿教育指南为指导实施幼儿教育的。当然，苏联幼儿教育有其特点和长处，应当吸收。但我们忽视了对其他流派的学习，从而使我国的幼儿教育比较僵化、单一。改革开放以后，我国引进了许多西方幼儿教育的理论，开展了各种试验，幼儿教育呈现出生机勃勃的气象，形势十分喜人。蒙台梭利教育法就是其中的一个流派，由卢乐山、梁志燊等教授介绍到中国以后，在我国越来越多的幼儿园中开展了实验。但是，从总体上讲，我国大多幼儿教育工作者对蒙台梭利教育法还很陌生，而且有不同的看法。10月10日《北京晚报》就用了大量篇幅讨论蒙台梭利幼儿园的问题。因此总结实验的经验十分必要。这次研讨会还有外国专家参加，他们带来了他们的经验，我们可以借鉴。同时共同讨论，分享各自的经验，可以使我们对蒙台梭利教育法有更深刻的认识，能在实验中运用得更好。

我这次未能到会，但我派了我的学生李敏谊博士与会，她也是从事幼儿教育工作的，她对蒙台梭利教育思想了解得比我多。我派她与会，一方面通过她代表我向大会祝贺，另一方面让她来学习各位代表的经验，把各位代表的宝贵经验和思想带回来。

最后预祝大会圆满成功！

2007年10月10日

贺厦门大学教育研究院成立30周年

在厦门大学教育研究院成立30周年之际，我谨代表中国教育学会、北京师范大学国际与比较教育研究所向厦大教育研究院的全体同志致以最热烈的祝贺。30年来你们坚持以邓小平理论为指导，坚持科学发展观，理论联系实际，深入地研究我国高等教育发展中的重大理论问题和实际问题，取得了丰硕的成果，为我国的教育改革和发展做出了杰出贡献。

厦大教育研究院是在厦大高等教育研究所的基础上发展起来的，是我国第一所高等教育研究机构。它是我国改革开放的产物，是在中国高等教育改革和我国教育科学重建的过程中产生的。你们在潘懋元教授领导下，深入调查研究，密切结合中国实际，吸取各国优秀经验，预测教育未来，开创了我国高等教育研究的先河，不仅为我国的教育改革和科学教育决策做出了重大贡献，而且在我国开辟了高等教育研究的新学科，填补了教育科学领域的空白，丰富了我国教育理论宝库。潘懋元教授是我国高等教育学的创始人。他早在20世纪50年代就开始研究高等学校教育教学的规律，改革开放以后即着手建立高等教育学，并在80年代编写出版了我国第一部《高等教育学》，为我国高等教育科学的研究和发展奠定了基础。

厦大教育研究院的高等教育研究发展中心，是我国第一批人文社会科学重点研究基地，承担了我国高等教育改革和发展中的重大课题，取得了丰硕成果。厦大教育研究院有一支高素质的专职研究队伍，他们作风严谨，工作扎实，深入实际，重视调研，勇于创新，为我国高等教育的改革和发展出谋划策，起到了智囊团的作用。

厦大教育研究院是我国高等教育科研人才培养的基地。厦大高教所是最早获得高等教育学博士学位授权的单位，十多年来培养了大批人才。他们分布在全国许多高等学校、教育行政和科研机构，许多人已经成为这些单位的骨干和领导。

厦大教育研究院是一个国际教育交流平台。研究院重视国际交流与合作，与许多国家的知名学者来往交流，并且多次召开国际会议。这些交流与会议不仅对我国高等教育发展产生了影响，而且在国际上也产生了良好的影响。

厦大教育研究院30年来取得的巨大成绩，值得我们庆贺，预祝你们今后有更大的发展。

同志们、朋友们！我们正处在我国教育发展的机遇期。党的十七大把教育放在优先发展的战略地位，提出"优先发展教育，建设人力资源强国"的任务。我们要认真学习十七大的精神，以邓小平理论为指导，贯彻落实科学发展观，努力完成十七大的任务。作为教育研究人员，我们要向厦大教育研究院学习，学习他们的工作作风，深入实际，调查研究，为我国教育科学发展做出应有的贡献。

2008年5月17日

致苏霍姆林斯基诞辰90周年纪念会的贺信

值此苏霍姆林斯基诞辰90周年之际，请允许我代表中国教育学会向苏霍姆林斯基院士表示最衷心的敬意和深切的怀念。

苏霍姆林斯基是中国广大教师最熟悉的教育家，他的事迹和教育思想早在20世纪80年代初就在中国大地上广为流传。他对教育事业的忠诚，对孩子的热爱、信任和关切，为教育下一代的奉献精神，都是我们广大教师的光辉榜样；他的全面发展的和谐教育思想非常切合中国所奉行的全面发展教育方针，所以受到中国广大教师的欢迎，并在实践中不断践行和丰富。

苏霍姆林斯基是20世纪最伟大的教育家之一，他的教育思想是他的教育实践的结晶，具有鲜明的时代性、先进性、全面性，所以具有强大的生命力，至今仍然被各国教师学习和践行。斯人已去，思想永存！

最后祝愿纪念会圆满成功！

2008年9月22日

百家争鸣　繁荣学术[*]

　　《教育研究》创刊于改革开放之初，可以说是思想解放的产物。这是新中国成立以来第一本学术性、理论性教育刊物。"文化大革命"以前，虽然《人民教育》等教育期刊，也发表一些学术性文章，但主要是政策性的，而非纯学术性的理论刊物。改革开放以后，在思想解放的前提下，反思新中国成立以后30年的教育现实，我们认为有必要认真探索教育规律，按教育规律办学，《教育研究》在这个背景下于1979年4月应运而生。《教育研究》首先讨论了教育的根本问题，即教育的本质问题。对这个问题的深入讨论极大地解放了学术界的思想，为之后的教育改革与发展奠定了理论基础。30年来，有关教育理论的重大问题都在《教育研究》上讨论过，如20世纪80年代中期的教育体制改革问题、教育方针问题、素质教育问题，90年代初的教育产业化问题、教育现代化问题、教育与人的发展问题，等等。这些讨论推动了中国教育科学走向现代化。

　　如果说中国教育科学现代化之路是从癸卯学制引进西方教育学开始的，那么至今也不过一百年的历史。一百年来，中国教育科学发展走过了曲折的道路。新中国成立以前，我国主要以西方教育理论为蓝本，虽

---

[*]　原载《教育研究》，2009年第5期。

然也出现过如陶行知的生活教育、陈鹤琴的活教育、晏阳初的平民教育等流派，但没有重大的突破。新中国成立以后的十七年，我国主要学习苏联的教育学。"文化大革命"十年，教育科学被摧残殆尽。中国教育科学走向繁荣还是在改革开放之后。因此，《教育研究》的30年也就是我国教育科学走向现代化的30年。30年来，《教育研究》为教育科学的繁荣做出了重要贡献。

《教育研究》在繁荣学术的同时锻炼了教育科研队伍。当前教育界从老一辈到中青年理论工作者，无不是通过在《教育研究》上发表论文而逐渐成长起来的。因此可以说，《教育研究》是中国教育科学人才成长的摇篮。

中国教育科学现代化之路还很漫长，希望《教育研究》今后继续发挥推动教育科学发展和培养人才的作用。为此，提出以下几点建议。

第一，密切关注中国教育改革与发展中的重大理论问题。中国教育的发展和整个国家的发展一样，正处在历史的新起点上。当前，我国正在制定《国家中长期教育改革和发展规划纲要（2010—2020年）》，我国教育将进入新的发展阶段。目前我国有丰富的教育实践经验，也有许多亟待解决的理论问题，需要教育理论工作者认真研究和解决，要克服当前学术界的浮躁情绪、功利主义的学术价值取向。现在有些论文引用一大堆外国人的理论，有些甚至生造出许多概念术语，这样既无助于解决中国教育的实际问题，也无助于中国教育科学的发展。我们要向老一辈教育家如陶行知、陈鹤琴等学习，虽然他们都是留学生，但他们都不是照搬外国的理论，而是脱下西装，深入民众，所以，他们提出的理论至今仍放射出光芒。希望《教育研究》在文风上加以引导，多发表一些解决中国教育实际问题的理论文章。

第二，正确处理外国经验与本土经验的关系。中国现代教育制度是从西方引进并发展起来的，自然渗透着许多西方文化思想。一百多年来，我们接受和吸收了许多西方国家的教育思想和经验，近30年来更是各种教育思潮蜂拥而入，如何鉴别、吸纳并使之本土化，是需要认真对待的问题。我们反对西方中心主义，只有结合中国国情，走自己的路，才能真正实现中国教育科学的现代化。但是，我们也不赞成东方中心主义。当今，西方文化霸权主义的猖獗，引起了一些东方学者的极大反感，于是产生了狭隘的东方中心主义思潮。实际上，西方中心和东方中心都是受殖民文化的影响，东方中心主义只是对西方殖民文化的消极抵制，是对自己的民族文化缺乏自信的表现。正确的态度应该是：在继承和弘扬我国优秀文化的基础上，积极吸收人类文明的一切优秀成果，借鉴世界上先进的教育理论和经验，并和我国自己的经验相结合，实现教育理论的本土化。

第三，认真贯彻"百家争鸣，百花齐放"的方针，鼓励学术争鸣、学术批评。真理总是越争越明的，学术争鸣和学术批评是学术繁荣的标志。一个人的见解总是有局限性的，如果大家来讨论，就会互相补充，克服个人的局限性。前面讲到《教育研究》有讨论问题的传统，30年来中国教育改革中的重大问题几乎都在《教育研究》上讨论过。希望今后《教育研究》继承这种优秀传统，组织学术界对重大问题进行讨论。目前，中国教育学术界的争鸣很不够，更加缺少学术批评。这种状况不正常，如果不改变，中国教育科学难以走向现代化。当然，这种争鸣和批评应该是对事不对人的，应该是心平气和的，否则就会阻碍争鸣，使得大家不敢参加到学术争鸣，特别是学术批评中。希望《教育研究》能够正确引领，繁荣教育科学。

贺邱学华老师从教60周年

欣闻常州市举行隆重仪式庆贺邱学华老师从教60周年，我谨代表中国教育学会向邱学华老师表示崇高的敬意和真挚的祝贺！

邱学华老师是我国当代的教育家，他爱岗敬业，严谨笃学，从教60年来为国家培养了大批人才，为中国的教育事业做出了卓越贡献。邱学华老师在教学中勇于探索，敢于创新，研究教学方法，提高教学质量。20世纪90年代初他创建了"尝试教学法"，并开展了实验研究，取得了显著的效果：学生学习积极性提高了，对教学内容理解得深刻了，学习成绩提升了，知识技能巩固了，学习能力养成了。起初，他的教学法作为小学数学教学法在小学实验，随后扩展到小学语文、常识、音乐、体育、美术等各门学科；后来又从小学延伸到中学，最近几年又延伸到职业教育。20年来"尝试教学法"的实验越来越广泛、越来越深入。在广泛实验的基础上，他总结了实验的经验，逐步上升到教育教学理论，提出了小学数学尝试教学法—尝试教学法—尝试教学原则—尝试教学理论—尝试教育理论—尝试学习理论，形成一整套教育理论体系。

"尝试教学法"不只是一种教学方法，也是一种教育理念。它的教育学原理是承认学生在教学中的主体地位，充分发挥学生的主动性、积极性和创造性，使学生在尝试中获得成功，在尝试中享受学习的喜悦。"尝试教学法"具有时代性、先进性。当今时代，科学技术迅猛发展，知识成倍增长，学校教学不可能也没有必要把现存的知识都传授给学生，更重要的是教会学生学习，从可持续发展的角度培养学生探究知识的能力。"尝试教学法"可以激发学生积极思维，学思结合、知行结合，培养学生的创造思维和学习能力。正是因为它是这样一种教学理论和学习理论，所以可以推广到所有学校教学。这对于我国当前贯彻落实《国家中长期教育改革和发展规划纲要（2010—2020年）》，以人为本，推进素质教育，改革人才培养模式，改变陈旧的教学方法提供了鲜活的经验。

邱学华老师虽然已逾古稀之年，但是为了使他创立的"尝试教学法"理论让千千万万师生受益，他不辞辛劳，呕心沥血，终年奔波在全国各地的教育第一线，每年都精心组织研讨会。我有幸参加过几次研讨会，被他对教育的激情所感染，被广大教师学习的热情所感动。他特别关照农村和贫困地区的教育，每次举行"尝试教学法"研讨会，都要免费邀请几十名山区、少数民族地区老师参加，向他们赠送学习资料，组织他们参观优质实验学校，使成千上万名贫困地区的老师得以接触到先进的教育理念，学习到先进的教学经验。邱老师堪称现代教师的楷模，值得我们学习。

最后，祝愿邱学华老师身体健康，永葆学术青春！

2010年3月5日

新中国教育理论的开拓者[*]

——祝贺黄济教授 90 华诞

今年是黄济教授90华诞，我向他表示热烈的祝贺，祝愿他健康长寿，阖家幸福！

我与黄济同志认识已半个多世纪，自从1956年我从苏联回国在北京师大教育系教育学教研室工作，一直同事至今。当时教育学教研室主任是王焕勋教授，副主任就是黄济同志。他们两人都是从华北联合大学并入中国人民大学，又从中国人民大学调整到北京师范大学来的。

新中国成立初期，国家实行向苏联学习的方针，1950年开始请苏联专家来华讲学。当时中国人民大学和北京师范大学都办起了教育学大学教师进修班和研究班，后来中国人民大学的班并到北京师大，王焕勋和黄济也就来到了北京师大。当时领导这个班的就是王焕勋和黄济。潘懋元、邵达成、瞿葆奎等是当时大学教师进修班的学员，王策三、王逢贤、王道俊、梁忠义、夏之莲等都是研究班的学员。他们认真学习苏联教育理论，探讨新中国教育理论的发展。因此，他们都是新中国教育理论的开拓者。

---

* 原载《中国教师》，2010年第14期。

黄济同志担任北京师大教育学教研组副主任一直到"文化大革命"开始。虽然主任一直是王焕勋，但王焕勋向来不抓具体工作，再加上有4年时间在师大附中担任校长，因此教研室的工作主要是黄济同志在负责。当时教研室有30多位教师，老教师有董渭川、邰爽秋、张怀、陈友松、欧阳湘等，我们那时算是年轻教师了。教研室除了担负教育系本科的教学任务外，还要担负全校的公共教育学教学和教育实习的工作。黄济同志领导我们备课上课、编写教材。"文化大革命"前就编写了《教育学讲授提纲》，"义化大革命"后经过修改，1978年正式出版。

　　黄济同志是新中国教育理论的重要开拓者，不仅因为他领导了中国师范教育的排头兵——北京师大教育学教研室的工作，而且因为"文化大革命"结束后他为恢复教育哲学的学科建设做出了重大贡献。教育哲学本来是一门较古老的学科，但在新中国成立以后被取消了，被一本苏联教育学所代替。"文化大革命"结束以后，反思我国教育的理论建设，特别是"文化大革命"中对教育的摧残，使我们认识到教育哲学思考的缺失必然会导致教育实践的失误。1979年教育本质的大讨论催生了教育哲学的复苏。黄济同志勇挑重担，在我国率先重建教育哲学学科。所谓重建，不是简单地恢复新中国成立以前的教育哲学课程，而是在新的历史起点上运用马克思主义唯物辩证法，重新审视教育的理论问题。黄济同志为此花了许多心血，先后撰写了《教育哲学》《教育哲学通论》等著作，为教育哲学的学科建设奠定了基础。

　　黄济同志和我不仅共事了半个多世纪，而且有过多次的亲密合作，他给了我许多帮助和支持。记得"文化大革命"结束以后不久，中等师范学校刚刚恢复，急需教育学科教材。教育部要求我们编写教育学和心理学教材，我当时担任教育系主任。心理学教材我请心理学研究室主任彭飞教授担任主编。教育学教材的编写工作本应由当时的教育学教研室承担，但许多老师都不愿参加。没有办法，我只能自己动手，组织了靳希斌、赵敏成两位老师到各地去调研，又请了陈孝彬、黄菊美撰写了两章，最后还是把黄济同志请出来为我们把关。黄济同志毫不犹豫地答应了，于是我们两人共同主编了这本"文化大革命"结束以后的第一本教育学教材。

1986年时任中国教育学会会长的张承先同志推举我主编《教育大辞典》。当时我非常胆怯，怕不能胜任这样巨大的工程。许多老前辈如刘佛年、吕型伟、滕大春、季啸风等给了我极大的支持。黄济同志也屈尊担任了编委会委员、《教育哲学》分卷主编。黄济同志学贯古今，对我国古代教育哲学和马克思主义教育思想都深有研究，因此《教育哲学》卷为《教育大辞典》增色不少。

黄济同志和我都担任过国务院学位委员会教育学科评议组成员，在学科评议工作中他给了我许多帮助，我们合作得非常愉快。

黄济同志一生从事教育理论工作，时时关心中国的教育事业，经常为中国教育学会主编的《中国教育学刊》撰写文章，讨论教育问题。

黄济同志严谨笃学，为人平易谦和。他应该是我的老师辈，但对我们亲如兄弟。"文化大革命"前我常常到他家里，他的夫人和孩子我都很熟悉。他淡泊名利，只知道做学问，虽已九十高龄，仍笔耕不辍。我们祝愿他健康长寿，永葆学术青春！

贺潘懋元教授90华诞

今年是潘懋元教授90华诞，我谨代表中国教育学会向潘懋元教授致以热烈的祝贺，衷心祝愿他健康长寿，永葆学术青春！

潘懋元教授是我国著名教育家。他从厦门大学毕业以后就一直从事教育工作，六十多年来担任过中学老师、小学老师、大学老师，为我国教育事业做出了卓越的贡献。潘懋元教授是新中国教育理论的开拓者，新中国成立初期就参加了教育部在北京师范大学举办的大学教师进修班，开展教育研究。20世纪60年代为建立中国教育学，被调到中央教科所担任研究员，专门研究教育理论。"文化大革命"结束以后回到厦门大学，专攻高等教育学科的建设，是我国高等教育的主要奠基人。高等教育学是一门年轻的学科，如果从1893年霍尔（G.S.Hall）在美国马萨诸塞州克拉克大学第一次开设高等教育课程算起，至今也只有一百多年的历史。我国对高等教育的研究就更晚。我国教育理论界一直只注重普通教育理论研究，特别是对中小学教育的研究，很少关注高等教育的研究。潘懋元教授是我国较早地关注高等教育研究的学者之一。早在20世纪50年代他在厦门大学任教时就开始研究高等学校教育教学的规律。他认为高等教育有自己的规律，不同于普通教育。改革开放以后即着手建立高等教育学，并于1978年8月在厦门大学创建了高等教育研究室（后来发展为高等教育研究所、教育研究院），这是我国第一所高等教育研究机构。1984年又编写出版了我国第一部《高等教育学》，为我国高等教育学的研究和发展奠定了基础。

潘懋元教授在高等教育领域中的研究范围很广，从历史到现状，从中国到外国，从外部到内部，从宏观到微观，涉及高等教育的方方面面，都有许多独到的见解。例如，关于高等教育大众化问题，他对它的界定、内涵、意义做了详细的论述，写了多篇论文，澄清了许多误解，影响很大。

潘懋元教授积极参与高等教育的决策研究，参加各种高等教育研讨会和论坛，特别是作为专家参加了《中华人民共和国高等教育法》的研制工作。潘懋元教授领导下的厦门大学教育研究院，深入调查研究，密切结合中国实际，吸取各国优秀经验，预测教育未来，不仅为我国高等教育改革和科学教育决策做出了重大贡献，而且在我国开辟了高等教育研究的新学科，填补了教育科学领域的空白，丰富了我国教育理论宝库。

潘老是我的学长、前辈，也是我们北师大的校友。新中国成立初期他在北师大进修的时候，适逢我在苏联学习，未能相识。直到1979年在第一次全国教育科学研究规划会议上我们才见面。自此以后，我们在教育理论界的会议上经常见面，多次合作。我们共同举办高等教育学研究生培养研讨会，共同参加高等教育法的研制工作，均为国家教育发展研究中心的兼职研究员和咨询委员，等等。特别是我们曾共同担任两届国务院学位委员会教育学科评议组的召集人。我们在评议组中亲密合作，秉公办事，为教育学科研究生教育的发展做了我们应该做的事。潘老对我特别厚爱，不仅经常邀请我去参加他的博士研究生论文答辩，而且聘我为教育部人文社会科学重点研究基地的学术委员会主任。可惜我没有做什么事，有负他的期望。我在与潘老共同参与的活动中向他学习了许多东西，他对我的工作也总是给予热情的支持和帮助。例如，在我主持编纂《教育大辞典》和《中国教育大百科全书》的过程中，他作为顾问，给予我们许多直接的指导。潘老对我来说，正是亦师亦友，我们的友情难以用几句话说得清楚。在此潘老90华诞之吉日，让我对潘老致以最崇高的敬意和最诚挚的祝贺，再一次祝愿他健康长寿，学术常青！

2010年7月19日

贺卢乐山先生百岁华诞

尊敬的卢先生，尊敬的各位来宾：

大家好！

我们今天欢聚一堂来庆祝卢乐山先生百岁华诞，看到卢先生精神矍铄，神采奕奕，感到非常欣慰。我们向她表示热烈的祝贺，祝愿卢先生健康长寿！

卢乐山先生是新中国幼儿教育的拓荒者，是我一直尊敬的学界前辈。我和卢先生交往已经有六十多年的时间。1956年我和周蕖从苏联回来，卢先生就是教育系学前教研室的主任，不仅主持学前教育专业的教育教学工作，而且领导我校幼儿园的工作。当时我校幼儿园可算得上是全国的样板。我校学前教育专业在卢先生的领导下积累了许多成果和经验。记得她于20世纪50年代带领青年教师主编了我国第一部《幼儿园教育工作指南》。这是我国学苏以后，第一部立足于我国国情的幼儿园指导性文件。改革开放以后，卢先生为学前教育专业首任研究生导师。卢先生于20世纪80年代，率先出版了《蒙台梭利的幼儿教育》专著，并指导校内外的教师理论联系实际地进行实践与研究。卢先生一贯重视带领学生和青年教师到幼儿园开展实验研究，培养了大批人才，为我国学前教育事业做出了巨大贡献。

卢先生不仅是一名著名的教育家，而且是一名社会活动家。她关注政治和社会，积极参加民盟、政协、妇联的工作，为国家社会主义建设建言献策。但是她始终没有脱离教育事业，始终坚持在教学一线，重视理论研究和实践探索，精心培养学生和身边的青年教师。卢先生把自己的全部身心都献给了幼儿教育和儿童事业。

我在教育系当过助教，聆听过卢先生等老一辈老师的教诲，又担任过多年系主任，一直得到卢先生的支持和帮助，我非常感激。我们和卢先生还有一段个人情缘。1956年从苏联学成回国之后，周蕖就被分配到我系学前教研室工作，在卢先生领导下，上课下园，受到锻炼。还有，1969年年初我的小女儿出生，小手有点弯曲，雷大夫特地来到我家诊治指导，不久就正常了。所以于公于私，我们都感谢他们。今天看到百岁老人卢先生这样健康，真是高兴。正所谓"仁者寿"。我祝愿卢先生健康长寿，永葆学术青春！

2017年6月10日

纪 念 文

继承"伯苓思想" 发扬"南开精神"

伯苓先生是南开学校的创办人之一，也是南开大学的第一位校长。他一生"奋志以教育救国，殚尽精力而不渝"。他在从教办学的五十年里，不畏艰辛，创办南开，作育人才，"知交遍海内，桃李满门墙"，其斐然之业绩，不朽之精神，永远值得我们后人缅怀和抚忆。

伯苓先生是一位教育活动家，也是一位教育思想家。长期的教育实践使他对教育，尤其是高等教育有着深刻的领悟和独到的见解。从他一贯倡导的教育主张和推行的教育方针中，我们不难发现，其中许多观点十分精辟，迄今仍具有十分重要的现实意义。这些是他留给我们后人的一笔珍贵的教育遗产和精神财富。

伯苓先生的教育思想和教育精神的精华，可概括为以下几点。

第一，立志爱国育人，倡导民族化教育。

伯苓先生是一位爱国者，他早年投身北洋水师学堂，试图以武救国，甲午一役，深受震痛。又因目睹"国帜三易"之奇耻大辱，从此立志弃武从文，创办教育，育人救国。南开人最清楚，伯苓先生之所以创办南开，在于他"痛矫时弊，育才救国"。他曾说："我之教育目的在以教育之力量使我中国现代化，俾我中华民族能在世界上得到适当的地

原载《教育改革》，1996年第3期。

位，不致受淘汰。"他还说，南开的主要任务就是要"造出一班有组织能力的人以发达中国的实业，而谋国家的富强"。这些坦诚肺腑之言足见伯苓先生的赤热之心。

伯苓先生的爱国育人精神，具体体现在他任南开大学校长期间所推行的"土货化"的教育方针之中。伯苓先生认为，中国的大学制度不能盲目仿效外国成规，中国大学的学科不能照搬西方模式，而应具有自己"土货化"即民族化的东西。他指出，南开要坚持"以中国历史、中国社会为学术背景，以解决中国问题为教育目的"，推行"土货化"政策，使之更好地"服务中国"。伯苓先生在当时能提出这样的办学思想是难能可贵的。这种思想的提出，不仅体现了伯苓先生强烈的爱国精神，而且也唤起了许多人的民族意识和民族自豪感。因此，这种思想在今天仍然应该大力提倡。众所周知，第二次世界大战之后，高等教育国际化趋势日益明显，形成了一股不可阻挡的潮流。这使一些人误以为强调民族化已经过时了。他们对民族化的东西失去了信心，崇洋媚外，盲目照搬，放弃传统，这是很可悲的。事实上，讲究国际化并不是不讲民族化、土货化，国际化与民族化并不是完全对立不能统一的。国际化应该以民族化为前提，在民族化的基础上形成和发展。如果一个国家、一个民族的教育忽视本国实际，置本国传统而不顾的话，那么它就会失去赖以生长的土壤，就会缺少蓬勃的生机，最终会被世界所抛弃。从这个意义上讲，一种文化、一种教育越具有民族特色，就越有国际意义。

第二，不断开拓进取，始创"南开精神"。

伯苓先生是一位有理想、有抱负的教育家。他平生最大的愿望就是办好南开，使之成为一流学府。他坚持认为，一所大学要不断形成自己的风格和特点，要办出特色。他曾指出："个人应具有固有之人格，学校亦当有独立之校风。"在南开始创期，伯苓先生就为矫五病（愚、弱、贫、散、私）、树新风，为南开制定了"重视体育、提倡科学、团体组织、道德训练、培养救国力量"五项原则。随着时代的发展、社会的变化，伯苓先生又提出"允公允能""日新月异"的口号，并将此作为校训，加以宣传和推广。他所说的"允公允能"用我们今人的眼光看，就是要培养大公无私、品德高尚、有知识、有能力的新人；他所说的"日新月异"就是要求学生天天成长，天天变化，不仅能接受新事物，而且能创造新事物。后来有人将此称为"南开精神"。正是这种"南开精神"使南开人紧紧地团结在一起，齐心合作，奋发向上，把南开大学从无到有、从小到大地发展起来，使它成为世界闻名、我国一流的高等学府。今天，南开大学在我国大学中已名列前茅，在教学、科研与管理等方面都具有自己独到之处，形成传统和特色。

第三，坚持民主作风，树立宗师风范。

伯苓先生是一位具有现代意识的教育家，也是一位品德高尚的人。虽然南开大学是他一手建立起来的，但是他从来不把南开视为己有。他常说："学校不是校长的学校，是大家的学校。"他还特别强调："私立学校不是私有学校。"这些话语是伯苓先生学校管理思想和高尚品格的高度概括和真实写照。在南开，作为一校之长，伯苓先生始终坚持民主治校的作风，不搞家长制、一言堂。他提出"校务公开、责任分担、师生合作""开诚布公""师生参政"等一系列学校管理的原则和要求，并且认真执行和实践。伯苓先生的开明民主风范，使整个南开大学领导与教师、教师与教师、教师与学生之间的关系十分融洽，有些师生情谊笃深胜过父子。正是在这样一个良好的人际关系中，南开大学的一系列办学方针都得到了很好的执行和落实。

伯苓先生的民主工作作风还表现在他对师生的关心之中。作为校长，伯苓先生经常深入师生之中，问寒问暖，了解他们的疾苦，帮助他们解决生活困难，从而赢得了师生的爱戴，树立了自己的领导威望。今天的学校领导有必要认真学习伯苓先生的这种民主作风。

第四，重视师范教育，注意师资培养。

除了上述三点之外，我作为师范大学的教师，特别要提到伯苓先生对师范教育的重视。他在创办南开中学时，深感师资培育之重要。他认为，师范教育是一切教育的基础，只有师范教育发展了，中小学教育才能发展。为此，他曾去美国哥伦比亚大学专门考察师范教育。回国以后，他便着手创办师范科，招收学生10人，并且将其中的优秀生4人送到日本留学。伯苓先生所办的师范科，应该是我国最早的师范学校之一。尽管后来师范班没有继续办下去，但它为我国师范教育的发展提供了经验。明年是我国师范教育建立一百周年。我们重提伯苓先生对我国师范教育所做的贡献，就是希望人们提高对师范教育地位和作用的认识，呼吁全社会都来重视师范教育和关心师范教育。

张伯苓先生的教育思想十分丰富。上述几点反映了伯苓先生强烈的爱国主义精神，不断开拓进取的"南开精神"和务实开明的"伯苓精神"。这三种精神是"国格、校格、人格"在伯苓先生身上的高度统一和完美结合。今天，当我们的教育亟待发展之际，当我们的大学迫切需要保持传统、走向世界、创造一流之时，我们的确需要好好地学习伯苓先生的教育思想，学习他的精神和作风。

我愿"南开精神""伯苓精神"永放光辉！

为教育学会发展呕心沥血[*]
——怀念张承先同志

承先同志离开我们走了，走得好像很安详。他有病住院已经六年。每逢过年过节我们都去看望他。去年春节前去看望他，他神志还很清醒，知道我们去了很高兴，唱《东方红》给我们听。今年春节前我们本来早想去看他，因为我临时有事，晚了一天。当我们去的时候他已经走了，就在我们到之前半小时走的。我们感到十分遗憾。96岁已是高龄了，但我们总感觉失去了一位长者，很悲痛，这是教育界的一大损失。特别不容易的是他的夫人朱慧同志今年已有92岁高龄，但在医院一直陪着承先同志，真是了不起的女性。

承先同志是我国当代老一辈教育家，长期在教育战线上工作。从教育部领导退居二线后，又在全国人大担任教科文卫委员会副主任委员，兼任中国教育学会会长。我就是在他担任会长以后才认识他的。我曾担任中国教育学会第一届常务理事，1983年第二届理事会由我校副校长王于畊担任常务理事和副会长，我担任学术委员会委员，于是就有机会和

---

* 原载《中国教育学刊》，2011年第3期。

承先同志一起开会，听到他对教育工作的意见和亲切的教导。他从事革命工作几十年，为我国革命和建设做了很多贡献，我只能用从认识他以后，在中国教育学会工作中亲身感受到的几件事来纪念他。

承先同志十分关心我国教育事业的发展，把学会的学术活动与我国教育实际结合在一起，紧跟时代脉搏，提出了许多教育改革和发展的重要思路和见解。1983年国庆节前夕，邓小平同志为北京景山学校题词："教育要面向现代化，面向世界，面向未来。"承先同志带领学会学习和讨论这个重要指示，认为这个题词不仅是对景山学校的，而且为我国的教育改革和发展指明了方向，有着重要的意义。

1990年，承先同志多次组织专家学者讨论我国新时期教育方针的表述，讨论我国实行普及义务教育等问题。我就参加过好几次这样的会议。他担任全国人大教科文卫委员会副主任委员期间，主持《中华人民共和国义务教育法》的制定。他特别关心教育经费的投入问题，认为有了经费的保障，教育才能发展。为此，他一直为增加教育经费的投入而呼吁。

承先同志非常重视基层工作，重视基层创造的经验，他经常到各地去考察教育。邓小平"三个面向"题词发表后，他深入上海调研；为了制定《中华人民共和国义务教育法》，他走遍了东西部地区，特别是到西部贫困地区调研。他在凉山彝族自治州召开座谈会，下到基层去看学校，听取意见。他在调研的基础上提出，贫困地区落实《中华人民共和国义务教育法》，发展教育事业，必须与当地"脱贫致富"结合起来。为了克服片面追求升学率的弊端，推广素质教育，1989年承先同志与时任国家教委副主任的王明达组织了一个克服片面追求升学率的对策小组，多次邀请我参加会议。1984年他建立了山东烟台教改实验区。1997年9月在烟台召开了全国中小学素质教育经验交流会，82岁高龄的他在会上作了烟台实验区的工作报告，在全国产生很大的影响。我在接任中国教育学会会长工作以后，建立教改实验区，就是继承他的思想和工作。

承先同志十分重视青年学者的培养。中国教育学会各种学术会议的讲台往往被知名的学者所占据，青年学者很难有机会发表自己的学术见解，他们迫切要求成立一个组织，有自己的讲台。但在20世纪80年代末的形势下，有的领导不放心。承先同志却很开明，有远见，认为青年是我们的未来，教育科学的繁荣要靠他们，因此派我联系中青年理论工作者。我每年主持一次中青年教育理论研讨会，团结了全国一大批中青年理论工作者。1993年，中国教育学会批准成立了中青年教育理论工作者专业委员会。承先同志交给我的任务总算圆满完成了。这批中青年教育理论工作者现在都成了科研机构和师范大学的骨干，担任着院长、校长等职务，为繁荣我国教育科学做出了贡献。

承先同志作风民主，平易近人。他是教育界的领导，但他从不盛气凌人，总是虚心倾听不同的意见。在讨论新时期教育方针表述时，有的同志对"教育为无产阶级政治服务，教育与生产劳动相结合"提出质疑。承先同志虽然有不同的意见，但不是简单地否定别人的意见，更不是批判，而是指示在《中国教育学刊》上发表文章，引导大家讨论。

我和承先同志的较多接触是从编写《教育大辞典》开始的。1984年一次开会期间，时任承先同志秘书的郭永福对我说，承先同志想为教师编一部教育辞典，希望我能参加，我当时就答应了。1985年11月5日至9日，中国教育学会在武汉召开第二次学术年会，承先会长和吕型伟副会长找我，要我担任《教育大辞典》的主编。当时我很惊讶，原以为是做承先同志的助手，帮助他编纂这部大辞典，不料要我来担任主编。我觉得自己不能胜任，建议还是由承先同志任主编，或者由刘佛年副会长担任，我来协助。那天刘佛年教授也参加了，他们一致要我来承担这项工作，我再三推辞。但是他们情真意切，说他们都年事已高，这项工程浩大，需要年轻一些的同志来主持。当时我正担任北京师范大学副校长，他们认为这也是一个很好的条件。会议一直开到凌晨一点多钟，我觉得不能再推卸了，只好答应下来。谁知道这项工程一干就是12年，直到1998年才完成。

承先同志担任了《教育大辞典》的领导小组组长，他为大辞典制定了编纂方针。他提出，大辞典要做到大、齐、新，要把古今中外熔于一炉，更要反映教育科学发展的最高水平，同时要结合我国教育实际，反映我国教育经验。在他的指导下，《教育大辞典》分卷本10册于1992年完成。按照辞典的要求，我们需要把分卷本合起来。承先同志提出，合卷本不能简单地把条目合起来，应该"高质量、再创造"。在他的指导下，我们制定了"修、并、增、删"的方案，又经过6年的时间，才完成了《教育大辞典》（增订合编本）编纂出版工作。

2000年中国教育学会换届，早在两年以前，承先同志就希望我接替他的会长工作，我一直没有答应。我列举了三条理由：第一，我没有前两届董纯才、张承先会长的威望；第二，我在学术上缺乏成就，在同辈学者中，有许多学者比我有成就，我担任会长有失学术界的期望；第三，我没有在教育部担任过任何职务，与部里领导很少接触，中国教育学会是教育部直接领导的群众学术团体，我担任会长，不容易更好地依靠部领导的领导和帮助。承先同志开始也觉得我说得有道理，因此决定再物色其他人选。谁知两年以后承先同志又找我，一定要我担任，并且说，与部领导的联系不会有问题，陈至立部长已经表示了，有事可以直接找她！承先同志一再表示，他年事已高，不能再干了，教育我："思想不通，组织也得服从。"我看他真有点急了，只好答应下来。本来想干一届就下来，谁知一干至今已10年。我也遇到承先同志当年的情况了。时光易逝，真令人感叹不已！

从以前我与承先同志的接触中可以看到，我是在承先同志一手教育和提携中成长起来的。中国教育学会从成立开始就是我成长的家园，承先同志是这个家园的长者、家长。我国许多基础教育战线的教师都曾经在这个家园中、在他的呵护下成长。今天我们的长者和导师走了，我们为失去一位好老师而悲痛，为教育界失去一位领导而哀悼。

怀念学者楷模王逢贤先生

　　王先生是新中国成立初期北京师范大学教育系的研究生，因为那时候我在苏联学习，错过了认识他的机会。"文化大革命"结束以后，第一次见到王先生是在中央教科所，他看起来就是一名学者，很有修养。有一次，我们一起住在北师大北面的远望楼酒店，那次是中央教科所学术委员会职称评选会议。我们都是全国教育科学规划领导小组的成员，后来是国务院学位委员会教育学科评议组成员，经常在一起开会，还有其他学术性会议，我们的交往就多了起来。

　　王先生在德育方面造诣很深，他本人也是学者的楷模。"文化大革命"结束以后，教育领域的科研工作开始起步，教育学呈现百花齐放的局面。黄济先生专攻教育哲学，王策三先生搞教学论，我开始研究比较教育，王逢贤先生就专注于德育的研究，他是在这个背景之下发展起来的。新中国成立初期的研究生班是苏联专家来上课，我在苏联学习，我们学的内容都差不多，最根本的是我们都坚持马克思主义方法论，王先生是搞德育的，更坚持这一条。我想当时是受苏联教育的影响，但是改革开放以后，我国吸收了很多西方的教育思想，融合了一些西方的东西。王先生在德育方面的研究主要是在基础理论方面，包括什么是德育、德育的重要性、理论基础、德育的一些基本理念、德育的原则等。王先生跟鲁洁老师两人都是搞德育的，而且合作得很好，他们是我们新中国德育的重要奠基人。他们两人有深厚的友谊，他们的友谊值得我们学术界很好地学习。

王先生治学很严谨，重视研究生的培养。一直到去世以前不久他还在给研究生讲课，而且一讲就是好几个钟头。他注重讲课的质量，重视把自己的教育观点介绍给学生。他对学生严格要求。王先生也是能坐住冷板凳的人，他不为名、不为利，做了一辈子教授。

王先生很关心国家大事。每次我跟他通电话或者是去东北师范大学见面，他都会和我提及国家的发展、社会的发展问题，这也跟他的专业有关。搞德育的和搞学科的老师不太一样，搞学科的终日钻到一个学科的问题里面去研究，德育比较宏观。尽管培养一个人也是微观的，例如，培养学生的良好习惯、培养学生的思想品德等，但在王先生看来，德育是人的社会化的过程，德育是培养下一代民族精神的，民族精神是和民族国家连在一起的，所以王先生对社会的大环境、大事件都十分关心。国家的大事也好，世界的大事也好，他都会反映到头脑里，思考如何看待这个问题，如何判断是非，我们这个社会、这一代人怎么能够更好地发展下去。在王先生看来，一个人的成长除了思想品德的提高外，也要对国家、对民族有一种责任。所以，我觉得他是我们教师的楷模、学者的榜样。我们北师大的校训是"学为人师，行为世范"，他真的是做到了这一点。

他很深入地研究德育工作。任何一个国家都很重视年青一代的德育，德育是立国之本，我们国家历来很重视道德教育。党的十八大提到立德树人是教育的根本任务。人才人才，首先是人，然后才是才。一个人如果没有德，即使有才也不能做有益于人民的事情，所以德育在当今时代应该说是更重要了，王先生一直惦记着这个问题。

我和王先生都是中国教育学会的学术委员，我们经常一起参加中国教育学会的研讨会。其中，我印象最深的是在四川成都召开的一个中青年理论工作者研讨会。为了给中青年理论工作者以指导，这次会议邀请了十位年纪比较大的学者去参加。在会上王先生讲到德育工作，怎样弘扬中华民族美德，德育的自律和他律的关系，还讲到科学研究对实际工作的意义。会上王先生积极地发言和引导，他的语言是比较理性的。他很关心社会的各种现象，尤其是晚年，很关心国家的大事、国际上的大事。

不能说搞道德教育的人就是死板的。王先生性格很开朗，很有激情，情感丰富。他认为，道德教育也是随着时代的发展而发展的，它不是说教，是让学生真正地体会到人格的重要性、思想品德的重要性。我们虽然不是一个研究领域的，但是我们交往很多。我到长春去，总要去看他，他也总是来宾馆里看我，没有落过一次；他到北京来，我也一定要去看他。虽然我们的研究方向不尽相同，但是都是在教育学一级学科内，所以我们有很多共同的语言。我们对教育人，对培养人才，有共同的观点，共同的语言，所以我们能谈得下去。王先生可能比我大一岁，差不多是同龄人，我总是把他看作我的学长，我觉得他严谨治学，我应该向他学习。

王先生对中国德育学科建设做了很大的贡献，虽然他去世了，但他的工作需要年青一代继续搞下去。希望年青一代的学者向王先生学习，同时把他的研究工作继续下去，为我国教育事业做出贡献。

2014年7月30日

会议发言

建立符合中国国情的家政学理论体系[*]

今天能够在人民大会堂参加现代家政学系统讲座的教材审定会，我感到非常荣幸。我们北京师范大学在国家教委何东昌同志倡导下，在辽宁音像教材出版社的支持下，编写了一套现代家政教育讲座的教材。1987年何东昌同志指示我们学校办一个家政专业，把教育研究工作从学校推广到家庭。我们认为这是一个很好的倡导。经过仔细的研究、论证，我们认为目前办一个专业，时机好像还不够成熟，主要考虑到这个专业的学生毕业后的职业选择问题。目前我国社会上还没有一个家政的职业要求具备家政学的知识，但家政学的知识却是社会广泛需要的。可以说，任何一个人都应该具有一些家政学的知识，于是我们就在学校里开设了一些家政学的选修课，首先开设的是家庭教育学，没有想到受到广大大学生的欢迎，选修这门课的学生数超过了我们最大的教室的容量（500个座位）。可见，这门学科是具有很大的吸引力的。也正是在国家教委领导同志的积极倡导和热情关怀下，我校和辽宁电大远距离教育出版社共同组织部分教师编写了包括《家庭社会学》《家庭教育学》《家庭经济学》《家庭美学》《家庭卫生学》《婴幼儿心理教育》《青少年心理教育》等的现代家政学丛书。

---

* 原载《中国电大教育》，1989年第5期。

中国老年教育中心、中央广播电视大学和辽宁电大远距离教育出版社三家将联合举办现代家政学讲座和录制电视教学片，由中国教育电视台通过卫星播出。这个讲座在社会教育中开辟了一个新的领域，对优化家庭、丰富社会教育内容、提高家庭文化精神生活的质量、推动社会主义精神文明建设有着积极深远的意义。开展家政学的研究，推广家政学知识绝非偶然的事情，它反映了时代的要求、各阶层的要求。

经过多年的讨论，我们越来越认识到教育的社会功能是多方面的。新中国成立以来，我们对教育的社会功能的认识大致可以分为三个阶段。在十一届三中全会以前，我们只认识到教育的政治功能，认为教育是阶级斗争的工具，是为政治服务的。十一届三中全会以后，我们认识到教育还有经济的功能，教育是为经济建设服务的，是为社会主义现代化建设培养人才的。近几年来，人们逐渐认识到，这还不够，教育还有文化的功能，教育要为文明建设服务，为提高民族的文化素质、思想素质服务。教育不仅仅给人们一点知识，一点谋生的技术，而且要给人做人的道理，这种做人的道理当然包含着社会主义社会应该具备的思想品德，还包含着如何使一个人在社会上能够和别人相处，能够生活得充实美好。随着我国改革开放的不断深入发展，广大人民群众的家庭物质生活水平普遍提高，人民的精神生活也日益丰富，一改过去日出而作、日落而息的小农经济家庭生活方式。因此，人们必然在精神生活上提出更高更广泛的要求，迫切希望提高家庭生活的质量，追求更加幸福美好的家庭生活。因此，社会向教育工作者提出开展现代家政学教育的要求。社会是一个有机体，家庭就是社会的一个细胞，有了细胞的健康才会有整个有机体的健康，结合建设社会主义精神文明，要想有良好的社会环境必须抓好家庭环境的建设。

现代家政学丛书分析研究了家庭与社会的关系，指导各种类型家庭建设，科学的家庭生活，合理安排和处理家庭事务，建立起良好的家庭伦理感情生活，促进家庭成员的身心健康和发展，以充沛的精力从事工作、劳动、学习，同时正确认识人与人、人与社会的相互作用，正确理解人与人、人与环境的关系，树立良好家庭和社会风气，促进安定团结。开展家政学的研究和教学，是教育观念向现代化转变的必然结果。现代教育观念是一个大教育观念，它不仅仅包括学校教育，而且要推广到社会教育和家庭教育。但是学校教育的兴起使家庭教育黯然失色，于是学校就成了培养人才的主要场所，但是家庭教育依然存在，不过由于它不受教育行政部门的约束，所以没有人重视它，研究它。现代教育重新把家庭教育提高到应有的地位。未来社会要求人们具备的种种品质和能力都是首先在家庭生活中得到培养和训练的。儿童和青少年成长是有规律的，是受自身、家庭、社会等诸方面因素制约的，家长在其中是起了重要作用的。现在家庭结构简单了，生活条件普遍改善了，独生子女越来越多，家长对子女的期望也越来越大。在这种情况下，人们更加重视家庭教育，而这种教育应当是科学的。由于社会上缺乏家庭生活指导和正确的教育方法，所以许多孩子不会劳动，不爱劳动，不懂文明礼貌，不晓得艰苦奋斗，勤俭朴素，缺乏毅力和生活自理能力等，这种状况已经引起了社会的关注和担忧。针对这种现状，现代家政学丛书对儿童、青少年的成长规律以及与之相适应的教育内容、方法和途径进行大量的调查研究，综合分析和科学总结，指导家长根据不同年龄阶段的儿童、青少年的心理特点有效地进行智力教育和品德教育，使他们顺利地、全面地成长，这也是家长特别是年轻父母所期待的。

家政学的内容不限于家庭教育，家政学的对象也不限于未成年人，家政学是适合各种年龄阶段的学问，是终生教育的一部分。

随着社会物质生活水平的提高、医疗卫生条件的改善和人事干部制度的改革，老年人从第一线退了下来。老年人有丰富的工作经验和生活经验，不仅可以在现代化建设中发挥余热，而且可以在调剂家庭生活方面起重要作用。老年人通过学习现代家政学的知识，并运用于家庭事务和社会事务，可以丰富自己的晚年生活，将晚年生活提高到一个新的层次，对社会、对国家做出新的贡献。

党的十一届三中全会以来，国民经济迅速发展，城乡家庭生活发生了显著的变化，家庭生活日益丰富多彩。一方面，人们十分注重家庭物质生活的现代化，追求美的享受，家用电器、装饰品、化妆品、电子玩具等进入了家庭；另一方面随之也出现了互相攀比、脱离实际的高消费现象，带来了一系列矛盾。现代家政学丛书将帮助不同类型的家庭，从国情、乡情、家庭的实际出发，持家理财，正确消费，美化家庭，搞好家庭营养与护理，等等。开展现代家政学教育不仅是时代的要求，而且是千家万户的要求，干部、教师、工人、农民、军人等都需要学点家政学。家政学知识的研究、宣传和普及势在必行。建立符合中国国情的家政学理论体系是我们面临的一项迫切的任务。

家政学的兴起是很早的事情。在文艺复兴时期，14世纪末到15世纪初，富饶的商业城市在欧洲各地出现，一些大商人为保持家业不衰败，亲自撰写家政，教子女如何调整家庭生活的方方面面。此后，家政学在欧美地区迅速发展起来。19世纪60年代，美国的大学开始设有家政学的课程，美国国会还通过拨款专门资助这些学校设立家政课，有的地方还专门成立了家政师范。日本更重视家庭知识教育，如今日本的家庭教育已经系列化。许多发达国家都十分重视培养家政学研究的高级专门人才。

家政学教育在我国经历了曲折的发展历程，当前我们首先要纠正那种认为家政学是培养太太、夫人的片面看法，同时要注意剔除家政学中的封建思想，注入时代的内容，把这种过去只为少数人服务的知识解放出来，让它面向广大人民群众，为建设社会主义的新家庭服务。

我校教师在编写这套丛书的过程中，努力贯彻理论与实际相结合的原则，既重视理论性又注意应用性，既面向现实生活又面向未来，既继承和发扬我国的优秀传统又积极吸收国外有关研究成果。教材通俗易懂。

家政学教育是一种复杂的社会活动，涉及极其广泛的内容，有许多问题还需要深入探讨。我们编写这套丛书，一定会有许多遗漏。我们愿意与社会各界人士一道深入开展家政学的研究，为建设完善的符合我国国情的家政学体系而努力。

在中学鲁迅作品研讨会上的发言提纲

绍兴鲁迅纪念馆新馆落成，今天开放，我要代表中国教育学会向绍兴鲁迅纪念馆表示祝贺。这是绍兴鲁迅纪念馆的一件大喜事，也是鲁迅研究的大喜事，众多热爱鲁迅作品的读者的大喜事；可以使广大的读者，广大的来绍兴瞻仰鲁迅故居的中外朋友们更好地了解鲁迅，理解鲁迅，学习鲁迅。

利用这个机会来研讨中学课本中的鲁迅也特别有意义。鲁迅的作品一直为青少年所喜爱，历届课本中都选有鲁迅的作品。这不仅因为鲁迅是中国伟大的作家，还因为鲁迅的作品具有丰富的文化内涵、深刻的思想，文字优美，而且贴近青少年的生活，容易为青少年理解和接受。例如《从百草园到三味书屋》《风筝》《社戏》等篇目，描写了少年时代的鲁迅是如何热爱生活的，在那风雨如磐的年代里他们是如何在枯燥的生活中寻找乐趣的。鲁迅生活在中国最黑暗的时代。但是他总是以高昂的精神，一方面无情地批判旧世界，另一方面热情地憧憬新的未来，并为美好的未来而呐喊、战斗。鲁迅的精神就是中国人的精神，就是中华民族的精神，它具有时代性、先进性。因此，鲁迅的作品应该被选入中小学语文课本之中。

现在有一种观点，认为鲁迅的时代已成过去，鲁迅的作品已不受青少年喜爱；或者认为时代不同了，青少年很难读懂鲁迅的作品。这种观点是站不住脚的，也是不符合事实的。任何一个时代的人都不是只读本时代人写的作品的，文化是依靠积累、传承发展起来的。如果一个时代只读本时代的作品，何来文化的继承和发展？中华文化源远流长。孔子离开至今已有二千四百余年的历史，孔子口传的《论语》如今仍作为中国文化的经典在学校中传承。许多经典作品中的名篇，包括外国名篇都被选入我国的中小学课本中。为什么更贴近我们生活的鲁迅作品不能被选入课本中？恰恰相反，鲁迅那种反封建、反腐败的精神，那种敢于创新、勇于斗争的精神正是当今时代最需要的精神。青少年不喜爱不理解鲁迅的作品也不是事实。我们可以从学生学习鲁迅课文中看出来。明天几位特级教师要讲课，我们可以亲眼见到学生是如何喜爱和理解鲁迅作品的。

有一点是正确的，就是我们现在生活的时代已经与鲁迅生活的时代不同。鲁迅生活在中国人民遭受苦难的年代，而我们则生活在中华民族从复兴到崛起的年代。我们的青少年生活在幸福中，对过去中国人受到的苦难很难有切身的体会。正因为如此，我们在选编鲁迅作品时要加以选择，在讲解鲁迅作品时尤其需要让学生理解鲁迅时代的背景，作品的精神实质。

我对鲁迅研究是门外汉，对语文教学也是外行。我说得不一定正确，请大家批评指正。

2004年7月31日

《中国古代100位科学家故事》座谈发言提纲

　　《中国古代100位科学家故事》和《中国的创造精神》两书的出版很有教育意义。

　　第一，这两部书具有弘扬民族文化、振奋民族精神的意义。中华民族有悠久的历史。中华文明是世界四大文明之一。其他文明都因为战乱等原因未能延续下来，只有中华文明绵延几千年不衰，这与中国古代科学技术的不断创新分不开。因此，向青少年介绍中国古代的科学家和中国的科学技术创新成果，不仅是介绍一些这方面的知识，更重要的是弘扬中华民族的优秀文化，弘扬中华民族自强不息、追求真理、不断创新的精神。这在当前的青少年教育中特别重要。改革开放以来，我们引进了西方的科学技术，这固然是必要的，近百年来，我国在科学技术方面落后于西方，也是我们必须承认的。但是有些人却对西方产生了一种迷信的观念，而对自己却缺乏信心，似乎中国人不如西方人。这是极其错误的观念。看看我们祖先的创造发明就可以了解，中华民族是一个富有创造力的民族，中国人是聪明的，是能有所作为的。近百年的落后是封建统治制度造成的，是帝国主义侵略造成的。中国人民从封建统治和帝国主义统治下解放出来以后，五十多年来已经创造了许多奇迹，我们相信在科学技术上也一定能够创造新的奇迹。

第二，这两部书具有传播科学知识、培养青少年科学精神的意义。胡锦涛同志最近提出要树立社会主义荣辱观，其中有一条就是"以崇尚科学为荣，以愚昧无知为耻"。现在社会上迷信思想抬头。青年结婚要选吉利年，去年没有立春，大家都不结婚，等到今年有两头春才纷纷结婚；学生为了考试得高分，到庙里去烧香。这些都是愚昧无知的表现。因此向青少年，向公民传播科学知识很有必要。这两部书都能起到这方面的作用。

第三，这两部书可以培养学生树立振兴中华、振兴科学的理想。我们今天来弘扬民族文化，弘扬古代的科技发明创造，不是躺在古人身上，以古人为骄傲，而是要以古人为榜样，激励青少年发奋图强，树立振兴中华、振兴科学的理想。

第四，这两部书可以激励学生学习科学家对真理执着追求的精神。要想攀登科学高峰，首先要有理想，所谓志存高远；其次要有兴趣，对某种科学产生兴趣，有了兴趣就会去追求，兴趣不是天生的，而是可以培养的；第三要有毅力，要孜孜以求，不怕困难，不怕挫折。我从2003年几位诺贝尔奖获得者的谈话中发现，他们都说从来没有想过要得诺贝尔奖，只是对自己的研究有兴趣，并且很执着地去做，就做出了成绩。天天想着得奖的人是得不到奖的。所以我说，诺贝尔奖获得者不是培养出来的，学校只能培养学生学习的兴趣，帮助他们打好知识的基础，并且培养他们执着的精神。因此，我觉得这两部书同样可以起到这样的作用。

最后，我要感谢作者、译者和人教社，为青少年提供这样有意义的精神食粮。

2006年4月3日

在舞蹈教育专业委员会成立大会上的发言

首先我代表中国教育学会对舞蹈教育专业委员会的成立表示热烈的祝贺。

舞蹈教育有十分重要的意义，它是美育的重要内容和途径，是全面发展教育的一个组成部分。舞蹈是用人体动作来表达思想感情和社会生活的一种艺术，与人们的生产活动和社会生活息息相关。对于教育来讲，舞蹈也是最古老的一种教育形式，一种教育手段。为什么这样说？因为舞蹈是人类最古老的艺术，可能要早于绘画和写字。原始社会在祈祷神灵、庆祝丰收的时候就是用舞蹈来表达人们的思想感情的。那时还没有绘画，还没有文字。而大家知道，教育是伴随着人类的产生而产生的。那么，当时的教育是用什么手段进行的呢？我想，恐怕除了口头语言外，就是手势、舞蹈了。因此，舞蹈是人类社会最早的教育手段和方式。舞蹈除了表现美以外，天然地具有教育意义。

舞蹈教育是全面发展教育的组成部分，因为舞蹈是美育的重要内容，美育是教育的组成部分。德智体美是我国全面发展教育方针的组成部分，舞蹈作为美育的重要内容是和德智体联系在一起的，它们互相影响，互相补充。舞蹈可以使学生在欣赏、享受美的愉悦中不知不觉地受到教育，它具有陶冶德行、丰富感情、增进健康、激发智慧的作用，是当前推进素质教育的不可缺少的重要内容。

在当前中西方文化交流中，舞蹈教育尤为重要。我们当然要吸收其他国家、其他民族的文化艺术，但更要弘扬本民族的文化艺术。特别是舞蹈，具有很强的民族性，它是在民族发展过程中形成的，反映了一个民族的思想感情，它是最重要的人类非物质文化遗产。因此，弘扬民族舞蹈就是弘扬民族文化。我们在与各国文化交往中，往往是艺术团体先行，说明一种艺术代表了一个国家、一个民族的文化。今天在经济全球化的国际形势下，西方的艺术，包括音乐舞蹈也在不断地传播到我国来。其中有些是健康的、先进的，有些是腐朽的、落后的，需要我们用健康的标准来选择。因此，当前我国的舞蹈教育，从教育的角度来讲，从吸收世界优秀的先进文化的角度来讲，也有重要的意义。

当前我国教育正处在重要的转变时期。大家知道，我国在全国人民的努力下，用了短短十五年的时间基本普及九年义务教育，普及率已达到98%。现在只有少数山区、交通不发达的边远地区还没有达到普及的标准。也就是说，在数量上我们已经普及了九年义务教育，但是在质量上这种普九还是低水平的，因此今后我们要下大力气来提高教育质量。所谓提高质量，首先指国家规定的课程要开齐。现在许多地方虽然普及教育了，但有些课程还未开设，特别是缺少艺术课的教师。舞蹈可能一般归入体育课或者音乐课中，但很多体育老师、音乐老师不会教舞蹈。城市里好一些，农村学校中就没有真正的舞蹈老师。这对于我们推进素质教育是一个缺陷，这对教师教育也提出了挑战。过去的师范教育就没有专门培养舞蹈教师的专业，今后恐怕要改革，教师教育中要有培养舞蹈教师的专业。

舞蹈教育专业委员会的成立是中国教育学会的一件大事，也是舞蹈教育界的一件大事。我希望专业委员会能够团结舞蹈教育界的专家学者，特别是师范院校艺术专业的老师们深入研究我国舞蹈教育，培养众多舞蹈教育的教师。中国教育学会是一个群众性的学术团体，它的关键词就是"群众"和"学术"。我们要在这两个词上做文章，要重视开展群众性的学术活动，为教育改革、推进素质教育服务。当然，我们也要搞一些服务活动，如培训服务、编写教材等，但要重视质量，重视社会效果，重视中国教育学会的声誉和品牌。

最后，我祝贺大会圆满成功，祝愿舞蹈教育专业委员会今后的学术活动蓬勃发展，取得丰硕的成果。

2007年4月15日

"柯桥实验"是一个以人为本的实验[*]

我是来学习的,到这里来还是第一次。"柯桥实验"我早就知道,但是详情如何不是很清楚。昨天晚上我看了《一个有深远意义的农村区域教育实验》这本书,发现有很多新的思想。刚才张绪培同志讲了,现在看来这个课题仍十分重要,有推广的价值。目前,教育已经很普及了,全国68%的学生能进高中阶段学习,那剩下32%的学生怎么办?这个实验有超前性,遇到了很多困难,说明这个实验很有价值,有长远眼光,指导思想也是非常明确的。社会发展靠教育,教育是促进人的社会化的重要途径和方式。"柯桥实验"主题选得很好,以"基础教育与人的社会化"为主题。我们过去受"左"的思想影响较大,否认教育应以人为本。吕型伟同志曾说,教育不提人还有什么教育。教育要为社会服务,是通过培养人来实现的,而人要在社会中生存,就要与社会的发展相符合。下面我谈几点参加"柯桥实验"会议的体会。

一是教育改革要转变教育观念。传统教育观念是以升学为目的的,把培养人放在次要的地位,以考试的成绩作为衡量标准。而素质教育是以提高全民族的素质为目标的。"柯桥实验"把转变教育观念放在领先的地位,并且取得了成功。

---

[*] 原载《浙江教育学院学报》,2008年第2期。

二是教育改革要有制度保证。实验区以"等价原则"取代"考分原则"，认为每门课都是等价的，不以大三门小三门来衡量。通过改革考试制度，贯彻"等价原则"，后来又进行课程改革，但不违背国家课程，这样就促成了各实验学校根据完成既定教育任务的需要（而不是应考的需要）优化教育资源的组合，使广大学生德、智、体各方面发展水平有所提高。这些经验值得总结和推广。

三是社会科学实验与自然科学实验是不同的。社会科学实验是群众性的实验，"柯桥实验"有70多所学校积极参与，是一个大规模的区域性实验，没有对照群，且能取得好成果，是非常值得肯定的。我很希望能把这个经验加以推广。我想跟张绪培同志说，可否以中国教育学会的名义在绍兴市开一次全国性的现场会，我们可以探讨如何办好适应新农村建设的农村教育，如何在经济发达地区进行农村教育改革。

四是从全国范围看，较发达地区的教育改革现在到了高原地带，教师队伍的建设很重要。我们的教育正处在一个新的转折点，具体表现在以前是人民教育人民办，现在是人民教育政府办。承认教育是人的权利，是社会民生大事，是人人应该接受的。同时，还表现在教育的发展由数量的扩张转到质量的提高方面来了。可是，由于种种原因，现在素质教育步履艰难。有些我们改变不了，但有一个可以改变：提高教师的素养。胡锦涛总书记在2007年8月全国优秀教师代表座谈会上强调，坚持把教育摆在优先发展的战略地位，大力倡导尊师重教，大力发展教育事业。教师素养的提高不仅是学科知识水平的提升，关键是整体素养的提高。我觉得没有高雅而亲和的气质不算好教师。没有爱就没有教育，没有兴趣就没有学习。教师要理解和研究学生，要研究学生的需要，要爱每一个学生，要相信每一个学生都能成才。人人有才，人无全才。学生是发展的，而且发展是线性的，我们不能用成人的一套规定套孩子，更不能把孩子看死。

吕型伟同志一直把自己当作教师，他有三句话：教育是事业，其意义在于奉献；教育是科学，其价值在于求真；教育是艺术，其生命在于创新。我的看法是，教育带有个性特色，教育更像艺术。教师要有点悟性才能创新，没有悟性成不了优秀教师。希望老师们站得高，看得远，不断创造新业绩。

在从教60周年庆典暨教育思想研讨会上的发言

各位领导，各位来宾，各位朋友：

大家好！衷心感谢各位领导、来宾、朋友来参加今天的活动。惊动了这么多领导，特别是教育部领导和高龄的前辈潘懋元教授、黄济教授等，我心里感到很不安。刚才大家说了许多赞美之词，其实名不符实，很不敢当。我一直不同意搞这次活动，因为我是一个普通的教师，没有做出什么贡献，同时真正做教师也没有60年，中间有几年在师大和苏联学习，"文化大革命"中又耽误了好几年，真正从教不到50年。我在1948年中学毕业以后，没有考上公立大学，是一名落榜生，为了生计，就去当小学教师，从而爱上了教师这个职业，第二年就报考了师范大学。我这样一个贫困家庭的孩子能够上大学，后来又被派到苏联去留学，能够从事教育工作这么多年，首先要感谢党的培养。党教育我要全心全意为人民服务，要忠诚于人民的教育事业。

其次要感谢北京师范大学对我的培养，为我创造了发展的条件。我在北京师范大学上学时间虽然不长，只有两年，但受到许多大师的教育。当时侯外庐先生为我们讲社会发展史、胡明先生讲政治经济学、邱椿先生讲教育史、董渭川先生讲教育方针、林砺儒先生讲中等教育等。他们的道德文章，使我受到很大的教育。北京师范大学培养了我，又扶植了我。我常常说，许多同志比我的学问大、能力强，但是他们在外地，不在北京师范大学，没有我这样优越的条件。1979年中国教育学会成立，我是理事会中最年轻的常务理事，不是因为我有学问，而是因为我是北京师范大学教育系的系主任；1987年中国教育学会选我为副会长，不是因为我学术上有什么成就，而是因为我是北京师范大学的副校长；今天我是中国教育学会的会长，也是因为我是北京师范大学的代表。我这一生就是北京师范大学培育出来的，沾了北京师范大学的光。今天这个庆祝会，我把它看作是对北京师范大学我们同龄的一代老师的庆祝。因此，我要感谢党的培养，感谢母校北京师范大学的栽培。

同时我还要感谢我的同事们，是他们把我推到第一线，是他们的帮助和扶持使我有所进步。说实话，许多老师学问比我好，能力比我强，但他们把我推到第一线，并给了我许多荣誉，我要感谢他们。

我还要感谢我的学生们，是他们催促我不断学习，是他们给了我生命的价值和生活的快乐。我的成就感就产生于他们的进步和成就，我为他们的进步和成就感到自豪。

参加今天的会议我感到很惭愧。作为一名教育理论工作者，我没有在教育理论上有什么创新和建树。今年是我国改革开放30周年。我从教60年，要说做了一些工作的话，也就是在这改革开放以来的30年里做了一点工作。正是在邓小平同志"尊重知识，尊重人才"的指导思想下，我们才从"臭老九"的地位中解放出来。正是在党的"解放思想，实事求是"的思想路线下，我们才得以敞开心扉，说出自己想说的话。记得20世纪80年代初我一连发表了几篇文章，有同志问我"你怎么有这么多文章"。我说："过去想说的话不敢说，无处说，现在都想把它说出来。"所以说，改革开放为我国学术繁荣创造了条件，也为我个人的发展提供了机会。

改革开放30年来，我国教育取得了举世瞩目的成绩，我国教育实践积累了丰富经验，但现在我们的教育理论还远远落后于实践。最近因为参加制定中国教育发展中长期规划的调研工作，我走了一些地方，看了不少资料，一方面感到这些年来教育发展形势大好，另一方面又感到从全国范围来讲要落实科学发展观，建设人力资源强国，还有很长的路要走，还需要艰苦的努力。教育实践中还有许多理论问题需要我们去研究，去探索。我虽然年事已高，但愿意跟随年轻的学者们继续学习，努力工作，为我国的教育事业贡献微薄的力量。

再一次谢谢大家！

2008年10月11日

教改园地里的奇葩[*]
——纪念青浦实验 30 周年发言

在这丰收的季节我们来纪念青浦实验30周年，有着特别的意义。我谨代表中国教育学会向青浦实验的开创者顾泠沅教授以及参加实验的所有青浦区的领导和老师们表示衷心的祝贺。在这丰收的季节，我们是来摘果子的，是来学习的。

今年是我国改革开放30周年，青浦实验就是改革开放的产物，是30年来教育改革中的一朵奇葩，是30年来最优秀的，最丰富的，具有中国特色的教育改革研究成果，有着重要的历史意义和现实意义。

说它有历史意义，是因为教育在"文化大革命"中遭到毁灭性的破坏，"文化大革命"以后教育要重建，正是百废待兴，从何着手？青浦实验为我们闯出了一条路子，就是要从课堂教学着手，首先要把课上好，让每个孩子都能听懂学会。这是教育的最基本的要求，也是最重要的环节。青浦为全国树立了榜样。

说它有现实意义，是因为当前推进素质教育仍然要从提高课堂教学质量着手。课堂教学是推进素质教育的主渠道。那种在课堂教学中实施

---

* 原载《教育发展研究》，2008年第24期。

应试教育，在课外活动中实施素质教育的做法，是对抗素质教育、坚持应试教育的伪善行为。推进素质教育，减轻学生课业负担，首先要让学生在课堂上学懂学会，辅之以适量的练习。不能用课外的题海战术来代替课堂学懂学会，不能本末倒置。所以说青浦实验具有现实意义。

青浦实验有丰富的内涵和值得推广借鉴的经验。凭我粗浅的了解，我觉得下面几点特别值得各地学习。

第一，青浦实验是从青浦当时的实际出发，提出一个朴素的可实现的最低要求，就是要求教师"学会教学"。同时围绕这个目标做扎实艰苦的工作，终于取得成功。这种实验就有别于现在许多地方假大空的实验。现在有些地方搞科学实验，往往不是从当地实际出发，而是提一个宏伟的空洞的设想，没有具体的可操作的措施，几年下来，教育质量依然如故，并无进展。

第二，"以人为本"，面向全区学生。青浦实验的第二个特点是面向全区（当时是全县）的所有学生，不是办好几个学校，而是办好所有学校，让所有教师都"学会教学"，所有学生都学懂学会。即在学校中不是只抓第三个馒头，同时也抓第一、第二个馒头。学校为所有学生打好基础，从而促进了教育的均衡发展，同时促进了教育的公平。

第三，与时俱进，不断提出新的课题，从局部到整体，从封闭到开放，从大面积提高教学质量到新时期的"开放式的全面推进"，教育改革越来越深入。青浦实验不是停留在提高教育质量的一般操作层面上，而是有理论指导，有实验方案，有研究探讨，把实验的经验不断提升到理论层面。我曾说：青浦实验是有中国特色的，是我国教育理论研究同教育实践相结合的范例。而且他们不断结合时代特点，与时俱进。30年来，他们以行动研究为主导，逐步形成了青浦课程改革的基本思路，探讨出了一套构建"活动—发展"教学模式和由学科课程、活动课程、环境课程三者组成的"套筒式"课程框架；创造了在教师个人反思、同伴互助基础上的有专业引领的教师行动专业化研修模式。

第四，青浦实验建立了在区行政领导支持下，教师、专家、教育管理干部三结合的运行机制，使实验得以顺利地持续发展。青浦实验之所以持续30年而不衰，党政支持是关键。我要向青浦的党政领导致敬。

青浦经验很有名气，我也早就接触过，1993年我还参加过顾泠沅教授课题的结题和他的博士论文答辩，但近几年来接触得少了，因此以上概括的几点可能不准确也不全面，只是表达我对青浦实验30年的祝贺。同时祝愿你们把实验持续下去，为中国教育改革和发展提供我国本土的新鲜经验。

谢谢大家！

在联校论文奖计划2009年会上的致辞

联校论文奖计划2009年会今天在这里召开，请允许我首先对从远道而来的汤先生、陈先生、杜教授表示热烈的欢迎，对他们热心教育事业、无私资助青年学子的高尚行为表示衷心的感谢。

联校论文奖计划自1994年开始至今已经整整15年了。早在二十多年以前，杜祖贻教授、北大汪永铨教授和我就讨论过社会科学的研究问题，当时深感许多年轻人的研究存在一些不良倾向：一种倾向是只重视西方的理论研究，不与中国的实际相结合；另一种倾向是在国外学习但不去研究外国的理论和经验，而是反过来研究中国的问题。当然，在国外从新的视角、运用新的方法来研究本国的问题是可以的，而且是很有益处的，但有些学者不是着眼于解决国内的问题，而是为了通过学位论文答辩，因而研究的成果并不能解决国内的实际问题。这就引发我们思考，如何引导青年学者坚持正确科学的研究方法，使得研究成果能在实际工作中起作用，如何将国外的理论化为我们自己的理论，即所谓理论的本土化。杜祖贻教授运用奖学金的方法来鼓励青年学者研究实际问题，改善研究方法。所以当时奖学金的名称是"联校教育与社会科学应用优秀论文奖"。开始的时候是由杜祖贻教授发起的，由杜祖贻教授的胞弟杜祖基先生和现代教育社为内地青年学者提供奖学金，2005年以来又由圆玄学院董事长汤伟奇先生全额无偿资助此项计划。此项计划的宗旨是资助内地大学的青年教师和研究生开展对社会科学领域（后来包括脑科学）的重大理论问题进行研究，主张革新研究方法，重视理论和实际的结合、中西文化的融合，强调学术研究的本土功能。15年来参加此项计划的已有12所学校，每年获得奖学金的青年教师和研究生有60余名，至今已有1 063名青年学者得到资助。论文奖所倡导的研究的价值取向和研究方法对他们的研究起到了积极的引导作用。近些年来报名的青年教师和研究生逐年增加，获奖的论文质量有了较大提高，说明联校论文奖计划在我们实施的12所学校中产生了越来越大的影响。

当前是我国社会科学繁荣发展的最好年代。改革开放以来，在"解放思想，实事求是"的思想路线指导下，社会科学得到了空前的发展。国家对社会科学日益重视。2005年江泽民在视察中国人民大学时就指出，社会科学与自然科学同等重要。教育部为此成立了社会科学委员会，逐年增加了社会科学的科研经费，2006年仅教育部投入的社会科学研究经费就为5 000万元，2007年增加到一个亿，2008年增加到1.5亿元。国家每年都设立重大课题攻关项目，可见国家对社会科学研究的重视。对我们社会科学工作者来讲，则是任重而道远。国家给我们提供了充足的条件，如果不能做出成绩，正是愧对国家，愧对人民，用新的话语来说，是愧对纳税人。关于今后的研究我想提出以下几点建议。

第一，当前在社会科学研究中仍然要强调20年以前杜祖贻教授和我们倡导的理论与实际结合的研究方向，要研究我国社会中的重大理论问题。特别是在当前经济全球化背景下发生了全球性的金融危机，各国都在研究应对的策略，同时也在发展战略、金融体制、政策措施甚至社会制度上进行反思。我国在金融方面受到的影响不是太大，但是实体经济受到极大的影响。我们也需要总结经验，从理论上来认识邓小平关于建设中国特色社会主义理论的重要意义，同时要研究各领域应对危机的政策。我对社会科学里别的领域不熟悉，但对教育还是比较了解的。我国正在制定《国家中长期教育改革和发展规划纲要（2010—2020年）》，在调研中我们遇到很多问题。我们发现教育问题其实不单纯是教育内部的问题，教育问题实际上是整个社会矛盾在教育中的集中反映。许多学者介绍外国教育的经验，但到了中国土地就难以推行。这些问题都需要我们深入地研究。有些结论可能暂时还无法推行，但理论工作者的任务是求真，是追求真理，相信总有一天会被大家所认识。同时社会工作者也有引领社会舆论的责任。有了正确的舆论，真理就会逐渐被人们认识。

第二，改变我们的学风，脚踏实地地做学问。如果研究中国问题，就要做深入的调查研究，切忌从书本到书本；如果研究外国问题，则要克服"食而不化"的毛病，重视外国理论的实质及其文化背景；如果引用外国理论来说明中国的问题，就更需要洋为中用，重视中西文化的差异。现在有些论文程式化，谈一个问题往往从西方扯上古希腊柏拉图、亚里士多德，从中国扯上古代孔子、孟子，生拉硬套；一讲到理论基础就必然要扯上哈贝马斯、海德格尔，有的还生造一些名词，没有作者自己的思想和见解，使人看不懂说的是什么。一定要记住，文章是给别人看的，社会科学的文章更是要给大众看的，不是自我欣赏的。

第三，要重视学术规范，坚守学术道德。大家都认为现在学术界有一种浮躁的情绪，追求急功近利。这当然不能怪年轻人，当前学术管理体制逼着年轻人急功近利，再加上就业困难，到了三年级忙于找工作，使一些研究生不能安心做学问。最后一年本来是做论文最关键的时期，但往往是草草收兵。这种情况虽然情有可原，但确实影响了论文的质量。如何解决这个矛盾？就需要提前努力，尽早做好论文的准备工作，早一点把论文做好。当前，有些学校出现一些学术腐败现象，我们要坚决抵制。现在是网络时代，许多论文都挂在网上，输入一个关键词，就可以找到各种资料。这就为不讲学术道德的人敞开了抄袭的方便之门。最近报纸报道硕士论文抄袭的情况，舆论界有些评论认为"生之过，师之惰"。当然，老师要负一定的责任，但老师没有像学生那样天天在网上，有些抄袭的内容老师也不一定知道。因此，还是要强调作者自律，重视自己的学术生涯。我希望我们的联校论文奖中不要出现这种情况。因此，指导老师要对论文奖的作者给予更有力的指导，严格把关。

联校论文奖计划15年来取得了巨大的成绩，一方面得益于杜祖贻、瞿葆奎、汪永铨等教授的权威性，更重要的是靠论文奖获得者的论文质量和他们持续的努力。头几批论文奖获得者现在几乎都是各部门的学术骨干，他们的成就为我们的论文奖增添了光彩。因此，我们要永远把论文的质量看作是联校论文奖计划的生命。

最后，我们要感谢香港圆玄书院董事长汤伟奇先生，是他无私的资助使论文奖能够持续发展，是他的爱国爱青年的精神激励着青年学子。我们要感谢杜祖贻教授对培养青年人这项事业的热情和执着。杜教授不仅到处奔波筹措资金，而且精心策划这项计划。杜教授经常给秘书处来信，事无巨细地指导这项计划的执行，使得这项计划越来越规范，效果越来越显著。也要感谢各校的指导老师，认真负责地指导学生。最后还要感谢秘书处的同志们，他们完全是不计报酬地无偿地为这项计划服务，尤其是曲恒昌教授，患有严重的心脏病，但仍坚持为论文奖计划到各地去调研，设计指南，组织论文评选、组织年会等。没有他们处理这么多日常工作，论文奖计划不可能持续到今天。

最后祝大家工作顺利，身体健康！

2009年6月8日

在传承乡土知识和校本课程研讨会上的讲话

　　我对乡土教材没有研究，主要向大家学习。这次会议非常有意义。用人类学的方法来研究各民族的教育是教育研究发展的一个重要方向。特别是我国幅员辽阔，民族多元，56个民族都有自己的文化传统和教育传统，因此，要研究各民族的教育就必须与研究各民族的文化联系起来。影响教育的因素很多，有政治体制、经济发展水平等，但影响最深远、最持久的是民族文化传统。即使是汉族，因为分布在全国各地，各地的文化也不相同。因此不了解一个民族、一个地区的文化，就不可能了解那里的教育。开展人类学研究，深入一个民族或一个地区，了解那里的文化传统和族群心理，是教育研究最科学的方法。研究民族文化对研究者来说，不仅是为了了解研究客体的真实情况，更重要的是为了该民族或该地区教育的改革和发展，特别是让当地教育能够传承本民族、本地区的文化传统、乡土知识。

　　正像会议通知中所讲到的，经济全球化，西方文化的浸入，使得各国各民族保持自己的文化传统尤为重要。我国的孩子如果只知道麦当劳，生活在"三片"（薯片、芯片、大片）中，是很危险的。因此，传承本土知识、弘扬民族文化是当前迫切的任务。但是弘扬传统文化需要走出一些误区。当前功利主义盛行，许多所谓国学活动，其实并非真正弘扬民族文化，而是"文化搭台，经济唱戏"，一切为了金钱，把传统文化庸俗化。另外一种误区就是形式主义，让孩子穿上官袍，戴上官帽，摇头晃脑地读《弟子规》《三字经》《论语》等。这传递给孩子一种什么信息？这不是弘扬国学，而是宣扬一种封建的意识。小学生记忆力强，在小学生中普及一些中华文化的典籍，让小学生背诵一些经典的名句名篇，使之受到中华文化的熏陶，是很好的弘扬传统文化的方式，值得提倡。但要避免走形式，更不能把传统文化中的糟粕当精华。教育对传统文化和外来文化都应该进行选择，取其精华去其糟粕，使中华优秀文化得以发扬光大，世代相传。

同时，我们在弘扬民族传统文化时要处理好民族性与时代性的关系。任何一种文化都具有双重性，即民族性和时代性。文化是一个民族或者一个族群的生活样式，不同的民族或族群有不同的生活样式，因此文化必然具有民族性。但是文化不是凝固不变的，它随着时代的发展和社会的进步不断变化。同时随着与其他民族的交往，各民族文化也会吸收其他民族文化于本民族文化之中，因而民族文化不断发展和丰富。

我国是一个多民族国家，56个民族都有自己的民族文化传统，但又都统一在中华民族大文化中。我们要重视各民族文化传统的传承，特别是少数民族的文化，这样中华文化才是丰富多彩的。新的课程改革给地方课程、校本课程留下了较大的空间，这就为传承乡土知识、民族文化提供了有利的条件。研究如何把乡土知识、民族文化融入地方课程和校本课程是课程改革的重要任务。现在许多地方已经有不少经验，大家在一起研讨，交流经验，很有必要。我预祝大会圆满成功。

2009年10月2日

在授聘资深教授会上的发言

尊敬的各位领导，各位老师，同志们：

下午好！今天在这里参加文科资深教授的授聘仪式，我感到十分荣幸。首先让我代表被授聘的资深教授对学校领导表示衷心的感谢。这是我校落实江泽民同志在视察中国人民大学时讲的社会科学与自然科学四个一样重要指示的重要举措，是重视我校文科发展、尊重文科教师的一种重要表示。

我们刚刚庆祝过新中国成立60周年，共同回顾了我们伟大祖国60年来的沧桑巨变和举世瞩目的辉煌成绩，其中自然科学和社会科学也取得了巨大的成绩，同时自然科学和社会科学也都为社会主义建设做出了贡献。

今天我国社会主义发展已经站在新的历史起点上，全国人民都在为实现全面建设小康社会的宏伟目标、实现中华民族的伟大复兴而努力。在实现这个宏伟目标的过程中，不论是自然科学还是社会科学都应该发挥重要作用。如果说，发展经济、创造物质财富要更多地依靠科学技术，那么，社会的精神文明建设更需要人文社会科学。同时，从去年一年的全球性经济危机可以看到，克服这场危机光靠科学技术是不够的，还需要包括人文社会科学在内的人类智慧。参与国际竞争不仅要靠硬实力，还要靠软实力、巧实力。人文社会科学可以增加国家的软实力和巧实力。

当今世界，由于科学技术的高速发展，物产越来越丰富，但人们的物欲却越来越膨胀，道德水平在下降。这个时候更需要加强人文社会科学教育来提高人们的思想道德水平，提高国民的社会责任心。当然，人文社会科学的作用远不止于此。社会的民主建设、法治建设、精神文明建设，都离不开人文社会科学。所以，前几天在高等学校人文社会科学优秀成果颁奖仪式上，政治局委员、国务委员刘延东同志又一次强调社会科学与自然科学同等重要。

人文社会科学如此重要，我们社会科学工作者责任重大。我们始终要坚持以马克思列宁主义、毛泽东思想、邓小平理论为指导，坚持辩证唯物主义的思想方法，坚持解放思想、实事求是的思想路线，理论联系实际，研究社会主义建设中的重大理论问题，为我国社会主义现代化建设做出贡献。

我校是一个文理兼容的综合大学，人文社会科学的建设，关系到我校是否能向世界一流大学迈进。我们要加强人文社会科学的建设，增加学校的软实力。同时作为一所培养建设人才和师资的大学，要做到学为人师，行为世范，人文社会科学是学生必修的课程。学校重视人文社会科学的建设，必将提升我校师生的思想品位。

教育学科是我校人文社会科学中的重点学科，近些年也取得了较大的发展。但是我国教育理论研究仍然落后于教育实践。当前，我国教育是群众议论最多的问题，当然，教育中的许多问题不只是教育本身的问题，而是社会许多矛盾的综合反映。但是教育理论未能为破解教育中的问题提供理论指导和决策建议。为了促进我国教育的改革和发展，我们理论工作者任重而道远。

对我个人来讲，受此荣誉，深感惭愧。要说资格，确实在北师大的时间很长，我走进北师大大门已经有61年的历史，我是在北师大的怀抱中成长起来的，我要感谢北师大老师对我的培养和扶植。但我并没有做出什么成绩，没有什么理论创新，特别是面对当前基础教育中存在的许多问题，我感到深深的不安。今天授聘我为资深教授，我只是把它看作是对我校教育科学的承认，是对教育科学工作者的鼓励。我们当更加努力，不辜负领导和同志们的期望。

谢谢大家！

2010年1月4日

在中国教育政策研究院成立大会上的发言

尊敬的严隽琪副委员长，尊敬的各位领导，各位来宾，同志们，朋友们：

非常高兴参加中国教育政策研究院成立大会，感谢理事会聘请我为学术委员会主任。

成立中国教育政策研究院是教育界的一件盛事，是十分重要的事情，这是我国教育深化改革的需要。我们刚刚庆祝了新中国成立60周年，60年来我国教育取得了翻天覆地的变化。但是随着社会的发展、教育的普及，许多深层次的问题又凸显出来。这些问题需要我们深入研究，科学决策。现代教育与传统教育不同，传统教育是建立在经验的基础上的，现代教育是建立在科学、民主的基础上的。教育政策不能简单地行政命令，而是要上下结合，科学决策。因此，开展教育政策研究就十分重要。但是我国长期以来，政府决策与科学研究是两张皮。政府的决策往往没有学者专家的参与，学者专家的研究得不到政府的支持，研究的成果也到不了政府领导的手中。比如，我们要研究一个问题，很难得到政府的确切统计数据；到下面去调查，没有政府的红头文件，下面就不理睬你。过去领导总是批评我们理论工作者脱离实际，但是要知道，我们也不愿意脱离实际，问题是深入实际缺乏条件，于是只好做一些上不着天、下不着地的所谓研究。举一个例子，早在1979年联合国教科文组织要我们写一份中国教育和科技发展30年的报告。教育部把任务交给我们比较教育研究所，我就大胆地接下来了。但是缺乏资料，缺乏统计数据。我费了九牛二虎之力，在教育部政策研究室等同志的帮助下总算勉强完成了这个任务。1980年我到日本开会，把这份报告带了去，他们反映，这是中国30年来第一份有公开数据的报告。我们过去也做过许多研究，例如，博士生的论文最后总要写到"对我国教育发展的启示"或者政策建议，等等，但是我们的下情无法上达，这种启示建议变成了无病的呻吟。

现在好了。北师大和民进中央合作成立中国教育政策研究院，这不仅为开展教育政策研究搭建了平台，而且为下情上传打开了渠道。民进是参政议政党派，70%的民进成员是教育工作者。与民进合作既能使我们北师大的教育理论工作者与广大的教育实际工作者密切接触和合作，又能通过民进中央领导的参政议政把我们的研究成果上达，供中央领导决策参考。例如，现在实行的免费师范生教育，是一件大好事，是尊师重教、吸引优秀青年从教的好举措。但是免费师范生的服务年限为10年，把一些优秀青年吓跑了。其实服务年限短一些，优秀青年反而会踊跃参加，经过几年服务，有志于当教师的会自愿地留下来。我很想再给总理提个建议，但苦于没有渠道。这次我想可以请严副委员长把我的意见带上去。

总之，北师大和民进中央各有优势，两者的合作是一个创举。我们的合作不是为了名，更不是为了利，而是一心一意地为了推进我国的教育改革，为建设人力资源强国而做出应有的贡献。

最后祝中国教育政策研究院取得成功。春节在即，趁此机会向严隽琪副委员长、向各位拜个早年，祝大家身体健康，万事如意！

2010年1月26日

在哥大师范学院与中国教育座谈会上的致辞

各位来宾，女士们，先生们：

早上好！今天我们在这里举行哥伦比亚大学师范学院与中国教育的座谈会，纪念回顾一百多年来哥大师范学院与中国教育界的交往与合作，是一件十分有意义的事。我谨代表中国教育学会向来自大洋彼岸的哥伦比亚大学师范学院的曾满超教授表示热烈的欢迎。

哥伦比亚大学师范学院和我国教育界的交往有着悠久的历史。我国老一辈教育家、活动家郭秉文、胡适、赵梦麟、陶行知、陈鹤琴等都曾是哥大师范学院的学生，我的老师——北京师范大学的邱椿、邵爽秋教授也都毕业于哥大师范学院，还有我国比较教育的开创者庄泽宣、常道直也都在哥大师范学院学习过。他们回国以后带来了世界教育的新理念，传播了美国以及其他国家的教育经验，推进了我国教育的现代化进程。特别是1919年5月21日到1921年7月11日，任教于哥大的世界著名哲学家、教育家杜威曾应北京大学、江苏教育学会等团体邀请在中国讲学两年多时间。他曾在直隶、奉天、山东、山西、江苏、江西、湖北、湖南、浙江、福建、广东等11个省市讲学，在北京高师和南京高师做了系统讲演。当时中国的报刊发表了他的很多讲演，如《新教育》杂志第1~2卷各期均介绍了杜威的哲学和教育理论，第3期还出了《杜威专号》；北京晨报社出版了他在中国的五次重要讲演，书名为《杜威五大讲演》，这本书两年内印了十几版之多。北京高师学生的听课笔记《平民主义与教育》和南京高师学生的听课笔记《杜威教育哲学》也相继出版。之后，他的主要著作《民本主义与教育》也在中国翻译出版。杜威的"教育即生活""学校即社会""从做中学"的教育思想在中国广为传播，对当时中国教育的发展产生了巨大的影响。而且这种影响至今仍在起着作用。可以说，中国教育的现代化进程与哥大师范学院密不可分。

30年前，也就是在我国改革开放的第一年，我们就邀请哥大师范学院比较教育学家胡昌度教授到北师大来讲学。也就是从那个时候开始，我国比较教育在中断30年以后得以恢复和重建。今天，我国比较教育研究已经有一支庞大的队伍。这也与和哥大师范学院的联系分不开。

近些年来，我们与哥大师范学院交往更加密切。哥大师范学院莱文教授、曾满超教授多次来华讲学，北京师范大学、华东师范大学等校也派遣多名学者到哥大师范学院进行学习和学术交流。特别是近几年来北京师范大学教育学部派出了一大批学生到哥大学习，与哥大联合培养博士研究生。他们学习哥大的课程，接受哥大老师的指导，并继承我国老一代学者的精神，虚心学习，吸取一切先进的教育理念，回国以后为中国的教育改革与发展服务。

值得提到的是哥大师范学院的曾满超教授，他一直热衷于中美教育交流和中国西部教育援助项目。他很早就把西方的教育经济学介绍到中国，多次在北京大学、北京师范大学举办教育经济学讲座，还创办了"中国经济与教育基金会"，为教育经济学领域的研究人员提供资助，为来华的美国学者提供资助。曾满超教授作为世界银行的顾问，参与了4个大型中国贫困地区基础教育项目，经费达到7亿美元，惠及十多个省区的上万个贫困县；2个大型高等教育项目，经费达1.2亿美元，惠及许多高等学校。为这些项目，曾满超教授奔走于中国西部各地。

曾满超教授还在哥大师范学院成立了"中国教育中心"，他个人募集资金数百万元资助云南省的贫困学生达5 100余名，并给大学生提供奖学金，培训那里的中小学教师和教育行政人员。近些年来每年暑期他都要到云南去支持那里的教育。"中国教育中心"与中国教育学会中育教育研究中心合作开展了基础教育领导干部的培训计划。他们在哥大师范学院听课，实地考察美国的中小学，开阔了视野，更新了观念，受到很大的启发。

曾满超教授热爱中国教育，热情为中国教育的改革和发展服务，二十多年来为中国教育的现代化做出了很大的贡献。

哥大师范学院与中国教育界的交流与合作已经跨过了世纪，我们希望这种交流与合作继续发展，造福我们两国的年青一代。

2010年6月24日

为推动我国校外培训教育事业在新的历史起点上科学发展而努力

各位来宾，各位代表，同志们，朋友们：

大家上午好！

由中国教育学会高中教育专业委员会、中国教育学会初中教育专业委员会、中国教育学会小学教育专业委员会等联合举办的"第三届全国优秀校外基础教育培训机构、优秀个人评选颁奖大会"暨"第三届全国校外基础教育发展高峰论坛"今天隆重开幕了。

首先，我代表中国教育学会，向光临论坛的各位来宾、各位代表以及关心和支持论坛的各界人士，致以最热烈的欢迎和最诚挚的问候！

改革开放三十多年以来，在"科教兴国、人才强国"战略的推动下，我国教育事业的发展取得了历史性跨越，改革取得了突破性进展。同时，在各级政府、教育行政部门、中小学校以及众多有志人士的共同努力下，我国校外培训教育也取得了长足的发展，这在促进中小学教育教学改革、提升教学质量、培养新世纪人才、加快教育发展步伐、提高中华民族的整体素质等方面都起到了不可或缺的重要作用。

什么叫校外培训教育？现在社会上有一种误解，认为校外培训教育就是另一种学校教育，就是为了参加各种竞赛和升学而举办的各种补习班，如奥数班、各种考试等级辅导班。这些培训班不仅扼杀了学生的兴趣爱好，而且极大地增加了学生的学习负担，损害了儿童的身心健康。我们应该正确地认识校外培训教育的性质和任务。校外培训教育是教育的组成部分，是学校教育的有力补充。校外培训教育应该遵循教育规律、儿童成长的规律，开展丰富多彩的校外活动，丰富儿童的校外生活。校外培训教育是一种具有个性的教育教学活动，它可以给学习有障碍的学生以有力的帮助，对学习有余力的学生加以拓展与提高，对学习有潜力的学生进行挖掘与鞭策，对有希望的学生给以鼓励与帮助……总之，校外培训教育不仅是学校主流教育的补位，更能为孩子提供适合的教育，而适合孩子的教育就是最好的教育！

改革开放以来，校外培训教育为促进教育改革、提高教育质量、满足不同青少年的需要、帮助青少年的成长做了大量工作，取得了可喜的成绩。许多校外培训教育机构以科学发展观为指导，努力贯彻教育方针，推进素质教育，热情为学生服务，受到家长和学生的欢迎。

但是，我们必须清醒地看到，我们的校外培训教育还不能适应国家经济社会发展和人民群众对优质教育的需求。教育观念落后，活动内容单一贫乏，方法陈旧。有些学校教师不认真上课，把学生推到校外补习班，有的校外培训机构缺乏教育责任感，崇尚功利主义，经济利益至上，损害青少年的健康成长。因此，教育部门要加强对校外培训教育的管理，规范校外培训教育机构的行为。校外培训教育机构应增强社会责任感，以民族的未来为重，树立育人为本的理念，顺应人民群众强烈期盼，主动适应经济社会发展的需要，主动适应基础教育发展的需要。有鉴于此，我们对那些长期以来一直坚持为青少年的健康发展、为校外培训教育事业奉献心力，并做出卓越贡献、取得突出成就的培训教育机构和优秀个人予以表彰，树立典型、以成风气。这是为加快推进校外培训教育改革创新、促进校外培训教育规范化发展的一项重大举措。

自2008年以来，"全国校外基础教育发展高峰论坛"已经成功举办了两届，它已成为与"全国优秀校外基础教育培训机构、优秀个人评选"同期一体的教育盛会。作为我国校外培训教育领域高层次、高规格、高水平的交流研讨平台，论坛始终坚持专业性和开放性、前沿性和创新性、贴近性和服务性，始终坚持定期研讨和集体对话机制，进行有针对性的、前瞻性的交流研讨，不仅有力地促进了校外培训教育机构的优质、创新与可持续发展，更为我国校外培训教育事业的发展创设了新的动力、注入了新的活力，也必将进一步推动我国校外培训教育事业在新的历史起点上科学发展！

各位代表、同志们，《国家中长期教育改革和发展规划纲要（2010—2020年）》即将颁布实施，全国教育工作会议也将于年内召开，"十二五"教育发展规划也正在编制之中，所以，当前和今后几年，我国教育事业的发展面临着难得的历史性机遇。如何进一步落实《国家中长期教育改革和发展规划纲要（2010—2020年）》，推动校外培训教育事业在新的历史起点上科学发展，全面实施素质教育，更好地为社会服务？如何进一步支持校外培训教育创新体制机制和育人模式，提高质量，办出特色，办好一批高水平校外教育培训机构？这些都是当今校外培训教育领域应该密切关注和亟待探索、解决的问题。

"纳群言，集众智，求共识，绘蓝图"，这不仅是论坛举办的主旨与目标所在，也是深入贯彻、实践科学发展观的重要举措。除了对议题的探讨与交流，"中国民办教育协会培训教育专业委员会"筹委会还将组织召开筹备工作会，以进一步扩大全国校外培训教育机构的联系，加强对校外教育培训行业的监督和引导，规范行业行为，提高校外培训教育教学质量，树立校外培训教育机构良好形象与品牌。我们希望本次论坛的召开，不仅能让所有与会代表更清楚地认识到校外培训教育的重要性与自身肩负的使命和责任，明确今后努力的方向，同时也能让更多的人关注青少年的健康成长，关注培训教育事业，为进一步推动中国校外培训教育事业在新的历史起点上科学发展做出我们应有的贡献!

祝"第三届全国优秀校外基础教育培训机构、优秀个人评选颁奖大会"暨"第三届全国校外基础教育发展高峰论坛"圆满成功!

祝各位来宾和全体代表身体健康、心情愉快!

谢谢大家!

2010年6月26日

弘扬中华文化，加强青少年教育

非常高兴来参加海峡两岸教育论坛。今天的论题非常重要。青少年是我们的未来，是民族的希望。弘扬中华文化，加强青少年教育是我们教育工作者的责任。为什么说非常重要？因为有下面几条理由。

第一，任何一个民族都有一个根，这个根就是文化。钱穆先生说："文化是全部历史之整体。""文化即是人类生活之大整体，汇集起人类生活之全体即是文化。"又说："文化即是人生，非指各人之分别人生，乃指大群体之全人生，即由大群体所共同集会而成的人生。"什么是大群体？就是民族。民族的人生就是文化。中华文化就是中华民族的文化，是由中华民族共同创造的。海峡两岸同文同种，是同一个文化整体。只有弘扬中华文化，才能使我们民族根深叶茂。没有文化，也就没有民族。如果我们不把中华文化这个根培植好，也就没有我们这个民族。中华文化绵延五千年，是世界上独一无二的。中华文化既具有开放性、宽容性，又具有凝聚力。所以我们要把我们民族的根培植好，使中华民族这棵大树越来越壮大。

第二，我们现在的青少年对民族文化比较淡漠，他们受西方文化的影响很深。他们生活在薯片、芯片、大片的"三片"中。他们的优点是开放、自由、富有创新精神。他们的缺点是自我中心、功利、物质至上等。尤其是大陆新一代独生子女，缺乏中华传统文化的熏陶。

第三，中国历来重视德育，教育首先指教学生做人，立德树人，其次才是传授知识。韩愈说："师者，传道、授业、解惑也。"传道就是传授中国的伦理道德。传道是第一位的。儒家学说的核心是"仁"和"义"，主要是讲人与人、人与社会的关系，培养下一代具有正确对待自己、正确对待他人、正确对待社会的高贵品质。

中国大陆刚开完教育大会，公布了《国家中长期教育改革和发展规划纲要（2010—2020年）》。下面简单介绍一下它的主要内容。（略）

2010年7月16日

准确把握定位　不断改革创新　再创学刊新辉煌*

——在《中国教育学刊》创刊30周年纪念会上的讲话

各位领导，各位老师，各位同志：

由中国教育学会主办、江苏省教育学会承办、镇江市润州区教育局协办的"《中国教育学刊》创刊30周年纪念会暨新起点基础教育改革发展论坛"今天在这里隆重开幕了。首先，我代表中国教育学会、《中国教育学刊》杂志社对专门为《中国教育学刊》创刊30周年题词、发来贺信的全国人大常委会原副委员长许嘉璐、全国政协原副主席张怀西、教育部部长袁贵仁、国家新闻出版总署署长柳斌杰、北京师范大学教授黄济等领导和专家表示诚挚的感谢！对专程来参加我们这次会议的教育部基础教育一司、国家新闻出版总署新闻报刊司的领导表示衷心的感谢！这次会议能够在江苏省镇江市润州区成功举办，是由于得到了省、市、区各级领导的大力支持，江苏省教育学会、润州区教育局及相关职能部门的同志们做了大量辛勤的筹备和服务工作，在此，请允许我代表中国教育学会、《中国教育学刊》杂志社和来自全国各地的400多位代表对江

---

*　原载《中国教育学刊》，2010年第8期。

苏省各级领导、老师和同志们表示崇高的敬意和衷心的感谢！同时，对从全国各地来参加这次会议的400多位代表表示热烈的欢迎！

下面我从三个方面向大家汇报一下《中国教育学刊》创刊30年来的工作情况，请大家批评指正。

一、《中国教育学刊》的创立与发展

《中国教育学刊》是教育部主管、中国教育学会主办的一份面向基础教育的综合性学术刊物。其前身为中国教育学会的工作通讯，于1980年6月开始作为内部资料不定期出刊，1986年起改为双月刊定期出版。1987年9月，国家教委、北京市新闻出版局批准《中国教育学会通讯》改名为《中国教育学刊》并试刊。1989年3月25日，原国家新闻出版署批复《中国教育学刊》作为双月刊在国内外公开出版发行。从2003年1月起，《中国教育学刊》改为月刊。目前《中国教育学刊》为大16开本、96页月刊，每期发文量为17万字左右。月发行量在学术类刊物中名列前茅。

2006年3月教育部人事司批复中国教育学会，同意组建《中国教育学刊》杂志社。经过几年努力，到2009年7月，经教育部、财政部批准，工商局注册，我们正式成立了《中国教育学刊》杂志社，成为具有法人资格的全民所有制经济实体，可以独立开展广告、发行和经营等业务活动。这进一步扩展了《中国教育学刊》经营发展的空间。

2004年12月，经中国教育学会会长办公会研究决定，把《中国教育学刊》的经营活动委托中育教育发展研究中心经营和管理，这是中国教育学会创新《中国教育学刊》经营和管理机制的一次积极尝试。经过五年的时间，我们认为，这样一种尝试是成功的，因为它减轻了中国教育学会的管理压力，极大地增强了《中国教育学刊》管理的活力，进一步提高了《中国教育学刊》的经营效益。

二、准确把握定位，聚焦教育改革发展重大主题

创刊30年来，《中国教育学刊》一直秉持正确的办刊宗旨和指导思想，始终以马列主义、毛泽东思想、邓小平理论和"三个代表"重要思想为指导，认真贯彻落实科学发展观，紧密围绕国家教育工作中心服务教育改革发展大局，努力贯彻"百花齐放，百家争鸣"的"双百"方针，成为我国教育战线上一份非常有影响力的刊物。

近年来，我们根据教育改革发展的新形势和期刊市场日益激烈的竞争格局，准确把握学刊定位，努力寻求有效发展的思路和空间。作为面向基础教育的综合性学术刊物，我们将《中国教育学刊》定位在"应用性研究"，以"传播教育理论，推广教育经验，促进教育改革，繁荣教育科学"为办刊宗旨，服务教育专业研究工作者和一线实际工作者两个群体。

作为一份"应用性研究"的学术刊物，它不同于"基础性研究"的学术刊物。《中国教育学刊》侧重于对教育改革发展中的现实问题、实际问题进行研究，强调对现实问题研究的政策高度和理论深度，具体表现在三个方面：一是围绕国家和教育部出台的政策和法规做理论研究；二是围绕社会广泛关注的教育热点问题和社会上发生的大的事件展开研究；三是围绕基础教育理论和实践领域普遍性问题进行深入研究。也就是说，《中国教育学刊》"应用性研究"的这种定位，凸显其选题特别强调要把握中国教育改革和发展大的形势。比如，这两年，围绕《国家中长期教育改革和发展规划纲要（2010—2020年）》的研究制定，我们就实施素质教育、提高教育质量、促进教育公平、创新教育制度、改革人才培养模式、教育家成长与教育家办学等重大领域的问题，从不同角度组织刊发了大量的研究比较深入的文章，为教育规划纲要的制定提供了重要的参考。

《中国教育学刊》坚持围绕国家教育工作中心服务教育改革发展大局的办刊原则，倡导理论联系实际的文风，强调政策性、学术性和群众性相统一，不仅成为广大教育理论工作者所喜爱的学术园地，而且也是一线校长教师提升教育专业素养、努力成长为教育家的重要平台。像著名教育家魏书生、李吉林老师，都曾在《中国教育学刊》这个平台上受到教育学术滋养，同时，也都曾在这个平台上传播和交流优秀的教育经验与学术思想。《中国教育学刊》在教育界形成了一定的品牌，树立了良好的形象，享有较高的威信，赢得了普遍的赞誉，已经成为我国基础教育学术界的主导期刊之一。

多年来，《中国教育学刊》被"中国期刊网""中国学术期刊（光盘版）"全文收录，同时被认定为"中国学术期刊综合评价数据库"和"中国人文社会科学引文数据库"的来源期刊；成为全国中文核心期刊，并入选"中文社会科学引文索引"（SSCI）的来源期刊。

2009年，《中国教育学刊》在中国人民大学书报资料中心《复印报刊资料》的8种专题刊即《教育学》《中小学教育》《中小学学校管理》《高等教育》《成人教育学刊》《职业技术教育》《体育》《心理学》中的全文转载数在所涉及全文被转载的278种教育科学类杂志排名中名列前茅。其中，《中国教育学刊》还有不少课程教学方面的文章被学科性的复印资料转载没有被统计进来，要加上这些，转载率会更高。

仅这两年，《新华文摘》全文转载、观点摘编、篇目推荐的《中国教育学刊》上的文章就达20多篇。

通过中国知网发行的《中国教育学刊》电子版，涉及亚洲、欧洲、南北美洲、大洋洲近30个国家和地区的3 500多个用户，成为海外认识和研究中国教育的重要窗口。

与此同时，来自读者的反馈也越来越好，包括以下几点：一是学刊内容越来越贴近基础教育实际，绝大多数文章的选题都是当前教育改革发展中的热点问题，有政策高度、理论深度和实践指导性。二是在引导提升中小学校长、教师学术研究水平方面成效显著。这两年学刊刊登的中小学校长、教师的文章明显增加。这些文章走出了就事论事的层次，都有不同程度的理论含量和学术品位。三是学刊所载的理论文章文风有了较大改进，少了学院式研究味道，文风更加朴实和通俗易懂。四是学刊坚持不收版面费，坚持质量第一的选稿标准，这难能可贵。

《中国教育学刊》历经30年走到今天，不断成长壮大，取得如此成绩，一是得益于上级主管部门和中国教育学会历届领导的呵护和关心，二是得益于广大读者、作者的信任和厚爱，三是得益于办刊人的辛勤付出和奉献，四是得益于各省区市学会及学刊各通联站在学刊发行方面所做的辛勤工作。在这里，我谨代表中国教育学会向一直以来关心《中国教育学刊》成长和发展的各级领导致以崇高的敬意！向所有厚爱《中国教育学刊》的读者和作者表示衷心的感谢！向所有参与《中国教育学刊》编辑、发行、经营工作的同志们致以诚挚的问候！

三、解放思想，改革创新，努力再创学刊新辉煌

俗话说，三十而立，《中国教育学刊》创刊30年来，无论是在教育学术界，还是在基础教育一线，其作用和影响力都是公认的。但是，我们还不能满足现状，我们要按照袁贵仁部长对我们的鼓励和要求，积极开拓进取，努力实现《中国教育学刊》的新发展、新跨越。首先，作为《中国教育学刊》的主办单位，中国教育学会要进一步解放思想，大力改革创新。墨守成规向来是事业发展的大敌，唯有创新才是事业发展的不竭动力。作为一份有影响力的刊物，《中国教育学刊》一方面要有较高的办刊质量，另一方面要有较强的发行经营能力，这两方面相辅相成，缺一不可。试想，发行经营弱，必然导致传播力弱，没有传播力，

何谈影响力？办刊是为了影响作者，影响社会，绝不是为了孤芳自赏。因此，作为主办单位，中国教育学会要遵照袁贵仁部长的要求，加强领导，科学管理。所谓科学管理，我的理解就是要建立一种能够增强《中国教育学刊》管理活力和大力增进其效益的管理机制。为此，我们应当积极为《中国教育学刊》的发展创造一个优良的环境，营造一个良好的发展氛围。

其次，《中国教育学刊》要解放思想，不断改革创新。要大力加强编辑队伍和发行经营队伍两个队伍建设，要加强学习，学习理论，掌握实践能力，把杂志社建成学习型组织。新世纪第一次、改革开放后的第四次全国教育工作会议和《国家中长期教育改革和发展规划纲要（2010—2020年）》，描绘了我国未来10年教育改革和发展的宏伟蓝图，确立了到2020年"基本实现教育现代化，基本形成学习型社会，进入人力资源强国行列"的教育改革发展的战略目标，提出了推进我国教育事业科学发展的20字工作方针，即"优先发展、育人为本、改革创新、促进公平、提高质量"。当前和今后一段时间，学习、宣传和贯彻教育规划纲要是《中国教育学刊》的重大任务。学刊要紧紧围绕教育规划纲要精神和内容把握选题、组织稿件。

在新的起点上，《中国教育学刊》必须紧扣时代发展的脉搏，与教育研究者、实践者为伴，既要及时呈现先进的教育思想、教育理念和高质量的教育科研成果，保持学术研究的科学性和前沿性，为教育决策提供依据，为繁荣教育科学做出贡献，又要着力推介教育科研成果和教育教学的成功经验，彰显教育教学实践经验的可行性和实效性，为教育家成长搭建平台。为此，我提出以下三点意见。

第一，以质量求生存。质量是期刊的生命，是期刊生存之本。期刊的质量，包括政治质量、信息质量、学术质量、文化质量和出版（编校、排版、印刷、装订）质量及发行服务质量等。在办刊工作中，提高期刊质量的关键在于加强选题策划。当前学刊要重点围绕教育规划纲要内容，对涉及我国教育改革发展的重大理论问题和现实问题进行深入研究。

第二，以特色求发展。在教育类期刊众多且竞争日益激烈的情况下，《中国教育学刊》必须与时俱进，不断改进，办出自己的个性，办出自己的风格，办出自己的特色。编辑要进入教育研究的现场，融入教育实践的沃土，关注真实的教育问题，成为教育理论与教育实际、理论研究者与实践工作者密切联系的桥梁；要反映中国教育学会及其各分支机构、教改实验区、实验学校的研究成果和学术动态，成为展示群众性教育科研成果的窗口；要服务于教育教学改革实践，服务于中小学教师，着力引领和助推教师的专业发展，成为教师向教育家转变的助力器。

这里我想特别说明的一点是，《中国教育学刊》作为中国教育学会的会刊，一方面应及时传达中国教育学会的工作部署和报道学会的重要学术活动，在这方面，学刊做得一直是不错的；另一方面，还应该充分反映学会的学术研究和实验研究成果，但要实现这样一种愿望，除了学刊编辑部要树立这样一种意识外，更重要的是我们课题的研究部门、研究人员也要增强这样一种意识，要想着把我们的研究成果发表出去，当然必须达到发表的水平。这里，我特别希望我们课题的研究部门、研究人员，要切实努力提高学术研究水平，包括写作水平。

第三，以品牌求恒久。品牌蕴含质量和特色。在成熟的市场中，名优品牌的竞争优势显而易见。期刊是文化产品之一，与其他产品一样，都存在着走向市场以及经受市场检验的问题。有鉴于此，我们办刊的同志应具有敏锐的辨识力和强烈的责任意识、创新意识，把目光投向教改实践，把思想聚焦于教育难题，把激情注入本职工作，把挚诚献给广大读者，固守质量，凸显特色，锻铸品牌，求实创新，努力再创《中国教育学刊》的新发展、新辉煌。

在2010年开学典礼上的讲话

尊敬的各位领导、各位老师，亲爱的同学们：

你们好！

在这秋高气爽、硕果丰收的季节里，我们迎来了几千名新生，这也可以说是我们北师大的大丰收，把全国的优秀青年收录到我们北师大的校园里。我要代表北师大的老师们热烈地欢迎你们，欢迎你们加入北师大人的队伍。

北师大是一所有着悠久历史，又充满着生气的高等学府。它有着优秀的学术传统，同时又不断创新，跟着时代的步伐，高唱着向科学进军的进行曲，不断向学术的高峰攀登！同学们在这所学校里，一定能发挥自己的聪明才智。

同学们，你们辛苦啦！你们经过12年的辛苦学习，通过激烈的考试竞争，终于圆了大学的梦。我要向你们取得的成功表示衷心的祝贺！有些同学可能会想：12年的埋头苦学、艰难生活、没有假期、没有娱乐，进入大学，终于摆脱了考试的压力，这下子该松快松快、休息休息了。这种想法是完全可以理解的。但是我想告诉大家，大学生活是人生最关键的时期，也是最幸福的时光。在大学里你要规划你的人生，你要设计你的未来生活，你可以充分发挥你的聪明才智，去获取你想要获得的知识和能力。我打一个不太恰当的比喻，你们在中学里，由于受到考试的竞争和压力，好像一群活泼可爱的海豚被挤在一条小溪里，互相挤压，不得自由。而大学却像一个无边无垠的海洋，可爱的海豚可以在这大海中自由游弋，自由翻腾。同学们，大学就是你们的海洋。大学里不仅有著名的大师、充满活力的中青年老师，还有丰富的藏书、各式社团活动、各种学术讲座，任你选择。大学里有各种学术流派的争鸣，有各种思想的碰撞，在这里，你可以与大师对话，可以向权威提出挑战。通过这些活动，你可以得到启发，增长智慧，体悟人生。

当然，学习总是很艰苦的，在大学学习也是要有刻苦钻研精神的，要想学到真知识、真本领，还是要严谨笃学的。但这种学习与中小学的学习完全不一样了。大学的学习要发挥你的主体性、主动性、自觉性，你要自己选择，自我设计。老师会向你们传授他的专业知识，但更主要的是指导你们学习的方法和策略。没有人会给你规定作息时间表，一切全靠你自己。因此，同学们在学习中需要有一个转变学习方式的过程，一个适应新的生活方式的过程。在这个过程中你们可能有时会感到迷惘，有时会不知所措。但不要紧，有老师为你们指明方向，有老同学会帮助你解决困难。你们在北师大将生活在一个温暖的家园里。

北师大有着优良的校风："学为人师，行为世范"就是我们的校训，是每一个师大人的思想行为准则。大学生是一个知识群体，虽然现在我国大学生已经有两千多万人，但是从整个人口来说，大学生还是少数。大学生是社会中的知识阶层。知识分子是社会的中坚，他们肩负着引领社会先进文化、引领社会进步的责任。要担负得起这样的责任，就必须具有兼善天下的胸怀，培养自己服务国家和人民的责任感，就要坚持"学为人师，行为世范"的行为准则。我希望同学们在北师大不仅能学到知识，登上科学高峰，而且能够成为具有高尚道德品质、丰富思想情操的人。

大学是最幸福的时光。一位老人对我说："我觉得一生中最幸福的时光是大学生时代和退休以后的时光。因为只有在这两个时光里人是最自由、最自在的，可以选择自己喜爱的学习和活动。"看到你们，也使我这个老人怀念起大学时代的生活。因此我要祝愿你们在大学时期享受人生最幸福的时光。

　　谢谢大家！

2010年9月12日

在联校奖15周年纪念会上的讲话

尊敬的汤伟奇先生，尊敬的杜祖贻教授，各位专家、朋友们：

早上好！由杜祖贻教授发起、香港企业家资助的社会科学、医学联校奖学金发放15年了。15年来联校奖在全国13所大学（包括香港1所）进行评选，获奖人数达1 130人次，资助总额达到815万元。这对于激励年轻学者开展科学研究起了重要的作用。其中有多篇论文被评为国务院学位委员会设立的百篇优秀论文奖，并有多部著作已经正式出版。头几年获奖的青年学者现在已经成为各学科的骨干，有的成为学科的带头人和院校的领导。真是可喜可贺。

按照杜祖贻教授和内地几位学者，包括北大汪永铨教授、华东师大瞿葆奎教授、东北师大黄启昌教授等当年的设计，联校奖的宗旨是鼓励青年学者研究现实的理论问题，学以致用。他们当时针对我国教育及社会科学研究中"机械套用西方理论"的现状，谋求学术研究改革，主张"研究应充分发挥社会科学的科学潜能，目标要明确，方法要客观，并且要对自己的研究方向和方法做严格的检讨"，因此于1994年设立"教育及社会科学应用研究论文奖计划"，由香港中文大学和内地十几所大学合办。他们希望通过这一计划以倡导和提高我国社会科学研究方法的科学性和应用性。后来，上海交通大学医学部的"医学与健康促进应用研究"奖金计划也被纳入到本论文奖计划之中，于是本计划改为"联校论文奖计划"。

15年来，联校论文奖计划在各方大力支持下，取得了令人瞩目的成绩。特别是2005年以来，香港圆玄学院汤伟奇先生慷慨资助，使得联校论文奖有了雄厚的资金支撑。这几年联校论文奖又有了新的发展。

为了联校论文奖的进一步发展，我想提几点想法。

第一，希望青年学者更关注我国社会主义现代化建设中的重大现实问题和理论问题。今天我国经济社会发展到一个新的历史时期，今后10年是我国全面建设小康社会、加快推进社会主义现代化、建设创新型国家的关键时期。从经济发展形势来看，我国经济正处在转型时期，推动产业结构升级，转变经济发展方式，建设资源节约型和环境友好型社会，必须依靠科技的进步、社会文化的提升和劳动者素质的提高。在社会迅速发展过程中，社会矛盾也越来越凸显。最近国家发布的《国家中长期教育改革和发展规划纲要（2010—2020年）》值得我们这些教育工作者充分地关注。因为教育是社会发展的基石，教育公平是社会公平的基础。教育规划纲要提出许多新的观念和举措，需要我们从理论上加以研究和阐释，提出在实施中的对策，为教育改革和健康发展服务。当然，我们还应关注其他社会问题，希望通过青年学者的研究，产生一批对教育、科技、经济、政治、文化各个领域在理论和实践上有参考价值的研究成果。

第二，努力改进我们的研究方法。20世纪八九十年代我们大量引进西方理论，生吞活剥，消化不良。21世纪以来，这种状况已经有了很大改善。但是在研究方法上还有进一步改善的空间。虽然我们不能照搬西方的理论，但西方有些社会科学的研究方法还是值得我们学习的。我国的教育和社会科学研究往往重视思辨性研究，缺乏实证性研究，因而有些研究结果难以让人信服，特别是西方人不理解。因此社会科学的应用研究应该重视实证性研究。实证性研究并不等于量化研究，质的研究更需要有实证。总之，我们需要进一步改善研究方法，使之更加科学。

第三，我们要使我国的理论走出国门、走向世界。过去我们总是引进别国的理论，了解世界，今天我们也要走向世界，让世界了解我们。我国有悠久的文化历史。中华文明要复兴，就要让世界了解中华文明。我们现在已经有条件做到这一点：我们已经有自己的英文刊物——*Frontiers of Education in China*，还有哲学卷、文学卷等，可以发表我们的论文；我国每年都参加国际书展，鼓励中文图书输出；现在年青一代外语都比较好，应该练习用外语写作，向国外刊物投稿。

总之，我们有许多工作要做，希望年轻学者不辜负老一辈学者的期望，奋发图强，做出更大的成绩。

2010年11月20日

在北师大创办成人教育55周年庆祝会上的致辞

尊敬的各位领导，同志们，朋友们：

首先请允许我对我校创办成人教育55周年表示最热烈的祝贺。向继续教育和教师培训学院的师生和工作人员表示深深的敬意！

55年来，北师大成人教育培养了大批中学教师和各方面的人才，成人教育机构也有了很大的发展。回顾这55年，我校成人教育经历了三个重要的发展阶段：第一个阶段是1955年成立之日起至1966年"文化大革命"爆发之前，以函授教育为主，培养的对象也主要是中学的各科教师。第二个阶段是改革开放以后，1980年开办夜大学，培养的对象扩展到教育管理等其他专业。1985年又恢复函授教育，以培养中学教师为主。特别是1986年国家教委高等学校师资培训中心成立以后，成人教育的业务扩展到大学教师进修班和培训班。这几年的教师培训工作为我国教育在"文化大革命"所造成的创伤中恢复和教师队伍的重建起了重要的作用。随着教育技术的发展，21世纪之初学校又建立了网络教育。第三个阶段是2004年几个单位合并以后至今，我校继续教育和教师培训事业又有了新的发展。其中有一个阶段是我亲身经历过的，同时我也经常为学院讲课，所以对学院的发展十分关切，对学院取得的成绩深感欣慰。

成人教育是终身教育中的重要环节。近几十年来，成人教育的概念逐渐和继续教育重合。《国家中长期教育改革和发展规划纲要（2010—2020年）》指出："继续教育是面向学校教育之后所有社会成员特别是成人的教育活动，是终身学习体系的重要组成部分。"过去成人教育主要是指对已经走上生产或工作岗位的从业人员进行教育的活动，包括干部教育、职工教育、农民教育、社会教育等，属于补偿性质的教育。继续教育则是指对已经获得一定学历教育和专业技术职称的在职人员进行教育的活动。两者的教育对象都是成年人，所以都可以称为成人教育。而随着我国教育的普及和提高，补偿性质的教育越来越少，社会更多地需要继续教育。所以成人教育与继续教育就重合了，都融入终身教育的范畴之中。这是社会进步的趋势，也是教育发展的趋势。

　　随着科学技术的迅猛发展和社会的变革，终身教育越来越受到国家和人民群众的重视。教育规划纲要提出，要"更新继续教育观念，加大投入力度，以加强人力资源建设为核心，大力发展非学历继续教育，稳步发展学历继续教育"。纲要还制定了全民学习、终身学习、形成学习型社会的目标。因此，继续教育大有可为。我们北师大，作为一所师范大学，肩负着培养和培训优秀师资的重大任务。教育大计，教师为本。我们要认真贯彻落实教育规划纲要，培养具有社会责任感和具有创新精神、实践能力的人才。我国有1 200多万名中小学教师，他们要不断提高业务水平。因此，继续教育和教师培训的任务很重。在祝贺我校成人教育事业取得巨大成绩的同时，希望我校继续教育和教师培训学院继承优秀传统，再接再厉，取得更大的成绩。

2010年12月11日

在北师大110周年校庆大会上的发言

尊敬的各位领导，尊敬的各位来宾、老师们、同学们：

上午好！

我是北师大的毕业生，又是北师大的教师，在北师大已有63年的历史，今天在这里隆重庆祝母校110周年华诞，我无比激动，同时也感慨万分。还记得1949年北平刚解放，我来到北师大学习，从上海坐了56个钟头的火车抵达北京，车站上已经有老同学拉着平板车等着接我们。老同学帮我们拉行李，一路上介绍北师大的情况。我还记得著名历史学家侯外庐先生在风雨操场为我们全体师生上社会发展史、胡明先生上政治经济学、董渭川先生讲教育方针。那时北师大只有一千多名学生，校舍在和平门外，只有一百多亩地。1951年母校把我送到苏联学习，1956年回来，学校已经搬到现在的地方，六十多年来校舍扩大了几十倍，学生规模也扩大了几十倍。

北师大是一所有着革命传统的学校。北师大和北大一样，都是五四运动的策源地，是北师大和师大附中的学生首先走上街头，反对帝国主义。之后在抗日战争、解放战争时期，北师大师生总是走在学生运动的前列，许多校友参加了革命，为我国的解放事业做出了贡献。

北师大又是一所具有深厚文化底蕴的学校。许多大师级的人物在北师大任教，早期有黎锦熙、钱玄同、鲁迅、林砺儒等名家学者；新中国成立以后，与辅仁大学合并和经过院系调整，调出去了一批教师，又聚集了一大批知名学者，如陈垣老校长、钟敬文、启功、周廷儒、汪堃仁等名家。他们为北师大树立起了"学为人师，行为世范"的校风和严谨求实的学风。

110年来，北师大走过风风雨雨的曲折道路，取得了巨大成绩，有了很大的发展。新中国成立以后，特别是改革开放以来，北师大发展到了一个新的时期。由一所仅有千把人的单纯培育中学教师的学校发展成综合性的、有教师教育特色的、在全世界有影响力的大学。可以说，我是新中国成立以来北师大发展的见证人。看到北师大的发展，我感到由衷的高兴。

作为一名学生，又是一名教师，我就是在这样一所既有革命传统又有深厚文化底蕴的学校里成长起来的。今天是母校校庆，过两天又是第28个教师节，在这个双重节日里，我首先要感谢母校、母校老师对我们的培养，祝愿母校与时俱进，进一步发展，早日成为世界一流大学。同时作为一名教师，我又感到责任之重大。我们如何继承北师大的优秀传统、如何改革创新、如何办出特色、如何达到世界一流？这是北师大人面临的巨大挑战。我作为一名老教师，在过去几十年中，由于种种原因，没能达到老一辈学者的水平，只起到了承前启后的作用。我希望年轻老师和同学们，抓住今天的大好时机，继承传统，严谨治学，改革创新，大胆超越，为把北师大建成一个人才高地、未来教育家的摇篮而努力。

谢谢大家！

2012年9月8日

在拉美教育研讨会上的讲话

各位来宾：

早上好！

在秋高气爽的时节，我们在北京召开拉美教育研讨会，欢迎来自远方的朋友和各地的代表。

拉丁美洲虽然离我们这里比较遥远，但是教育下一代，让他们过上和平幸福生活的愿望，我们是相同的。当今在经济全球化背景下，地球变得越来越小，特别是信息化使我们变得越来越近。过去一封信从太平洋西岸的中国发到太平洋东岸的拉丁美洲国家需要几个星期，现在一封电子邮件发出去，几十秒钟就能到达彼岸，真正实现了中国古话中说的"天涯若比邻"。

我有幸在1987年访问了巴西的里约热内卢，那里给我留下了十分美好的印象。巴西人民热情奔放，永远乐观向上的情绪感染着我们。他们的教育对国家的发展功不可没，值得我们学习和借鉴。

虽然亚洲与拉丁美洲地理条件不同，文化传统不同，但教育有着共同的规律，儿童发展成长有相同的规律，教育在国家发展中的作用都是相同的。我们在教育研究中会有许多共同的语言。各国在发展教育中会有许多经验，也会有许多困惑。通过交流和研讨，我们可以互相学习，互相借鉴。同时，教育的交流与合作，从文化层面来说是一种很有益的跨文化的交流，可以促进互相理解，互相交融。

我国比较教育界长期以来研究欧美国家的教育比较多，研究拉美和非洲国家的教育比较少。这次会议对于我们加强对拉美国家教育的研究是一个很好的契机，希望通过这次会议能够加强中国教育界与拉丁美洲教育界的交流与合作。

最后，祝大会取得圆满成功，祝远方的朋友们在北京生活愉快，身体健康！

2013年10月26日

在第九届亚洲比较教育年会上的讲话

女士们，先生们，尊贵的各位来宾：

大家早上好！

首先欢迎来自世界各国的朋友和各地的代表，在这春末夏初的季节，齐聚风景秀丽、气候宜人的西子湖畔，参加第九届亚洲比较教育年会这一盛会。

我和亚洲比较教育学会，和杭州都有很深的渊源。我还记得1996年，亚洲比较教育学会在日本成立。当时，中国比较教育学会是发起单位之一，我也全程参与了亚洲比较教育学会的筹建工作和第一届会议。与会代表都有一个共识，亚洲的文化非常独特，在世界上有非常重要的地位，因此亚洲比较教育学会将成为亚洲教育工作者自己的学术共同体，成为亚洲与世界交流的平台。随后，也就是1998年，第二届亚洲比较教育年会在北京召开，由中国比较教育学会主办，我们北京师范大学国际与比较教育研究所承办。当时会议的主题是"文化传统与教育现代化"。会议吸引了来自日本、韩国、印度、泰国、菲律宾、马来西亚、越南、伊朗、美国、加拿大、墨西哥、澳大利亚、法国、德国等国家和地区的外籍专家70余人。我国香港和台湾地区的20多名比较教育学者和大陆地区的100余名学者也参加了此次会议。会上，各国专家就国际化背景下的文化传统与教育现代化问题，如文化传统在教育的现代化变革进程中的困境与出路、国际化时代文化传统的嬗变与比较教育的发展、各级各类教育在信息社会和知识经济时代的社会作用和面临的挑战等问题进行了深入的探讨。这次会议实际上也是一次世界范围的比较教育会议，这多少弥补了当时世界比较教育大会未能在中国召开的遗憾。

今年，亚洲比较教育年会能在杭州召开，我特别高兴。我担任过杭州师范大学学术委员会的主席，每年都要来杭州，见证了杭州这些年来教育理论的有益探索和教育实践领域的大胆尝试。我们老一辈的比较教育学家王承绪先生也在这片土地上工作过，生活过。他为中国比较教育学科的发展做出了卓越的贡献，他已离我们而去，我们永远怀念他。

女士们，先生们，虽然亚洲各国地理条件不同，文化传统不同，但在经济全球化和网络时代的背景下，地球变得越来越小，我们面对的教育问题共性日益凸显。如工业化、城镇化、信息化的快速发展不仅改变了我们既有的社会结构，生产、生活方式，同时也在改变着我们的资源分配和价值选择。这次会议的主题"教育、公平与社会和谐"恰恰反映出亚洲各国的教育发展都面临着城乡统筹、教育质量提升、教育国际化等发展问题。当然，各国在发展的过程中会有许多经验，也会有许多困惑。这次会议对于我们加强亚洲各国之间的教育理解是一个很好的契机，通过交流和研讨，我们可以互相学习，互相借鉴，也可以促进亚洲各国文化之间的互相理解，互相交融，促进亚洲文化圈的和谐发展。

最后，祝大会取得圆满成功，祝来自远方的朋友们在杭州生活愉快，身体健康！

2014年5月17日

在第三届中国学前教育年会上的讲话

　　学前教育是人接受的最早的有计划、有组织的教育，对人的一生发展具有极为重要的影响。中国古代就有"三岁看大"的说法。学前教育对幼儿身心健康、习惯养成、智力发展、人格形成具有重要意义。学前期是一个人身体形态、结构、机能、大脑发育最为迅速的时期，同时也是行为习惯养成和智力发展的最关键的时期。大量研究说明，学前期是儿童身心发展的关键期，是个体终生发展的奠基期。

　　党和政府十分重视学前教育。2010年颁布的《国家中长期教育改革和发展规划纲要（2010—2020年）》中就专列一章"学前教育"，要求到2020年基本普及学前教育。为此，国务院还专门召开了常务会议，这是我国历史上从来没有过的。会后发布了《国务院关于当前发展学前教育的若干意见》。各地方政府积极性也很高，采取各种措施，多方筹集资金发展学前教育。教育规划纲要中的发展目标有望提前实现。

　　在当前学前教育发展的大好形势下，一些情况也未免令人有些担忧，主要是幼儿园教师队伍跟不上。幼儿园校舍建设、设备配置问题是比较容易解决的，只要政府重视，筹集资金，很快就能建成一所漂亮的幼儿园。但教师队伍建设却不那么容易。培养一名教师起码要用三年时间，等她（他）成熟为一名好教师又要若干年。因此，当务之急是下大力气建设幼儿园教师队伍。

由于幼儿园缺乏合格的教师，所以学前教育也出现了一些误区。两种极端的倾向：一是学前教育小学化，在幼儿园过早地教学生学习系统的知识，这大多发生在城市幼儿园；二是放羊式，幼儿园教师只起到看护的作用，缺乏对幼儿的教育，这大多发生在农村地区。

因此，农村地区要补充合格的幼儿教师，大力培训现有的教师，使他们懂得一些幼儿教育的知识，具备基本的教育能力。对于城市幼儿园重要的是转变观念，克服小学化倾向。这里当然有家长推波助澜的作用。幼儿不是不能学习知识，而是要在游戏中、玩耍中、和同伴交往中学习有关自然、环境、同伴的知识。前面讲到，幼儿期是身体、心理发育最关键的时期。幼儿能否养成良好的习惯、交往的能力、开朗的性格会影响其一辈子。所以我特别主张学前教育要为儿童完善人格的发展打下基础。有些家长不理解，以为学习知识越早越好，学得越多越好。其实，知识不等于智慧，智力发展也不等于人格的形成。有些家长过早地把幼儿压在学业堆里，结果是幼儿养成封闭的、自我中心、孤独的性格，将来怎么能有幸福的生活。因此，幼儿园老师不仅要有正确的教育观念，而且要与家长沟通，做家长的工作，克服小学化倾向，把幼儿园办成儿童真正的乐园。

2014年8月15日

在北师大二附中纪念文科班创办50年教育创新座谈会上的讲话

我非常高兴能够参加今天这个会。

文科班成立时我刚好在师大附中当教导处副主任,1958年"教育大革命"期间,我们在一附中试行了九年一贯制、半工半读等改革。到了60年代的时候开始进行调整。但1960年中宣部又根据毛主席"教育要革命,学制要缩短"的指示,批判教育的"少慢差费",提出新一轮的改革,中宣部直接成立和领导北京景山学校,教育部则以二龙路中学为试点,重新掀起教育改革高潮。当时师大一附中没有参加改革试验。

1962年二附中开始办文科班,办了三届,成绩斐然,出了很多人才。"文化大革命"中间中断了。到90年代又开始办起文科班,我还是文科班的顾问。非常惭愧,我只参与了几次座谈,没有真正参与。今天听了你们的汇报,非常振奋,非常好。你们确实做了很多工作。原来我不大清楚,这次听了以后,才知道你们改革办学的宗旨,办学的目标,办学的定位,非常清晰。办学的目的很明确,办学的措施很到位,有很多经验值得总结。

下面我想谈谈我对文科班的一些认识。为什么要成立文科班?不知道我的想法对不对。60年代成立文科班,目的是培养一批高水平的文科人才,培养高素质、高水平的精通马克思主义的名家,这是当时的想法。90年代成立文科班的想法有些变化。我记得，启功、赵朴初等八位大师，给政协写了个提案，要求培养文科人才，要从中学开始。我认为，办文科班最主要的意义就是培养文科的预备人才，文科高素质预备人才，而不是一般意义上的为了高考的文理分科。我国的八位大师，提出了要培养文科人才，认为到了大学就晚了，到高中开始培养也晚了，要从初中就让他们开始学习文科的知识。要培养一些将来真正能成为国学大师的人物。20年代清华大学成立国学院，有陈寅恪、梁启超、赵元任、王国维四位大师。八九十年代我们北师大有启功、钟敬文等，北大有季羡林、任继愈等大师。但这样一些人才很少，学贯中西的人才很少。我觉得八位大师提出要办文科班，他们很着急，我很理解他们的心情。我觉得我们这个文科班，不同于现在的高考文科班，为了高考进行文理分科我是一直不赞成的，我觉得高中阶段是打基础阶段。你想想看，学生到了大学要接受通识教育，高中就文理分科，不是太早了吗？但是现在高考文理分科，所以学生一到高中就分科。说得不好听，选文科的学生多数不是因为爱好文科，而是理科学不好，只好选文科。这个问题要改，高考的改革方案快要出来了。我也是国家教育考试指导委员会的委员，国家教育考试，包括小升初、初升高、高考，都要改，已经讨论了两三年了。我们讨论《国家中长期教育改革和发展规划纲要（2010—2020年）》的时候，很大一个问题就是高中要不要文理分科，绝大多数专家认为不该分科。但是在这种情况下我们为什么要办文科班？我们的文科班不同于为了高考的文科班，我们的文科班定位是要培养高素质、高水平的文科人才。我们不是不要理科，不是说让理科学不好的学文科。我们要选拔一些对文科有兴趣、有爱好、有天赋的人才，真正把他们培养成大师级的预备人才。希望文科班的学生将来成为学贯中西、学贯古今的大师级人才。

课程设置是关键，现在你们做得确实不错。首先要让文科班的学生把古文读懂，古文看懂，这就很不容易。真正拿起古文来不仅要读下来，还要会解释，就不容易了。现在有一个高考指挥棒，素质教育很难推进。还有其他社会原因，分配的差距、贫富不均、大家都要找好的工作；还有教育的功利主义，大家都想考清华北大，升学率已经不是说升大学了，要看升清华北大了。这个观念不改变，很多事不好办。这是观念的问题，也涉及现在的分配制度等问题。很多教育问题都是社会问题在教育上的反映，我们教育承担不起全社会的矛盾。但是现在全社会的矛盾好像都是在教育上，我们真的承担不起。我认为将来高考统考只考两门课，一门数学一门语文，外文参加等级考试，该四级的四级，该六级就六级。外语考91分和90分有什么两样？没什么两样，但是把它加在总分里就不得了了。考两门以后，报考的高校再根据学生报考的专业举行自主招生的考试。报什么专业，就考什么知识。扩大高校招生录取的自主权。比如，你要学中文，就考你的中文，你要学历史，就考历史。这样引导中学的多样化改革。我经常说一句话，"没有兴趣就没有学习"。要引导中学多样化办学，引导中学的学生能够按照兴趣来学习，不是按照考试科目来学习。我一再强调，我们的文科班不同于为高考的文科班，我们是要选拔文科上面有文学天赋的人加以培养，将来真正成为文科的领军人物，我们要把这个工作定位好了。二附中现在的文科班和这个思想符合，当初成立的时候就提出来了。

总结经验，把过去第一届的经验总结出来，根据时代的发展继续总结，在总结的过程之中创新。

2014年9月14日

在第五届比较教育国际论坛上的致辞

尊敬各位来宾、各位代表，女士们、先生们：

上午好！

在这美丽的金秋时节，来自五湖四海的比较教育学者、朋友们聚集到北京，我向大家表示热烈的欢迎。

当今世界，科学技术突飞猛进，各国都感到人才培养跟不上科技发展的形势，纷纷探索教育改革的路径。经济的全球化、信息的网络化，使我们越来越互相依存、越来越紧密联系。教育的国际化已经成为现代教育的主要标志。但是怎样理解教育的国际化？人员的交往、互派留学生、信息资源的交换、科研项目的合作、国际会议等都是教育国际化的内容和形式。但是教育国际化的本质是什么？我认为教育国际化的本质是国际理解，理解世界各种文化、尊重各种文化，促进人类文化的进步和繁荣。教育是培养人才的社会活动，教育要培养经济全球化时代的世界公民，就要通过教育国际化拓展他们的国际视野，培养国际理解和国际交往的能力。

教育国际化当然包含着了解和借鉴各国的教育改革经验，改进本国的教育。但要借鉴，就需要理解。各国的文化传统不同、所处的环境不同，如果不能充分理解别国的文化和所处的环境，也就很难理解该国的教育。同时借鉴各国教育改革的经验也需要考虑到本国的国情，才能使外来的经验生根发芽。因此，教育的国际化和教育的本土化是一个问题的两面：没有教育的本土化，也就不存在教育的国际化；没有教育的国际化，也无所谓教育的本土化。

立足中国、放眼世界，是我国比较教育研究的方法论原则。这次在研讨考试制度改革政策的过程中我深有体会。我们研究了许多国家高考录取的方案，但发现在我们中国都行不通。因为中国人口众多，独生子女多，对上大学的期望高，对职业教育不认同，加上中国人的攀比文化，平均主义思想严重，讲究公平比讲究效率更重要。因此，考试制度的改革就只能根据中国国情。这是一个典型的例子。其他教育观、学生观、质量观都与其他国家的人们有差距。

本次会议的主题——教育的国际化、区域化、本土化，很切合当今教育的实际。秋天是收获的季节，各位代表带来了许多论文，是大家研究的成果。这次论坛就是一次硕果收获的平台。

北京师范大学国际与比较教育研究院，前身是外国教育研究室，成立于1961年，五十多年来，我们坚持科研和教学并重。学生中不仅有本国学生，也有外国学生。从2011年开始，研究院设立了国际硕士班、博士班，学生来自世界各国，研究院就是一个国际大家庭。我们定期召开各种国际会议和论坛，今年是第五届比较教育国际论坛。2016年我们还将承办第十六届世界比较教育大会。我们欢迎各位来宾和代表届时再一次来聚会。

最后，我预祝大会圆满成功！

2014年9月27日

在吴玉章奖颁奖大会上的发言

尊敬的各位领导、各位来宾、朋友们：

下午好！

首先我要感谢吴玉章基金委员会给了我莫大的荣誉。我今天是抱着惭愧的心情，非常忐忑地来接受这个奖的。因为我实在没有像奖项中要求的做出了什么突出贡献。我原本是一名小学教师，新中国成立以后，像我这样贫困家庭的孩子才能够上大学，考上了北京师范大学，后来又被派到苏联去学习。所以说，是党把我培养成一名人民教师，是党教育我全心全意为人民的教育事业服务。1956年从苏联回国以后，我回到北京师范大学工作，在这期间我在北京师大附中、北京师大二附中担任过教师和学校领导工作。在基层教育实践中我体悟到教育的重要性和教育的一些理念，提出了一些自己的教育主张和见解。"文化大革命"结束以后，我遇到了科学发展的春天，在老一辈教育家的扶植下，在同行学者的合作支持下，为教育学科的建设和人才培养做了一些工作。但党和国家却给了我许多荣誉。今天吴玉章基金委员会又给了我这么高的荣誉，实在让我感到心中有愧。我把这个奖看作是对教育科学工作者的一种奖励，对我个人的一种鼓励。

今天，我国的教育事业有了空前的发展，取得了很大成绩。但正如《国家中长期教育改革和发展规划纲要（2010—2020年）》中所说的，教育还不适应我国经济社会发展需要和人民群众接受良好教育的愿望。教育界要努力学习和贯彻党的十八届三中全会和四中全会的精神，把立德树人作为教育的根本任务，依法治教，解放思想，厉行改革，促进教育公平，提高教育质量。我个人也将积极学习，努力工作，为我国教育事业的发展尽终身微薄之力。

　　谢谢大家！

2014年12月18日

媒体专访实录

《中国教师报》专访

一、教育家的定义或者标准是什么？您觉得什么样的人能够称为教育家？教育家有哪些类型？

答：到现在没有看到正式的定义或标准。我想，一名教师或教育工作者，不论是中小幼教师，还是大学教师，当然包括校长，热爱教育事业，懂得教育规律和人才成长的规律，长期从事教育工作，取得了优异的成绩，并且对教育有研究，有自己的教育思想和先进理念，形成了自己的教育风格，在教育界有一定影响的，就可以称为教育家。

教育家可以分为教育理论家和教育实践家。但两者很难分得很清楚。因为教育理论家也必须从教育实践中来，一点实践经验没有的理论家很难成为大众心目中的教育家；教育实践家也需要有理论，有自己的教育思想和理念，不是所有在实践第一线的教师都能称得上是教育家。理论和实践相结合的，而且有一定贡献的才称得上是教育家。

二、在平时与一线教师的接触中，哪怕非常优秀的教师，他们都普遍认为教育家很神秘，很遥远。对于这个问题您怎么看？

答：是这样，大家把教育家看得很神秘。一说起教育家，人们就会想到中国古代的孔子、韩愈、朱熹，近代的蔡元培、陶行知等，西方的柏拉图、苏格拉底、夸美纽斯、赫尔巴特、杜威等。说到当代中国，好像就没有教育家。我国有13亿人口，2.6亿学生在各级各类学校中学习，在这样一个占世界人口五分之一的大国里没有教育家，无论如何也说不过去，也与事实不符。中国教育虽说还有不少问题，但成绩是巨大的。中华人民共和国成立60年来，我国教育培养了众多人才，创造了许多经验，难道就没有教育家？我想我们不要把教育家看得太神秘，要求得太高，太严格。其实，不久前去世的霍懋征老师就为我们树立了教育家的榜样。霍懋征老师毕生耕耘在小学教育园地，敬业爱生，矢志不渝，为祖国的教育事业倾注了全部的爱和心血。她师德高尚，学业精通，勇于创新，追求卓越，是世人的师表，教师的楷模。她从教六十余年，不仅为国家培养了大批卓越人才，而且提出了"没有爱就没有教育"的教育思想，创造了一套小学教育的理论和经验。这就是中国当代的教育家，她受到国家领导人的高度尊重，全社会的尊敬。她是中国教育家中最杰出的代表。像霍懋征这样的老师我国还有许多，都可以称得上是教育家。

为什么把教育家看得太神秘？因为我国长期不提教育家。还因为，我国教育界教育理论和教育实践总是两张皮。从事教育理论工作的不太关心教育实践，普通教师不钻研教育理论。因此，出不了理论和实际相结合的教育家。

三、对于广大的教育工作者来说，他们经过怎样的努力才能成为教育家？

答：每个教育工作者都可以成为教育家。当然，不是所有的教师或教育工作者都能称得上是教育家，也不是随着教龄的增长自然成长为教育家。要想成为教育家，首先要热爱教育事业，有一片爱心，热爱每一个学生；要长期从事教育工作，甚至献身于教育事业；要结合工作不断学习教育理论，不断探索教育教学规律，不断研究学生，不断创新实践，反思自己的教育行为，总结提高，上升为理性认识，形成成熟的经验和理论；要掌握教育艺术，创造自己的教育风格。著名教育家吕型伟曾说:"教育是事业,其意义在于奉献!教育是科学,其价值在于求真!教育是艺术,其生命在于创新!"说得真贴切,做到这三点,就可称为教育家。我还想强调一点,即教师掌握教育艺术的重要性。我总觉得,要成为教育家,要对教育有点悟性,与学生能够沟通,无论是课堂教学上,还是和学生接触中有一种教育艺术,能够用自己的知识魅力和人格魅力征服学生。因此,学习和提升是教育家成长必由之路。

四、温总理多次提倡教育家办学,怎样才是教育家办学?

答:温总理多次提倡教育家办学,就是要求教师有高尚的师德,渊博的知识,精湛的教书育人的能力;要求教师懂得教育规律,并且一辈子从事教育工作。温总理在2007年政府工作报告中提出实行师范生免费教育时说:"这个具有示范性的举措,就是要进一步形成尊师重教的浓厚氛围,让教育成为全社会最受尊重的事业;就是要培养大批优秀的教师;就是要提倡教育家办学,鼓励更多的优秀青年终身做教育工作者。"可见,温总理把提倡教育家办学看作是形成尊师重教、全社会尊重教育事业的氛围、培养大批优秀教师、鼓励优秀青年终身从教的重大举措。

我认为,温总理提倡教育家办学还有着重要深远的意义。长期以来在我国似乎人人都是教育家,人人都可以对教育说三道四。一些地方长官,不懂教育规律,常常用行政命令指挥教育。特别是在高考升学率上,单纯用升学率来评价学校和教师的工作,给学校压升学指标,为推进素质教育设置重重阻碍。有些地方任命完全不懂教育的干部担任教育局长。当然,不是说没有当过教师的就不能当局长。问题是当了教育局长以后就应该热爱教育工作,学习教育理论,尊重基层教师,逐步把自己培养成懂得教育的工作干部,将来成为教育家。

五、教育家需要怎样的土壤?

答:《国家中长期教育改革和发展规划纲要(2010—2020年)》提出:"保障教师地位,维护教师权益,提高教师待遇,使教师成为受人尊重的职业。"这就是教育家成长的土壤。

首先要有尊师重教的社会氛围，使教师真正成为全社会羡慕的职业。我们现实生活中有一种悖论。每个家长都希望把孩子送到一名好教师的身边，但大多数家长不愿意让孩子学师范，当教师。当社会报考教师资格像报考公务员那样热烈时，我国的教育就大有希望。

要改善教师的待遇，提高工资，改善医疗和养老保险制度，改善住房条件。特别是对农村教师，要有特殊的优惠政策，让他们能安心工作。教育规划纲要规定："依法保证教师平均工资水平不低于或者高于国家公务员的平均工资水平，并逐步提高。落实教师绩效工资。对长期在农村基层和艰苦边远地区工作的教师，在工资、职务职称等方面实行倾斜政策，完善津贴补贴标准，改善工作和生活条件。建设农村边远艰苦地区学校教师周转宿舍。"规定得很具体，如果认真落实，会吸引一批优秀青年终身从事教育工作。

要给教师进修提供条件。教育规划纲要提出加强师德建设，提高教师业务水平，并规定对教师实行每五年一周期全员培训。我想，现在国家推行的"教育硕士专业学位"和"教育博士专业学位"都是为教育家成长创造条件的。同时我们要提倡教师在教育实践中勇于创新，大胆试验，开展教育研究，不断提高自己的理论水平和业务能力。

六、我们知道北京师范大学教育学部在4月份成立了教育家书院，您是教育家书院的院长。它是在什么背景下成立的？定位和宗旨是什么？

答：我们想为教育家成长提供一些条件，搭建一个平台。学习和提升是教育家成长必由之路。教育家书院就想为我们的优秀教师成长为教育家提供一个学习和提升的平台。

从北京师范大学教育学部来讲，我们对培养教育家有义不容辞的责任和义务。北京师范大学是培养教师的摇篮，也应该是教育家成长的家园。北师大也有一定的条件，它是以教师教育为特色的综合性大学，不仅在教育学科上有强大的优势，而且文理各科都有强大的学术优势。北师大校园有浓郁的学术氛围，每天都有国内外专家的学术报告。中小学老师在北师大校园中可以受到学术的熏陶。我一向认为优秀教师要提高，不能只围绕着中小学的教材转，也不能只是学习教育理论，更重要的是要提高整体素养，养成教育家的气质。前面说过，教育需要有点悟性。悟性从哪里来？就是从整体素养中来。北师大可以为老师提高整体素养提供条件。

优秀教师到北师大教育家书院来，也给北师大教育学部带来了鲜活的经验，有利于改造我们的学习。前面讲到，北师大是培养教师的摇篮。每年有几千名新教师要走出北师大校门奔向全国各地中小学；我们还有几百名在职攻读教育硕士学位的教师。他们不仅需要学习教育理论，提升学科知识水平，而且要理论联系实际、学与思结合、知与行结合。教育家书院的研究员，都是各地来的优秀教师，他们给我们带来了丰富的实际经验。在教育家书院，不仅他们要学习，也要请他们给我们的学生、研究生介绍他们的经验和心得。

总之，教育家书院是一个学习园地，在这里不是单向的学习，是互相学习，互相切磋，共同提高。也不能说进了教育家书院就成了教育家，教育家书院只是提供一个共同学习的条件。将来能否成为教育家还需要靠研究员的不懈努力。当然，希望他们将来都能成为教育家。

2010年8月

答《人民日报》问

1. 当前教育部门推进素质教育与社会以分选拔人才之间确有矛盾。今天我们的教育常常受到三种拉力的影响：一是国家要培养合格的公民，希望他们成为国家发展、社会发展的人才。二是家长把教育看成是敲门砖，认为自己的孩子是天才，望子成龙，个个都成拔尖人才。三是市场把教育作为逐利的工具。媒体则对这三股拉力推波助澜，有时会误导民众对教育的理解和追求。这几种力量之间难以取得平衡，因此教育上的很多问题也难以解决。

今天我们要找到这几个拉力的平衡点，最终还是要回到"人的发展"这一教育问题的原点上。无论是国家希望培养社会主义事业的建设者、接班人，还是家长希望孩子成才成龙，首先都要尊重人的发展，促进人的发展。人的个性得到充分自由的发展才能成为人才，才能更好地为社会服务。社会用人单位也要以人为本，不要以分为本，要重能力，不要重学历。

2. 家长都希望自己的子女成龙成凤的想法是可以理解的，尤其是现在大多是独生子女，希望他们受到更多更好的教育，完全是合理的。但是"不能输在起跑线上"的说法是不符合教育规律的。儿童成长有一定的阶段性。超越儿童发展的阶段性，不仅不能促进儿童的成长，反而会损害他的成长。我国古代的人们就懂得这个道理，即不能"揠苗助长"。同时儿童生来是有差异的，用一种模式去塑造他，必然会扼杀他的特长，所以古代就强调"因材施教"。现在许多父母不管儿童发展的阶段性，不考虑儿童的差异，都给儿童加重学习负担和压力，不仅不能发挥儿童的特长，而且会抑制他的感情等非智力因素的发展，会影响儿童将来的人生发展。

3. 在孩子成长的过程中，家长应该在充分了解孩子的特点的基础上因势利导。对孩子既不溺爱，也不苛刻。要善于倾听，经常沟通，互相理解，互相尊重。从小培养孩子良好的习惯，培养自主、自信、自立、自强的精神，引导孩子读书、学习，激发对事物的兴趣和爱好。有了这些习惯与品质，孩子就能自由地发展。

4. 继承我国教育"因材施教"的优秀传统，我认为给每个孩子提供最适合的教育才是最好的教育。要把全面发展与个性发展结合起来。我理解的全面发展，不是门门功课都得一百分，而是马克思讲的"人的脑力和体力的充分自由的发展"。人的脑力和体力是有差异的。适合儿童的个性特征，促进个体脑力和体力的教育，才是最好的教育、最公平的教育。

5. 现在这种单纯以考试分数评价学生肯定是不科学的，应该增加综合评价。但是综合评价也是一件很困难的事。现在各地采取许多措施，可以尝试，总结经验，提出一个科学的办法。许多名校招收保送生，以及海外学校录取新生的标准，是冲破分数为本的做法，会逐渐改变人们对评价制度的认识。评价制度的改革涉及社会方方面面，不单纯是教育部门的事。它涉及劳动人事制度、社会诚信程度等众多因素。

2011年7月

新华社专访

一、《国家中长期教育改革和发展规划纲要（2010—2020年）》颁布三年来，各地贯彻落实，开展了四百多项试点，取得了阶段性成果。我们觉得有以下几点值得肯定。

第一，对推进素质教育的重要性、必要性有了进一步的认识，各试点单位都通过改革创新，力图在人才培养方面有所突破，积累了许多经验。比较好的典型有北京市的社会大课堂建设、雏鹰计划、翱翔计划；上海市全面推进素质教育，在推进改革试点项目"创新区域教育内涵机制"的过程中，着力打造"新优质学校"，提出建好"家门口"学校，努力实现"减负增效"，率先推出中小学生学业质量综合评价"绿色指标"体系，改变了过去用单一的考试成绩评价学校、评价学生的做法；甘肃省开展阳光体育试点，我们参观了兰州市和天水市的几所学校，每所学校都保证上好体育课、每天一小时的体育锻炼；南京市开展了小班化教学改革，教育质量明显提高；高淳县实行普教和职教联通制，学生可以互相选课，有一所民办学校实行班主任团队制度，每个老师都到一个班上做班主任。我们觉得这些经验都可以推广。

第二，试点项目提高了地方教育改革的积极性，在某些体制机制上有所突破。例如，山东省严格规定全省不得在假日补课，山东潍坊市建立了以退休老师组成的监督队伍监督学校行为等。学校教改的积极性也很高，特别是小学，开展多种多样的活动，学校呈现生气勃勃的景象。

第三，政府主导，基层推进。这次试点项目都是以省厅为单位申报的，行政领导大力支持，试点工作进行得就比较顺利。

第四，基层单位、学校的创造值得重视。我们考察的学校都很重视学校的文化建设，都想方设法办出特色。有一批好的校长，他们很有思想，很有干劲。例如，宁波市有一所小学的许多孩子建立了家庭实验室，在家里做起科学小实验；北京十一学校实行选课走班制；上海市虹口区数字化教学、农村地区有效课堂等改革创新。这些都是新生事物，值得重视。

二、落实纲要的困难，特别是推进素质教育的困难，主要是社会上的一些矛盾没有解决，教育观念没有根本转变。社会上的矛盾，如分配不公、就业困难等，有人都归结于教育问题。另外许多家长对教育改革、推进素质教育的认识有许多误区，例如：

误区之一，"不能输在起跑线上"。家长希望自己的子女成龙成凤的想法是可以理解的，尤其是现在大多是独生子女，希望他们受到更多更好的教育，完全是合理的。但是"不能输在起跑线上"的说法是不符合儿童成长规律的，也不符合教育规律。儿童生来是有差异的，用一种模式去塑造他，必然会扼杀他的特长。古代的教育著作《学记》中讲道："使人不由其诚，教人不尽其材。其施之也悖，其求之也佛。"就是说教师要了解学生的学习情况，了解他们的优势和劣势，根据不同的情况指导他们的学习，否则就不会成功。同时，儿童成长有一定的阶段性。超越儿童发展的阶段性，不仅不能促进儿童的成长，反而会阻碍他的成长。

误区之二，只重视孩子知识的增长，忽视人格的培养。现在幼儿园小学化的倾向十分严重，许多家长都要求幼儿园教识字，教数学，不注意儿童行为习惯和人格品德的养成。其实，幼儿时期儿童的可塑性最大，从小培养他们良好的行为习惯和人格品德可以受用一辈子。基础教育对于儿童身心健康发展是重中之重的，除了学好最基础的知识，主要是要培养他们对学习的兴趣、创造学习的能力、克服困难的毅力、开朗的性格。有了这些品质，他们的学习和将来的事业就会成功。

误区之三，高学历就是人才。当今社会，科学技术日新月异，社会变革日益激烈，只有学历没有能力的人很难适应社会的变化。社会的发展趋势必然是从"学历社会"转向"能力社会"。现在社会中许多企业招聘员工时都看重综合素质和各种能力，包括组织能力、人际交往能力、创新能力等。尤其是一些高新技术领域，还需要很强的动手能力。现在，我国高等教育扩招后取得高学历文凭并不难，难在有没有真本事，有没有发展的潜能。

误区之四，学习越多越好，练习越多越好。家长买许多课外辅导材料，上各种补习班，恨不得把天下所有题目都让孩子做，把孩子的所有时间都占用了。其实，学习是有规律的，有方法的。关键是要教会学生学习，能够理解学习的基本概念，掌握学习的基本方法，就能举一反三。那种死记硬背、机械练习，不仅会抹杀儿童的学习兴趣，而且会抑制他的创造能力。所以我们提出要把学习的选择权还给学生，培养孩子的学习兴趣，学思结合，要留给孩子思考的时间。

误区之五，对学生越严厉越好。最近大家都在议论"虎妈""狼爸"，似乎他们都是用严厉的方法把孩子送进了名牌大学。我无意评论他们的教育方法。因为，进入名牌大学并非最终的结果，人生还要靠他们自己去设计、去发展，父母是无法包办到底的，现在还难以判断这种教育是否成功。社会学家马斯洛说，人有五种需要：生理的需要、安全的需要、社会的需要、尊重的需要、自我实现的需要。儿童也有这些需要。如果一味地要求儿童学习，其他合理的需要得不到满足，他就会郁闷，就会自暴自弃，或者心理扭曲，反过来用暴力对待父母。

误区之六，素质教育就是在课外参加各种体育艺术活动。学校流传一种说法："课内搞应试教育，课外搞素质教育。"把素质教育排斥在学校正常教学活动之外，从而增加了学生课业负担。

三、择校问题在大城市难以解决是因为，大城市中学校之间的差距太大，优质学校太少，再加上单位与优质学校共建、"条子生"占去了许多优质资源。二线城市有些经验在一线城市难以推广。

四、17所高校自主招生的改革值得肯定。将来统考科目应减少，把专业考试的权放给学校。学生报什么专业考什么，考试也要个性化，才能指挥学生在中学里就能个性化学习。

五、目前高等教育的最大弊端是同质化，各校没有特色。另外是严进宽出。许多学生由于高中准备高考十分紧张，考上大学以后就松懈下来，只求考试及格过关毕业，不求在学业上精益求精；有的学生晚上玩游戏，早上不起床，随便旷课；有的学生平时不学习，临考抱佛脚，甚至找人代考。种种现象说明高等学校在教学管理上亟须来一次彻底改革。我已经给中央建议实行淘汰制。

六、教育部要转变职能，把许多评审工作交给第三方，交给专家。对第三方、专家要严格要求，规范管理。

七、教育问题是社会问题的反映，要全社会努力。例如，增加投入就要财政部门的支持；教育观念的转变就要靠媒体舆论的引导。特别是各级政府要负起责任，不要瞎指挥，下升学指标。

八、在校生参加社会实践，全社会要支持，要有一些政策性支持，如设立社会实践专项资金、给企业一些免税补贴政策。

九、为了落实教育规划纲要中加强教师队伍建设的意见，国家实行教师资格考试和注册制度，并定期考核，意义重大。这不应叫打破终身制。希望国家严格落实，切忌走过场。我也给中央提出了建议。

十、我也认为大学生就业难是结构问题、观念问题。大城市就业难，农村、西部边远地区缺乏人才；普通高校毕业生就业难，高级技师人才缺乏。我曾多次建议要重视职业技术教育，要提高职业技术院校毕业生的起点工资，吸引优秀学生读高职。这样既能解决高级技工的短缺问题，又能减轻升学和就业的压力。

2013年

《上海教育》专访

我对教育的四个观点

上海教育：您反复提倡的"没有爱就没有教育""没有兴趣就没有学习"等观点已成为广大教育工作者的座右铭。您能具体谈一谈吗？

顾明远：我一共有四句话，前面两条我说得比较多，大家也都比较熟悉。

"没有爱就没有教育"这句话不是我原创的，很多人也在说，我之所以反复宣传，是希望强调"爱"这个概念。

过去大家不明白什么叫爱。

我觉得爱首先是要尊重与相信学生，尊重学生的基础、尊重他们的需要、尊重他们的人格。

有了这样一个定义，很多问题就可以看得清楚。有些教师布置作业、对学生体罚，有些父母打骂孩子，看上去好像也是爱孩子，他们自己也说"这是为你好"，是爱孩子的表现，但这种爱对照定义来看，和我说的爱是完全不同的。

类似无限制地满足孩子的需要看上去也是一种爱，但那是溺爱。所以我理解的爱，是尊重孩子人格的发展，不是爱成绩，如果孩子分数提高了，但是心理扭曲了，这就不是爱。

我觉得真正爱孩子是要为他们将来的幸福、长远的幸福考虑。

有的人说现在是牺牲童年的幸福，来获得将来的幸福，我要说的是，童年没有幸福，将来也没有幸福。

第二句话是"没有兴趣就没有学习"。

这句话是强调学生的主体地位。

学业负担重。我觉得这个负担主要是心理上的，学生对学习没有兴趣，所以感觉不堪重负。

对照国外一些优质学校，他们学生的学业负担也很重，但是他们与我们的不同之处就在于，学生自己喜欢、愿意学习，课程由自己选择；而我们是被动地学习。

我们要培养创新人才，首先需要培养学生的兴趣，自己不愿意学习，光靠强迫是成不了才的。

所以减负除了减少课业负担外，重要的目的是培养学生的兴趣，不要形成心理压力，有空余的时间让学生思考问题，让学生学习和参加他喜爱的课程和课外活动。

所以我认为，给学生提供适合的教育才是最好的教育、最公平的教育，应把选择权还给学生，让他们选择喜欢的东西。

教育不是培养做题的机器，不能没有时间思考，学生需要参加有益的活动，所以减负要把时间还给学生，使他们能够发展个性。

第三句话是"教书育人在细微处"。

学生的感情是非常丰富的，而且越是低年级的学生，他们的感情越是丰富，同时又很脆弱，所以往往教师一言一行、一举一动都会影响到学生。教师的一句表扬会使学生受到鼓舞，学生会记一辈子；教师无意中伤人的一句话，学生也会记一辈子。

第四句话是"学生成长在活动中"。

我认为学生的成长不是靠教师的说教，而是靠学生自己的活动，包括他们学习知识，让他们在参与的活动中主动学习。在这个过程中他们体验到与他人、与社会的关系，思想品格得到锻炼，责任感、沟通能力、合作精神、诚信都能得到培养。

就教育论教育不可能化解教育问题

上海教育：作为教育专家，您近年来也非常关注社会上有关教育话题的讨论，您觉得目前中国教育改革的方向在哪里？

顾明远：我从今年寒假开始到春节差不多有十多天都没出门，一直在写一篇7万多字的文章。这篇文章的题目叫《中国教育路在何方》。其实我现在眼睛不太好，看书很吃力，已经不太写新东西，86岁该休息了。

但是这次，我为何又要写这样一篇长文章呢？因为教育已经是全社会的热点。

无论是在朋友的聚会上，还是在亲戚交往时，总会谈到教育问题。

一次碰到一个朋友，她的孩子上了北京的一所重点学校，但开学之后她就发现，孩子在学校被老师告诫这也不能说那也不能做，她觉得孩子受到很多限制，很难有所发展。

于是她就想办法把孩子送到国际学校去读书了。这几年我国留学生数量越来越多，据了解去年有37万人，而且每年以百分之二十的比例增加，年龄也越来越小。

因此，我想说说我国的教育究竟该何去何从。

上海教育：您提出要从社会角度理解教育问题，能简单介绍一下吗？

顾明远：我想谈的第一个问题是，就教育论教育不可能化解教育问题。

第一，教育的矛盾是社会问题的反映。

不可否认，现在社会中存在分配不公。

2007年10月我在成都市青羊区教育局"减负"座谈会上，曾呼吁停止奥数班，我说奥数班摧残人才，结果当场就有一个学生说："我不学奥数就上不了初中，上不了初中就考不了高中，考不上高中就上不了好的大学，上不了好大学毕业以后就找不到好工作，我怎么养家糊口？"这种话出自小学生之口，可笑又可悲。

这是一个社会矛盾在教育内的反映。

第二，家长和学生也有很多传统观念。

比如"学而优则仕"，觉得书读得好就该当公务员，就该当白领，中国没有国外"学而优则工"或"学而优则农"的想法，这也是社会观念和社会心理的问题。

第三是中国的攀比文化。

中国是人情社会，别人家孩子考上清华、北大，自己的孩子只考上地方院校，家长和孩子都觉得没有面子。

这种文化和心态产生了教育的竞争，你要孩子学奥数我也要孩子学，而不管孩子的能力和兴趣。

这种攀比表现在所谓"不要输在起跑线上"。

这种攀比不仅存在于个人之间，而且上升到地区之间。

一个教师曾经告诉我，某年因为考试成绩优异，他们地方上领导请教师吃饭，领导要求明年学校升学率继续提高。

具备常识的人都知道，升学率本来就是一个常数，与整体的教育质量没有任何关系，一个市升学率的提高必然伴随着另外一个市升学率的降低，所以专注升学率，实质是关注政绩。

当前，对学校也以升学率高低来评价，一所学校升学率高，就表明这所学校质量优秀，由此也可以看到我们对于教育本质认识的欠缺。

我们经常说要"教育家办教育",就是让懂得教育规律、懂得儿童成长规律的人来办教育。

对教育自身问题要有清醒认识

上海教育: 您谈了这么多教育无法解决的社会问题,那么您对教育本身又是如何看的呢?

顾明远: 教育本身不是没有问题的。

教育规划纲要中就提到教育观念陈旧,教育内容方法落后,主要是教育发展不均衡。

地域之间不均衡,学校之间不均衡。

这么多年来我们的重点学校问题始终存在。

当然,从我国教育发展历史上看,重点学校制度起过积极的作用,当时全社会急需人才,重点学校的建设极大地满足了当时的需求。

然而随着教育的发展,重点学校的负面效应也显现出来。

学校之间的差距越来越大,成了教育中一个很严重的问题。

第二个问题是不重视职业教育。

长期以来我们从官方的教育投入到民间学校选择上都把职业教育看作"低人一等"。

回到历史上看,我国在20世纪50年代时还是比较重视职业教育的。

过去的中专培养了很多人才,我在60年代下放劳动时遇到不少"文化大革命"前的中专毕业生,我很佩服他们的水平和技术。

"文化大革命"结束后职业教育没有得到应有的重视,伴随高等教育扩招,普通高中也得到扩张,职业教育开始滑坡,一直到2005年召开全国职业教育工作会议,才对职业教育重新重视起来。

这造成了目前社会上应用型人才极度缺乏。

从教育观点上看，很多学生动手能力很强，他们也不一定喜欢理论的东西，但是现在家长还是更愿意学生就读普通高中、普通大学。

第三个问题是我们教育观念的问题。

教育的本质是什么？教育的本质是传承文化、培养人才。

我感觉目前在我国的教育中，教育的工具性太强了。

过去说教育为政治服务，教育为阶级斗争服务，后来又提出为经济服务，等等，不强调教育是为了人的发展。

教育本质应该是为了人的发展。

教育成了一种工具，是家长为孩子追求幸福的工具，是学校追求名誉的工具，等等，没有把人看作第一位。

教育当然不能脱离政治和经济，要为政治经济服务，但只有人得到发展了，才能更好地为政治经济服务。

教师是教育的关键

上海教育：您在20世纪80年代末提出教师的专业化问题，努力推动国家设置教育硕士专业学位，您是如何思考教师与教育之间关系的？

顾明远：就像我一开始所说的我对教育的四句话，这四句话的背后，教师是关键。改变观念、转变教学方式等最后都要落实到教师身上，落实到教师队伍建设上。

首先全社会应提倡尊师重教，不能只停留在口号上，比口号更重要的是要提高教师待遇。

现在一些地方比如江苏、浙江，教师待遇已经提高了，但是很多中西部地区还很低。前不久一位中部地区的教师当面向我诉苦，工作20年了，每月的工资只有2 080元。

随着我国经济的发展，提高教师待遇刻不容缓。

其次教育本身要值得人尊重，教师要提高专业水平。我之所以提出为教师设置教育硕士专业学位，是因为如果一个职业没有专业水平，是人人都能干的职业，那么它是没有社会地位的。

我建议首先要强化教师队伍建设，严格国家考试制度，对于教师资格证书管理，切勿再一次地走过场，教师在考试考完之后还要经过一段时间考察，教师工作几年之后还要再考察。

再次是师德问题。

现在出现教师职业倦怠的问题，我觉得可能和教师对自身职业认识缺乏有关。

教师责任重大，教育事业是很幸福、很光荣的事业，教师看到孩子的成长有幸福感，因为它涉及人类的延续和社会的发展。

有了这种认识，就能不断钻研，不断提高专业水平，就会感悟到自己的人生价值。

中国教育发展到今天很不容易，成就很大。

像上海的PISA测试就是代表中国教育好与进步的一面。

我觉得作为一名教育工作者，可以认识到有些问题是社会问题，教育已经承担了不应承担的问题，学校只能尽量做好，校长只能面对现实，我们也要认识到教育不可能面对所有的问题。

教育问题不是教育部门本身就能解决的，就像用人单位的招聘竞争激发了教育竞争，择校问题与高考问题是社会竞争激烈的反映。

所以教育需要全社会参与，全社会都要解放思想，树立正确的教育观、人才观，教育改革不可能一蹴而就，需要从实际出发，逐渐地实施。

2014年8月

《教育与装备研究》专访

一、教育装备是教育的重要要素，教育现代化不可缺少现代化教育装备。

教育过程一般有教师、学生和教育环境几个要素，其中教育环境包括教育内容和教育手段。教育装备是教育手段的重要内容，所以，教育要素中少不了装备。

从教育的发展历程看，随着科学技术的进步，教育手段越来越先进，教育内容随着社会发展和教育手段的进步不断丰富拓展。原始教育方式是一对一的口耳相传，教育要素主要是教师和学生。孔子施教的时代，只能是老师讲学生听用心记，连课本都没有。随着造纸、印刷、手工业制造等技术的发明与运用，人们在教育教学活动中运用了课本、粉笔、黑板等工具手段。工业革命之后，形成了班级授课、分学科课程，其中很重要的因素就是教育技术和教育装备的出现与运用。以我自己的学习经历为例，就能说明教学设备对教育教学效果和质量的影响。我上中学的时候，正逢抗日战争和解放战争，我就读的学校被炸，所有教学仪器设备都被损坏，无法开设任何教学实验内容，都是在黑板上画实验，教师讲实验。我生长在农村，没见过汽车，连自行车也很少见，对物理课讲到的汽车拐弯产生离心力、向心力没有直观认识，难以理解。现在一下子就懂了，因为自己对骑自行车拐弯有感受。化学就更不用说了，这个物质加那个物质，发生反应，会有颜色变化，会产生新的物质。因为没有实验设备，看不见实际现象，无法理解。我中学物理、化学等学科学得特别不好，充分说明实验设备、教育装备对教育教学的重要作用。

现代科学技术的发展，特别是计算机、互联网等技术在教育中的应用，极大地促进了教育发展，教育装备的作用更加凸显。信息技术和互联网，彻底改变了整个教育环境。学生获取知识的方式多样了，教学活动不再拘泥于传统的课堂教学，学生可以通过互联网从各种媒体获得知识。教育内容的范围扩大了，教师讲课的资料、学生学习的内容，不再受课本、教参、复习资料等纸质资源的限制，师生可以按照学生兴趣、特定背景等因素广泛选择。师生关系也变了，教师不是唯一的知识载体，也不再是知识的权威，教师是学生学习的设计者、指导者、帮助者，是与学生共同学习的伙伴。

以信息技术为特征的信息化装备的应用会引起一场教育革命。信息化装备在满足个性化学习要求方面，有很大优势。教育教学从古代到现代经历了几个发展阶段，原始的教育和早期的学校教育还属于个别教育，由于没有教学手段，只能采取个别口授方式。文艺复兴以后，进入了工业化时代，学校有了黑板等常规设备，具备了实施集体教学的基本条件，出现了课堂教学，从个别教学发展到集体教学。古代的教育不分学科，主要讲经典。工业革命以后，特别是进入知识经济时代以后，仪器、设备、工具、材料设计的研究生产能力迅速提高，成为物理、化学、生物、艺术、体育等学科教育深化发展的支撑和推手。进入信息化社会后，教育装备越来越先进，信息化教育装备的优势就是可以为每一个人提供适合的教育，可以为每一个人设计个人学习所需要的环境条件，能够满足个性化教育的需要。从教育教学发展历程来看，其间已经有不少次变革，从个别教学，到集体教学，再到课堂教学，现在又要返回到个性化的教学。

我认为，普通常规教育装备也好，现代信息化教育装备也好，都是现代教育教学所不可缺少的重要元素。

二、教育装备发展也改变了教育，我们应进一步认识信息化教育装备的优势和特点。

现在很多老师对教育信息化的认识是，会用电脑了，会做课件了，会上网了。但我认为，教师对信息化所带来的教育变革的认识仍然不清楚。课件、电子白板，可以代替黑板，使教学内容更形象、更生动、更丰富，这仅仅是信息化装备的浅层次应用，是对教育信息化的浅层次认识。对信息化装备优势和特点的认识与应用，特别是互联网的认识与应用，主要有以下三个方面。

第一是个性化。信息化装备提供了大量丰富的学习资源，每个学生通过互联网找到自己感兴趣的学习内容，选择适合自己的学习难度，按照自己的意愿安排学习时间和学习地点。信息化装备可以为每个学生提供个性化的学习环境，为每个学生设计个性化的学习方案。

第二是互动性。"互联网+教育"不是简单地做一个课件，让学生看一看。现在有的教师使用课件只是黑板搬家，没有真正发挥信息化装备的作用。信息化装备的重要作用在于互联互通互动，通过信息技术达到师生之间、学生之间的互动，可以在互联网上讨论问题，扩大学习的空间，丰富学习的方式。现在信息化装备的互动性在各级各类教育中体现得还不够，远程教育的应用也不理想，仅仅是课堂搬家，将课件放到网上，将优质课放到网上，让学生学习，对于学生是否听懂了，没有反馈，这样就失去了互联网的优势。对教师培训也是上网看课件，但是对于老师听课的时候，有什么反应，听懂了没有，没有互动，起不到互动的作用。互联网很大的优势就是互动性，要充分利用校校通、班班通、人人通等网络平台，互通互联，实现互动，教师将课件放网上，让学生不断地学习，有问题可以互相讨论，这个目前还有很多没有做到，还用得不够。

第三是开放性。资源开放是互联网的特点和优势。过去课堂教学资源是封闭的，封闭在教材里，封闭在教师的授课里，教师讲什么，学生听什么。现在教师的授课内容资源可以开放，在开放的空间选择和设计教学活动；教师的教学案例可以开放，与其他教师共享。目前教师普遍还未认识到这一点，没有认识到开放对于教学的意义与作用。同样，学生的学习资源也是开放的，可以鼓励和引导学生通过互联网找到很多授课教师不一定会讲到的资料，丰富学生的认知。当然，开放还包括国际性，即我国教育与其他国家教育的互联互通，借鉴和使用国际上先进的课程；开放也具有探索性，引导学生从实际问题出发，运用信息化装备，在开放的环境下探寻解决问题的方法。切实有效应用信息化装备，能够使整个人才培养模式发生很大的变化。我们现在还没有完全做到，中小学人才的培养模式还没有转变。在大学里，也是教师讲的多，学生自己探索的少。

三、教育最根本的任务是培养人，教育装备的发展应该始终坚持为育人服务。

探究教育与装备的关系，还应落实在教育的本质这个问题上。教育最根本的任务是培养人，所以教育装备应该以培养人为目的，而不能为了装备而装备，教育装备要为育人服务。党的十八大提出育人目标是立德树人，教育装备要按照实现教育目标的要求而发展。

长期以来我国基础教育的核心是"双基"教育，即基础知识和基本技能。那时候对教育装备的要求比较简单，主要是说明现象、解释原理、训练技能，常规装备就可以满足。进入21世纪，基础教育课程改革提出知识与技能、过程与方法、情感态度价值观三维教育目标，对教育装备提出了新的要求，学校的教育装备要跟随实现这样的目标来设置。现在党和国家强调核心素养的培养，要立德树人，要树立社会主义核心价值观，要继承弘扬中华民族优秀传统文化，培养学生服务国家、服务人民的社会责任感和健康高尚的社会情趣。装备也要随着人才培养目标的变化而不断发展，要注重教育装备的人性化，要更好地加以利用。

对教育信息化，我提出"器、技、气"三个字的关系。一是"器"，即器具，就是信息化装备具有工具属性。在教学过程中，过去使用台式电脑，现在课堂上出现了平板电脑，将来可能发展到使用手机或其他设备，器具在不断发展变化，这是教育装备研发、配备等部门应该跟进研究的。二是"技"，即技术，就是教师要掌握运用装备的技术。要对先进的信息化装备有深刻全面的认识，会熟练地使用信息化装备。要加强对教师的培训，使信息化装备发挥应有的作用。三是"气"，即神气，就是信息化装备的配备与使用要有人文精神。我们不能绝对地依靠信息化装备，它毕竟只是教学的一个辅助手段。有人讲，互联网时代，在网上就能学习，学校将消失，教师职业也将消失。我认为这种观点不正确，一个人走向社会就需要学会与别人沟通，学会与别人共同生活。幼儿园和中小学校是一个孩子、一个学生走向社会的第一步，在那里学习如何走向社会，在那里逐步适应社会，所以学校不可能消失。如果学校消失，孩子就只是家庭里的个人，缺失了社会化的机会。教师职业也不可能消失，教师不仅教书，还要育人。在教育过程中，教师的人格魅力是不可缺少的。所以，使用信息化装备不能缺少人的因素，学习过程不能变成只是学生与机器的对话，要重视人与人的对话，重视人与人的交流，机器永远不能代替教师。

信息化装备也会带来一些负面作用。有人利用互联网传播一些不良信息、从事一些违法活动等，这需要教师指导学生收集、利用、处理、应用有益的信息，防范不良信息。有人提出，上课用课件，不再需要黑板了。我不赞成教师45分钟都用课件讲课，我认为应该保留黑板，教师在黑板上写一写、画一画，比课件更能吸引学生。教学活动是发展变化的过程，其中会出现许多不同于教学预设的现象和问题，这时，特别需要教师在黑板上写一写、画一画，这样对学生会有更好的启发性。我们要避免对信息化装备的误用，应强调正确应用信息化装备。

随着科学技术的发展，教育装备也会不断变化，并且教育装备的创新发展会影响到教育的改变。前面说过，以前基础教育的核心是"双基教育"，21世纪基础教育课程改革提出"三维目标"，现在提出了个性化、创新人才培养目标，这些都是具体培养目标的改变。将新技术应用于教育装备产品，出现了数字化数据采集系统、3D打印机等仪器设备，实现了传统教育装备无法实现的功能。现在这样的仪器设备在学校中很普遍，很多小学都有。正是由于3D打印机等新教育装备的功能特点是有利于启发学生创造性思维，支持学生自己设计和完成探究活动，实现个性化学习，使得在培养学生的创新意识、创新能力等方面的目标，更加具体，不断深入，这是教育装备技术发展所引起的变化。教育总目标是立德树人，具体目标会随着技术发展、装备发展、社会对人才培养的新要求而有所变化。万变不离其宗，教育装备一定要为育人服务，要按照教育目标的方向发展，为培养人才服务。

教育装备发展不仅仅关注教学领域，还应拓展为关注整个校园，关注全面育人所需的环境条件。我们可以利用装备做很多事，如关注学生成长过程中的生理发展和心理健康，为其配备适切的设备；现在国家提倡校园足球，但许多学校没有足够大的场地，如何利用小场地，培养学生对足球的兴趣，等等，这都是装备需要研究的。

教育装备不能只重视发展现代信息化仪器设备，常规设备不能少，试管、烧杯这些仪器设备有其不可替代的作用，还要使用。有人讲，化学物理实验可以虚拟化，可以在网上做。这是不行的，这样怎么能培养动手能力和实践能力？任何创造发明都要落实到基本的劳动技能上。如果连烧杯都不会用，钳子都不会用，怎么能培养创新人才？所以，教育装备应该与信息技术、常规技术同时发展，互相补充，取长补短，充分发挥各种教育装备的作用。

2016年2月

答《生命时报》记者问

记者：老师对孩子的成长、成才有多重要？一名好老师和一个不称职的老师是否可能引导孩子走上不同的人生道路？

顾明远：是的，你说得很对。习近平总书记在2014年教师节前夕与北京师范大学的师生座谈时就提到，一个人遇到好老师是人生的幸运。中小学是人生打下基础的教育阶段。老师不仅教给孩子知识，而且教会孩子成人。好老师可以帮助孩子克服学习和心理发展中的困难，鼓励他们积极向上。已故的北京第二实验小学霍懋征老师就说过："没有教不好的孩子，只有不会教的老师。"她一辈子培养了成千上万名学生，个个成才，许多学生成为我国各条战线上的骨干。但一个不称职的老师也可能毁掉孩子的一生。前几年山西某报就登过一篇文章，标题是《谁毁了我一生？》，讲述一个非重点学校学生考上重点高中以后，受到英语老师的羞辱，学习一落千丈，对学习失去了信心。老师对学生的影响是巨大的，有时一句话可以鼓励学生克服困难，努力上进，有时一句话就伤了学生的心。

记者：在您看来，一名好老师应该符合哪些标准？一名称职的老师，最起码需要具备哪些条件？才华、师德孰重孰轻？

顾明远：习近平总书记在北京师范大学的讲话中就提到好教师的四大标准，这就是要有理想信念、有道德情操、有扎实学识、有仁爱之心，讲得非常全面、深刻。理想信念，我理解有两层含义：一是要坚持走中国特色的社会主义道路，为实现中华民族的伟大复兴而努力；二是要忠诚于人民的教育事业，为教育年青一代而努力工作。道德情况也有两层意思：教师作为一个公民、一个知识分子，要有高尚的公共道德；教师要为人师表，有高尚的师德，这就是对学生要有仁爱之心。我经常讲："没有爱就没有教育。"不爱学生，何能把自己的全部精力放在学生身上？现在的教师都说是爱学生的，但不少教师不知道怎么爱。我认为爱学生首先要信任学生、理解学生，能平等、民主地与学生沟通。教育是建立在互相信任的基础上的。好教师还需要有扎实的学识。教师的任务是教书育人，当然要有扎实的本学科的知识。但总书记提出要有扎实的学识，就不仅是本学科的知识，还包括宽广的视野，理解教育事业对国家、对民族发展的意义；关心国家大事，并把它与自己的工作联系起来。

当然，成为一名好老师不容易，要经过不断地学习和钻研，悟出教育的真谛。但一名称职的老师，起码要热爱教育事业，热爱学生，了解儿童青少年成长的规律，掌握教育教学的方法。你问我，才华、师德孰重孰轻，我认为两者都重要。但对当前的情况来讲，我不担心教师的才华不足，而是担心不会教育学生。有些是师德问题，有些可能是缺乏教育的知识和经验，不善于处理师生中的矛盾。也就是说，教师的专业性不足。我在国外考察时，从来没有人提到"师德"两个字。我想他们那里也会有违反教育法则的事，但他们不将其看作师德问题，而是看作教师专业性问题。教师专业水平提高了，违反教育法则的事就会少了。所以，我国教师教育中要重视教师专业水平的提高，不是光强调师德就能解决的。要让教师认识到教师职业的重要性、特殊性，让教师掌握教育教学规律，提高专业水平，才能杜绝师德缺失的问题。

记者：当下，教育体系中是否存在一些问题，比如，一些教师注重在外办班，对学校里的本职工作却不用心；对孩子不一视同仁、不公正对待；"唯成绩论"，很多孩子的特质被忽视和压抑，没有因材施教；等等。您怎么看待这些现象？

顾明远：应该说，我国绝大多数教师都辛勤工作，有许多教师锐意改革，创造了许多新的经验。但你说的现象也是存在的。现在社会上的功利主义侵蚀到学校，确实有一些老师对本职工作不用心，让学生在课外上他的补习班。这种有偿家教是国家明文规定不允许的。

至于"唯成绩论"，这是"应试教育"的一种思维定式。这个问题很复杂，有社会历史原因，也有现实的原因，是一个社会问题，就教育论教育是说不清楚的。有兴趣的话，可看看拙作《中国教育路在何方——顾明远教育漫谈》，人民教育出版社2016年8月出版。

记者：针对目前教育体系中存在的问题，您提倡的解决之道是什么？

顾明远：我国教育发展30多年来有大的成绩，但也有许多问题。所以党的十八届三中全会决议中提出教育领域的综合改革。当前，在宏观层面，促进公平、提高质量仍是教育改革的重点。更重要的是要以提高质量来促进公平。从学校范围来讲，主要应克服"应试教育"，提倡素质教育，以学生为本，因材施教，充分发展学生的潜能。要提高质量，关键是校长和教师，因此，提高校长和教师的专业水平是当务之急。

最后，我向老师们致以教师节的问候，祝老师们工作顺利、家庭幸福！

2016年9月

《解放周末》专访

今年被称为"新高考元年"，新高考改革试点率先在浙江、上海两地展开。正值恢复高考招生40周年之际，这番大动作被认为是40年来最重要、最复杂的一次教育综合改革。

都说高考是中国教育的"指挥棒"，这一回"指挥棒"将"指"向哪里？"牵一发而动全身"的新高考改革，将给每一位考生带来怎样的挑战和变化？就这些社会普遍关心的问题，本报记者专访了国家教育咨询委员会委员、北京师范大学资深教授、中国教育学会名誉会长顾明远先生。

【一张试卷定终身，一个分数定终身，这对很多学生来说是不公平的】

解放周末： 对于高考，国人的态度是非常矛盾的。一家全国性报纸的社会调查结果显示，有约97%的受访者认为现行的高考是最公平、最可信的；同时，又有98%的受访者认为现在的高考对中国的教育和学生的发展危害很大，必须改革。您能否回顾一下，为什么当初要痛下决心进行新高考改革？

顾明远： 自1977年恢复高考招生制度以来，高考改革一直在进行，教育主管部门围绕考试科目和内容进行了多次调整和完善，但均效果不佳。这些实践告诉我们，高考改革是一个综合的系统工程，局部的、单项的改革难以奏效。

所以，这次的新高考改革前后酝酿了整整4年时间。2010年我国颁布了《国家中长期教育改革和发展规划纲要（2010—2020年）》后，马上就成立了国家教育咨询委员会，其中就有一个考试制度改革小组，工作内容主要包括高考和中考改革。小组经过了多次调研，又通过了10多轮讨论，才出台了高考改革方案初稿。我是考试指导委员会的委员，考试指导委员会一共有24人，其中不只有教育界人士，还有经济界等各界人士。改革方案经考试指导委员会通过后，又分别通过了国务院的教育改革领导小组、国务院常务会议的讨论，最终经中央常委会议、政治局讨论，才确定了下来。所以这个改革决策是非常慎重的。

解放周末：这次新高考改革的目标和方向是什么？

顾明远：启动新高考改革，首先是要解决高考"一考定终身"的问题。

从个人的角度来讲，考试对每个人只有一次机会。有的学生平时成绩不错，但高考的时候一紧张，就没考好，这对学生来说是不公平的。

从高校的角度来看，高等学校的类别有很多，层次也有很多，用一张考卷考这么多不同的学生，显然不是很合理。比如有的孩子动手能力很强，但考试成绩不一定很好。那么这样的孩子参加高考，一张卷子定终身，对这个学生来讲也是不公平的。

我们讲的公平，是指教育要适合每一个学生，这才是公平。一张试卷定终身，一个分数定终身，这对很多学生来说是不公平的。所以，新高考改革，首先要解决公平的问题。

其次，新高考改革要解决人才选拔的问题。高考是一种选拔考试，是为了选拔人才而设的，它与平常的考试不一样。大家都说高考是"指挥棒"，那么这个"指挥棒"到底应该指向哪里？原来的高考，你考什么老师就教什么，你考什么学生就学什么，学生并没有自己的志向，也没有专业兴趣，所以考上大学的学生虽然学习成绩很好，但是普遍对所学的专业并不喜欢，缺乏钻研精神。而事实上，大学需要的是那些有专业兴趣、有激情、有思想的学生，而不只是分数高的学生。新高考改革正是要解决这个人才选拔的问题。

因此，新高考改革势在必行，既要解决公平的问题，又要选拔人才。

【想来想去，高考还是得走我们自己的路，得按照国情来进行设计】

解放周末：国外的大学选拔制度，有哪些是值得我们学习的？哪些又是与我们的国情水土不服、不能盲目跟风的？

顾明远：当初在设计新高考方案的过程中，我们曾对很多国家的大学选拔制度进行了考察，比如，日本、美国、德国、英国、俄罗斯等。可以说，大学选拔的方法很多，但是大多数都不适合我们中国的国情。

为什么说它们不适合中国的国情？最大的问题是中国缺乏诚信体系，这是目前我们遇到的最根本的难题。

以美国为例。美国的高中生在高中阶段可以参加ACT考试（美国大学入学考试）和SAT考试（学术能力评估测试），每年可以考多次，学生可用最好的一次成绩申请学校。同中国高考一样，考试科目有语文、数学、物理、生物等。美国大学选拔制度的重要一环，是学生写自我介绍申请大学。我认识一个美国孩子，他高中二年级的时候，自己去考察了美国、英国的大学，然后他选了自己喜欢的10所大学进行申请，最后有9个学校录取了他。他经慎重考虑，选择了哈佛大学。而当时哈佛大学录取他，就是因为他自己写的500字的自我介绍。他在自我介绍中写了自己的爱好、对专业的看法，等等。大学认为他的自荐符合大学的录取要求，就录取了他。这样的方式在中国可行吗？学校能凭一个高中生自己写的自我介绍就录取他吗？家长能相信学校吗？

在日本，高考选拔是采取两次考试的形式，第一次是全国统考，第二次是各个高校自己考试。这种方式我们也不容易做到，因为各个大学自己出题考试，家长能信任吗？

欧洲的一些国家，根本就没有"高考"，学生凭高中毕业文凭，就可以上大学。像法国，只有"大学校"才需要学生参加考试选拔。

因为我们缺乏诚信体系，老百姓对于走后门、对于暗箱操作深恶痛绝，所以想来想去，高考还是得走我们自己的路，得按照国情来进行设计。

【从"招分"转向"招人"，打破了过去以分数录取学生、一考定终身的弊端】

解放周末：您说过，新高考改革方案最大的亮点是"不会一分挤掉千万人"，这个改革方案是如何设计的呢？

顾明远：按照2014年启动的高考综合改革，2017年起在高考招录中将采用"两依据一参考"政策，即依据统一高考成绩和高中学业水平考试成绩，参考高中学生综合评价信息。

具体来说，高考科目采用"3+3"，也就是说，高考成绩由语文、数学、外语3门统一高考成绩和3门学生自主选择的高中学业水平考试科目成绩构成，作为高等学校录取的基本依据。

而新高考改革的一个突破，就是将高中学生的综合评价信息作为招生录取时的参考。过去高考只有书面考试，只有一个分数，而现在要考察学生的综合素质，你的思想品德如何，你的体育锻炼如何，你参加了多少公益项目。这个虽然很难量化，但根据方案设计，可以如实把每个学生平时的情况客观地记录下来，在大学自主招生时作为参考。从"招分"转向"招人"，可以说是打破了过去以分数录取学生、一考定终身的弊端。

解放周末：新高考方案中还有哪些"新动作"？

顾明远：新高考方案不再分文理。过去分文理，造成一种现象，学理科的学生少学或者不学文科，考文科的学生可以不学理科；现在不分文理了，也就是说学生的基础要打好，但是考试的难度适当降低了。然后配合"3+3"选考，你喜欢什么课目，对什么专业有兴趣，你就要把这几门课目学好。

总之，学生打好基础，又有自己的专业兴趣，这就是新高考改革最初设计的目的。这意味着，在高中阶段，一般的学业水平考试只要合格就可以了，而自己喜欢的课目就要学得深入一些，考得突出一些，从而让学生集中精力做自己喜欢做的事情，这样便于培养专业人才。

此外，新高考方案中还有一个很大的亮点就是实行分类考试，也就是高职院校与普通高校的考试招生分开进行。事实上教育专家们很早就提出，高等职业教育不需要再进行义化考试，而是以高中学业考试为基础，然后再考一下学生的动手能力、技能等。这样做可以"解放"一批学生，那些报考高等职业学校的学生不再需要参加高考。

从理论上说，高等职业学校和普通高校水平是一样的，要求是一样的，不过是性质不同。但是，中国的老百姓普遍不认可高等职业教育，他们总感觉职业学校低人一等，所以新高考方案中的分类考试没有引起足够的反响，也没有起到应有的作用，这其实是新高考改革中很重要的一个举措。

【还是死记硬背，还是应试教育，怎么培养得出创新型人才？所以要倒逼高中进行课程改革】

解放周末：新高考改革很关键的一环，是倒逼高中教育制度的改革。您认为中国目前的高中教育存在哪些问题？新高考方案将用什么来撬动高中教育制度的改革？

顾明远：我认为，中国的高中教育主要存在两大问题。

一个问题是课程问题。课程的灵活性、多样性远远不够。过去的高考，学生没有选择的余地，你考什么，我就学什么。现在提倡创新型人才，还是死记硬背，还是应试教育，怎么培养出创新型人才？所以要倒逼高中进行课程改革。"3+3"选考，让学生有自主选择权，我将来要选择什么样的专业，我喜欢什么课目，都由自己来定。

如今在全国，一些高中开始实行"走班制"。所谓"走班制"就是指教室和老师相对固定，学生根据自己的能力和兴趣自行选择适合自己的班级上课，不同层次的班级，其教学内容和程度要求不同，作业和考试的难度也不同。新高考方案倒逼高中教育改革，就是要让课程多样化，要减少必修课，增加选修课，课程设置要符合学生的兴趣爱好和特长，让学生有双向选择权。

另一个问题是课堂教学问题。过去的课程也叫作教学计划、教学大纲，那时学苏联，规定得很死，这是国家的文件，老师一点也不能改动。现在改成了课程标准，老师上课只要达到标准就行了，课怎么上，学校、老师应该有自主权，但目前的课堂教学仍是以教为主。

我经常到北京的一些学校去听课，我总感觉课堂上还是原来的传统教学模式，虽然也有小组合作、讨论等新形式，但是所提出的问题往往是老师提出来的，不是学生提出来的。归根到底，老师并不适应新的教学模式，总想把自己的东西教给孩子，而不是培养学生自己思维，让学生真正自己去探索。

现在的新高考改革，要让学生有选择权，就要让学生自己去探索，因此老师的教学方法一定要改变。

解放周末：新高考制度的改革又会对初中甚至小学教育产生什么样的影响呢？

顾明远：原来的"高考指挥棒"导致中小学教育考试分数的权重越来越大，几乎成为选拔录取的唯一依据，升学竞争也逐步演变为"分分计较"的分数竞争。于是，出现了培训机构"绑架"学校、"绑架"家长的现象，也出现了小学生甚至幼儿园小朋友都去学奥数的现象。

现在看来，要让学校、家长和学生慢慢适应新高考方案，这需要一个漫长的过程。要从"分分计较"，转变成"以人为本"，老师和家长需要尽早地了解学生，知道学生有什么特点，知道学生有什么爱好，从初中甚至小学开始，就要启发孩子发展自己的特长，从而能够在高中阶段做出自己的选择。

不久前，我到潍坊参观了一所民办学校，校长向我介绍了他们学校的差异教育。有一个学生初中时学习较差，他妈妈很发愁，因为孩子不爱学习只爱玩。但是进了这所学校后，他现在读高二，已经被南京航空航天大学提前看中。因为这个学生制作无人机的水平很高，多次获奖。在这所高中，已经有5个学生被大学提前相中。可见，只要孩子有自己的特长，就可以成才。

现在全国有些学校开设了学生生涯教育的课程，这非常好。生涯教育主要是告诉孩子怎么了解自己，怎么了解他人，知道自己的优点和缺点，对自己有一个全面的认识，从而提前对将来的学习和人生进行规划。在美国，小学升初中的时候，每个学生都会有指导老师帮助选课，根据你的小学学习情况，根据你的爱好，帮助你选择学校的课程。我们将来在小学和初中也应该有这样的指导老师，开展学生的生涯教育。

【观念不转变，任何改革都没有用。改革本身就是一个观念转变的过程】

解放周末：面对新高考改革，仍有一些家长感到无所适从。在您看来，作为一名家长应该重点准备些什么？

顾明远：我想对家长说两点。第一，希望家长从小培养孩子的兴趣爱好，不要勉强孩子去做他不喜欢的事情。比如，学奥数，对大多数孩子来说是没有必要的，这其实是在浪费很多孩子的时间。

其实孩子到五六年级的时候已经开始有自己的爱好了，有的孩子喜欢读文学书，有的孩子喜欢读科普书籍，有的孩子形象思维好，有的孩子逻辑思维好，只要家长用心，完全可以培养出孩子的专长。

第二，鼓励孩子自己选择，并且尊重孩子的选择。这是作为家长最重要的一点。

这里有一个真实的故事，非常说明问题。有一个学生从小偏爱工程类知识，在班上成绩很好，他想报考北京航空航天大学，但是班主任说他的成绩应该可以考上北大，结果这个孩子考上了北大物理系。入学第一年，他很多课不及格，因为他对物理没感觉，不感兴趣，他就离开北大，到深圳去闯荡。休学一年后回到北大复学，他仍然找不到感觉，最后他决心退学，去了北京一所信息职业学校学习。他终于感到自己如鱼得水，后来他选择留在这个学校里当老师。所以说，尊重孩子的选择是多么重要。

我相信，家长们对于新高考改革一定会慢慢适应，一定会慢慢转变观念的。观念不转变，任何改革都没有用。观念不转变，任何改革都会失败。改革本身就是一个观念转变的过程。只要观念转变了，就会想出很多方法来。

解放周末：不久前衡水中学在浙江开分校的事件引发了激烈辩论，很多人虽然不认可衡水中学的办学模式，但还是觉得这种应试教育的成功是看得见摸得着的。您认为，新高考改革的远期目标，能改变大家的这种观念吗？

顾明远：最近连云港的一位教育局局长公开为应试教育辩护的言论，受到了不少人的追捧。很多农村孩子也说，他们就是应试教育考上来的，如果没有应试教育的话，他们不可能取得今天的成功。衡水中学尽管受到很多批评，但校长依然我行我素，因为他认为他们的学校体制更适合目前的考试制度。但是，我相信，将来新高考制度彻底改革了，考试制度彻底变了，衡水中学就难以生存下去，衡水中学的办学模式将来肯定是要被淘汰的。

新高考改革最终就是要改变这种现状，"高考指挥棒"将完全指向素质教育，彻底改变"应试教育是管用的"这种观念，虽然改变的过程可能比较漫长，尤其是观念的转变非常困难，但是我们要坚信这一点。

2017年6月

教育随笔补遗

《教育大辞典》编纂经验谈

　　作为教育科学研究"七五"规划国家重点项目，新中国成立以后第一部《教育大辞典》，从1990年7月起陆续与读者见面，至今全书12卷已全部出齐。作为这部辞典的主编，我感到一则以喜，一则以惧。喜的是经过六年多的辛劳，千余名作者的努力，这部大辞典终于像一个新生儿一样呱呱坠地了。惧的是这部辞典无论在整体结构上，还是在选词释义上总还有许多不足之处甚至讹误之处。虽然我们的作者都是严肃认真的，编纂处、出版社的同志也都竭尽了全力，但由于时间短促，资料欠缺，成书未能尽善臻美，总是一件憾事。不足之处只好待出合卷本时再来弥补了。

　　编写大辞典，在一般人看来，似乎用不着创新，只需要把前人的创造加以选择、整理和编纂即可。事实上并非如此简单。我们在编纂过程中深深感到，这是一项教育科学研究的系统工程。教育是人类社会的一种复杂的社会实践活动，以教育实践活动为对象的教育科学经过了产生和发展的过程。如果从我国的《学记》作为世界上最早的一部教育专著算起，距今已有两千多年，如果从夸美纽斯的《大教学论》算起，距今也有三百多年。但是真正形成一个独立的教育科学体系则还是近百年来的事，特别是进入20世纪以后，随着自然科学和社会科学的发展以及教育的普及，教育科学才有了空前的发展，产生了许多分支学科。教育科学已经不是一门大教育学所能包含的了，而是成为一个教育科学群体。一部《教育大辞典》要把几千年来人类教育活动的实践和理论全部包容，谈何容易。下面我想谈谈在编纂这部辞典过程中遇到的问题和体会。

一

我们在设计《教育大辞典》的整体工程时遇到的第一个问题是整体结构问题。教育大辞典既不是教育大事典，也不是教育学大辞典，它应包揽从古至今人类教育活动的实践和理论。我们为这部教育大辞典定的目标是"汇集教育科研新成果，熔古今中外于一炉"。如何处理古与今的关系、中与外的关系、理论与实际的关系，就是一项重要的研究工作。

通过多次研究，我们决定采取的结构方案是：全书由实际、理论、中国、外国四大部分构成；25个分册合为12卷；教育实际部分包括各级各类教育，共4卷；教育理论部分包括教育科学的各分支学科，共3卷，中国教育史部分，也是3卷；外国教育部分，包括外国教育史和比较教育，共2卷。

这四个部分的内容有所交叉。教育实际部分中第一分册《教育学》应该属于理论部分，但把它作为教育科学的总论、全书的统领放在第一分册。这部分的各级各类教育分册，除了列举教育事实和实体外，也包含了许多该级该类学校需要遵循的理论和一部分外国教育的经验（包括理论和实践）。而理论部分也包含了一部分事实材料，如《教育管理学》分册收集了一些教育行政管理法规和机构，这部分还涉及各分支学科的发展历史，因此与中外教育部分又有交叉。中国教育部分和外国教育部分也包含了各个历史时期的各级各类教育和各种教育理论。

这种交叉就带来了很大的问题：重复。因此解决重复问题成了编纂这部大辞典的最大难题。教育是复杂的，但又是统一的社会现象，理论、实际、中国、外国是不能截然分开的。各分册在编纂过程中，为了求得自身体系的完整，收录的词目与其他分册往往大量重复。为了解决这个问题，我们只好要各分册只求体系的相对完整，不求绝对完整，词目可有少量重复，但释义要求各具相应分册的特色。经过这样处理，重复问题相对解决了，但有些分册单独来看，就显得内容不够完整和充实。

　　在编纂这部大辞典的过程中，特别是在研究整体设计和各分册框架结构时，我们发现，教育科学近几十年来虽然有了很大发展，但各门分支学科不能说都发展得很完善，有些学科还很不成熟，它们还没有真正建立起自己的理论体系，只是把别的学科理论拉到自己学科中而已。有些边缘学科还仅仅处于把两门学科拼镶起来的阶段，还没有做到有机的结合，没有抽象出自己的规律和理论体系。可以说，这次编写这部《教育大辞典》，是对教育科学各个分支学科的理论体系和理论范畴、概念来了一次大检阅，从而发现建立教育科学的理论体系仍然是今后教育理论界需要花大力气的艰巨任务。各分支学科要真正进行深入研究，建立各自的理论体系，不能轻率地套上一个"学"字，就成为一门学科。

二

　　辞典的任务是反映科学研究的已有成果，特别是吸收科研的最新成果。但是什么是最新成果？有些新的理论是否已经算得上是成熟的理论、新的成果？这就要做一番研究、判断和选择工作。当然，作为辞典来讲，只需要反映客观事实，不需要评论事实的曲直、理论的是非；但却需要判断事实的真伪，理论是否成熟，是否是新的研究成果。如果把虚伪的东西当作真实，把并非理论的东西当作理论加以收录，就会以讹传讹，贻害无穷。因此建立各分册的框架结构和选词就成为编好这部辞典的第一关。

这项工作我们大致用了一年多的时间，即从1986年夏季开始到1987年的秋季，才把基本词目确定下来。起初全书选词5万余条，后来经过研究讨论、筛选，确定收词约3万条。词条初稿撰写出来后，我们又根据它们的实际内容做进一步的删削、归并，最后全书实收词目2.5万余条。例如，《课程和各科教学》分册最初提出4 400余条，几经筛选，调整结构，以3 000条作为讨论稿，又广泛征求意见，最后审定入选词目900条。这样既做到全而不泛，又做到精而不漏，基本上把课程的有关理论和实际、中小学各科教学的演变、课程标准的沿革、教材的革新、重要的教学内容、教学原则、教学方法和手段、课外活动以及外国著名教材、教法等均包括进去了。

这种对词目的选择，不仅是一项技术工作，更重要的是一项研究工作。实际上这是对这门学科的理论范畴和客观事实进行一次科学的分析和整理。例如，过去的大教育学基本上分为基本原理、教学论、德育论以及教育管理四大块，这个体系已经几十年没有变化。它有合理的一面，但大家总感到不太科学。这次我们编《教育大辞典》，对第一分册《教育学》如何处理这个问题就感到很为难。教育科学近几十年来已经不是一门大教育学所能包含得了的了，但作为总论的教育学应如何处理，才既不至于与其他分支学科重复，又能起到统领的作用？经过许多专家研究，结果是成了现在的结构，即分为总论、德育、智育、体育、美育、劳动技术教育、教学工作、课外活动、教师、学生、学校卫生几个部分。这个体系也还不尽如人意，例如，因为课程和各科教学另立分册，智育部分就显得特别单薄；因为教育管理学也另有分册，这里就缺乏教育管理的基本理论，等等。但总算解决了大辞典前后的关系问题。

选词中遇到的另一个问题是如何反映教育活动的规律。因为许多教育规律不是一个词所能表达的。如教育原则中有一条"集体教育与个别教育相结合原则"，它是德育的重要原则，但严格讲来它不是词，而是一个词组。在讨论时，有的专家认为，它不是词，辞典不应收，有的专家则认为这是德育的重要原则，不收不能反映教育科学的现状和成果。经过研究，大家最后认为，作为一部专业辞典，为了反映教育学科的基本内容，只好以形式服从内容，突破一般词的界限，把反映教育规律的、有较固定内涵的词组也收录进去。同时我们也翻阅了其他国家的教育辞典，他们也是这样处理的。这样处理，有些固定词组，如一些教育事件和文献资料的名称等，就能包括进来，从而使辞典内容丰富起来。

选词中遇到的第三个问题是：有些分支学科中的基本词汇是跨学科的，表面上与教育没有关系，但它们属于教育学科相关学科的基本词汇和范畴，不收录进来，又不足以说明该学科的基础。例如，教育经济学就有一些经济学词汇，教育管理学又有一些管理学的词汇，等等。最后处理时是从严掌握，确实与教育学科有关的才收录，如果属于一般基础知识则不收。

三

释义是编纂工作中的最重要的环节。我们为自己定了几条标准。

（1）科学性。这是最重要的质量标准，也可以说是最起码的要求。因为辞典是作为一种典范展示给读者的。如果对词目的解释缺乏科学性，就会以讹传讹，贻害无穷。因此，注意科学性、把好质量关就是辞典的生命线。但要做到这一点却是极不容易的。一个词的释义是否科学，不能凭主观臆断，而是要靠科学研究。许多概念有多种定义解释。例如，"文化"这个词据说已有一千多个定义，教育词汇中这类词很多，如"教育本质"，现在理论界的认识就很不一致，"比较教育"至今还没有一个确切的定义。因此，要想做到释义有科学性就需要作者周密地调查，收集各派意见的资料，对各种解释的来龙去脉进行剖析，选择其中最科学的解释。有时需要创造性地加工，把各种解释中的合理部分吸收进来，变成一种新的解释。这种工作已经不是一般的择优、整理了，而是科学创新了。为了不随意创造，我们一般主张遇到有多家解释而无法择优时，则列举各家意见，由读者去判断。即使如此，也不可能罗列所有各家意见，而只能择其要者。而择其要者的工作也是一项十分严肃的研究工作。

有些词的通常解释不够科学，则在辞典中应该把它们纠正过来，给出正确的解释。例如，"教育本质"一词，涉及近几年来关于教育的社会属性的争论。过去刊物上都把这种有关教育的社会属性的争论称为教育本质的争论，把教育的社会属性误作为教育的本质。我们这次在释义中听取了潘懋元教授的意见，把它改正过来，给予了科学的解释。

对于各种流派的理论，我们都不妄加评论，只做客观的介绍。但为了避免客观主义，我们也介绍一些评论家对某学派的意见，但作者不做个人的评论。总之，对每一个词的释义都要做到有根有据。

（2）知识性，也就是要有一定的信息量。要使读者查阅以后感到有收获，增加了知识，得到了信息。专业辞典不同于语词辞典，对每一个词的释义要有一定的深度和广度，要给读者较为丰富的信息。开始的时候，我们生怕释文无限膨胀，对词条释义的字数限定很严。后来发现，限制太死，影响了内容的展开，许多词条释文不够丰满，缺乏信息量。于是我们又重新要求作者对释义适当展开，对一些重点词条要求从古今中外做立体的介绍，增加知识性、可读性。例如，"教学方法"这一条，初稿比较简单，只解释了什么叫教学方法和选用教学方法的依据。经过专家讨论修改，增加了从教学方法的发展到当代各派对教学方法的分类等内容，这就丰富多了。但要做到这一点，却非易事，不是可以随手拈来的，而是要对关于教学方法的各种解释、各种流派做周密的研究，才能择其要者向读者介绍。

（3）资料要有权威性。前面讲到，词条的释义，不能随手拈来，而要有根据有选择地把最权威的见解收录进来。辞典的释义要起到典范作用，就要求不仅具有科学性，而且具有权威性。因此释义就不能凭作者对词的主观理解加以解释，而要求作者对词条的内容进行深入的研究，找出最有权威性的资料加以整理和归纳。

总之，释义是辞典的核心，要做到科学性、知识性和资料的权威性，就要对各个词条进行反复研究、反复推敲。因此，各个分册几乎都几易其稿，有些重点词条开过审稿会以后又印发给辞典的顾问专家征求意见，再进一步修改。例如，第一卷《教育学》分册，1989年2月在江苏太仓开了审稿会。会后把重点词条打印发给十多位专家审阅，征求意见，不断打磨修改，又经8个多月的时间，到1989年10月才正式定稿。所以《教育大辞典》在确定词目以后又经过约三年半的时间才全部完稿。即使花了这么长的时间，我们仍然感到对有些词条的研究还不够深入，只好留待教育科学研究有了新的进展后再来修订了。

四

我之所以说编纂这部《教育大辞典》是教育科学研究的一项系统工程，还因为通过编纂这部大辞典我们为教育科学研究积累了大量资料。许多同志都体会到，为了写几百字的词条，要参阅几千字、几万字的资料。因此，通过编辞典，各分册都积累了一批资料，为今后的科学研究打下了一个基础。特别是一些新兴学科或者我国科学研究中的空白学科，有关的编写同志更感到收获很大。他们由于收集了许多资料，不满足于《教育大辞典》的分册，都想另编专科辞典。如编写成人教育、教育管理学条目的同志都已利用在编纂《教育大辞典》过程中收集的资料另行编写了《成人教育辞典》和《教育管理学辞典》。不仅如此,《成人教育》分册的作者在进一步挖掘资料的基础上还准备编纂出版成人教育丛书。

通过编纂《教育大辞典》,我们还挖掘出了许多鲜为人知的资料。例如,我国古代的书院到底有多少,过去谁也说不清楚,开始说有4 000多所,经过这次整理,发现有6 000多所。当然,《教育大辞典》不可能收录所有的书院,因此负责编纂书院部分的同志拟用收集到的资料另编一部《书院辞典》。

军事教育、民族教育、华侨华文教育和港澳教育是过去辞典中所没有的,研究的人也甚少。这次《教育大辞典》把它们列为分册,不仅成为《教育大辞典》的特色,也为这几方面的科学研究打下一个基础。这也是我国改革开放形势所要求的。

我国是一个多民族国家,有55个少数民族,共6 000余万人口,分布在全国各地。他们的教育各有特色,是我国教育事业的组成内容。不研究少数民族教育,就不能了解我国教育事业全貌。特别是在少数民族地区普及九年义务教育的任务更艰巨,因此研究少数民族教育实际上关系到少数民族地区的文化教育事业的发展,关系到这些地区的经济发展和我们整个国家的繁荣昌盛。《教育大辞典》的编纂工作为民族教育的研究积累了资料,组织了队伍。

香港、澳门将分别在1997年和1999年回归祖国,在"一国两制"的基本政策下如何加强内地和港澳教育界的联系和合作,是迫在眉睫需要研究的问题。过去我们对港澳教育了解甚少。这次编纂《教育大辞典》,我们特地聘请了香港教育界人士参加,在暨南大学张泉林教授的领导下收集了大量资料。由于内地对港澳教育了解较少,因此在收录词目时我们对港澳的学校收录较多。

华侨华文教育也是我们这部大辞典开辟的新领域。我国在海外的华侨有几千万，他们关心祖国的建设，他们在发展中外关系中起着桥梁作用。研究华侨华文教育对于弘扬中华民族的优秀文化，开展中外文化交流都是十分必要的。在刚开始编写这部辞典时，我们只注意海外华侨教育，后来才扩展到华侨支持祖国教育事业的情况。近十年来捐资办学或助学的华侨日益增多，仅福建一省就涉及几千所学校。当然，这部分中有些不一定属于华侨教育，但它反映了一个教育发展的现实，值得我们开展研究。

总之，不论是老学科还是新学科，熟悉的教育领域还是不熟悉的教育领域，通过这次编纂《教育大辞典》确实都积累了大批资料，它们将成为教育科学研究的宝贵财富。

五

通过编纂这部《教育大辞典》，我们组织了一支教育科研队伍。参加这部大辞典编纂工作的有千余人，他们中间有老专家，有中年专家，也有一大批青年教育工作者。参加这项工作的同志都感到有很大的收获，培养了科学的态度、严谨的学风，受到了科研的锻炼。有的分支学科还建立了一支稳定的科研队伍。如9个省、市的成人教育工作者，虽然完成了《教育大辞典》的任务，但是他们还不定期地集会研究成人教育中的问题。《教育管理学》分册的编写同志，联合了全国各大区教育干部培训中心及其他单位研究教育管理的同志，组成了一支较稳定的队伍，正在进一步研究教育管理学的问题。

这支队伍是很可贵的。大家不求名，不求利，同心协力搞好这项工程。特别可贵的是，大家都对辞典负责，坚持质量第一。有关词条虽几次被退稿，编写者却毫无怨言，力求精益求精；有的稿子几经别人修改，也无责难，明白这是相互帮助、提高质量的一个措施。大家为的是什么？为的是对读者负责，对子孙后代负责。我们这部辞典就是靠千余名作者的共同努力完成的。这给我们今后教育科研中的合作攻关提供了经验。

六

《教育大辞典》分卷已经全部出版，可以说教育科学研究的"七五"规划项目已经完成，也就是说作为一项科学研究可告一段落。但是，就《教育大辞典》这一系统工程而言，这还仅仅是完成了一半，合卷本的编纂任务还很艰巨，又将是一项新的科研任务。因为在出版合卷本时不能原封不动地把分册中的所有词条都收录进去，而是要根据领导小组会议的精神，做到"再创造，高质量"，要对词条进行修、并、删、补的工作，使合卷本达到一个新水平。

首先，要重新确定整个辞典的框架内容。根据原来的编纂方针，将实际、理论、中国、外国四个部分统筹安排，要突出理论，突出中国的现实经验，同时各部分又要平衡，不能畸轻畸重。

其次，要合并一些词条。分册出版时由于照顾到各分册体系的相对完整性，因此不少条目是重复的，合卷本中就不能再有重复词目，分册出版时释义都各有特色，合起来就要兼收并蓄，要概括词目的全部内容。也就是说，许多条目需要重新研究和改写。

其三，要修改错误。这是合卷本编纂时的重点。在已经出版的分册中，我们发现有错误之处，有些释义内容陈旧，没有反映教育科研的新成果和教育实践的新经验，有些词条内容不够丰满。对这样一些词条都要进行修改。

其四，要删节部分词条。分册中有些词目不姓"教"，有些词目见词明义，有些概念不够明确，这些词条都需要删节，也就是说对全部分册的词目都要重新审查一次，精选一次。

最后是补充工作。分册出版后，我们发现有疏漏之处，出合卷本时需要补进去。另外，这几年来教育科学研究又有新发展，因此，新的成果也要反映到合卷本中。但补充不宜过宽。

无论是修、并，还是删、补，都需要进一步做一番研究工作，才能达到前面提及的科学性、知识性、权威性。

做好这项工作，需要广大读者的帮助。我们希望读者在查阅这部《教育大辞典》时发现有什么错误，感到缺什么、多什么，都能记下来，并把意见告诉我们，以便在修订时参考。我们要请辞典的顾问、编委更多地继续关心这部辞典，随时指点，提出意见。我们还准备请一些专家通读一部分词条，然后召开座谈会，听取他们的意见。总之，先要做一番调查研究工作，集中意见、集中问题，再进一步认真研究，提出合卷本编纂的方案。

《教育大辞典》应该对教育的理论和实践包罗无遗，但却不是可以随意选词的。原来我们制定的"大、齐、新"的方针是正确的，但大、齐、新都有一个度，是相对的，不是绝对的，要依照学科的发展而定。

六年的工作，尽管做出的成果不尽如人意，但其中甘苦，恐怕只有实践者才能体会。这个成果是千余名作者努力的结果。我深深感到编写这部《教育大辞典》是教育科研的一项系统工程。这个工程实际上才刚刚开头，要最后完成还需要继续努力奋斗。

1996年

端正学风　繁荣学术

改革开放以来，教育科学迎来了春天，教育工作者为我国教育事业的改革和发展，开展学术研究，做了大量工作，教育科研水平有了明显的提高。特别是近年来，广大教师科研的热情高涨，纷纷加入教育科研的行列。这是十分可喜的现象，它对于推进素质教育、提高教育质量起到了重要的作用。

但是，在大好形势的主流中也存在一股不健康的暗流，这就是学风问题。有些学术团体开展学术活动过于商业化，不顾社会影响，单纯追求利润；有些教育科研低水平重复；有些教育工作者急功近利，只求数量不求质量；个别的还有抄袭剽窃别人成果的情况。这股暗流虽然不大，但影响极坏，不能不引起大家的重视，并予以纠正。

学风问题关系到学术的生命问题，关系到科学能否发展的问题。尤其是教育科研的学风，还关系到下一代的教育问题。我们常常讲，教育工作者要为人师表，因此我们在教育科研中要率先垂范。

学风问题说到底是思想方法问题、工作态度问题。学风问题可以分为两类：一类是空谈理论，教条主义。这一类属于思想方法问题。另一类是浮躁不专，急功近利，甚至不惜欺世盗名，抄袭剽窃。这一类属于工作态度问题、职业道德问题。前一类也需要端正思想，改进方法，才能使科研成果达到实效。第二类则是学术研究中绝对不能允许存在的腐败现象，我们要坚决抵制，大力纠正，否则会败坏我们的学术声誉，乃至毁坏整个教育科学研究。

端正学风，才能繁荣学术。要端正学风，除了每一个科研工作者要洁身自爱，还要有保障机制。这种机制就是学术批评和舆论监督。当然，学术批评不光是针对不正之风的，还包括不同观点的学术争鸣。学术争鸣是学术繁荣的手段，不能与对不正之风的批评混淆起来。教育学术界争鸣的空气十分薄弱，这恐怕与两者混淆有关。似乎一批评，批评者就是正确的，被批评者就是错误的。其实并非如此。由于怕混淆，因而对错误的东西也不敢批评。其实两者讨论的问题不同：争鸣是在学术问题上，批评主要是在学风问题上。即使开始时可能有所混淆，也没有多大关系，事情总是越争越明。因此，我们要大力提倡学术批评。同时我们希望媒体能够支持学术批评，坚持正确的舆论监督，减少人为的炒作。

让我们共同努力，端正学风，繁荣教育科学。

2003年3月19日

人的发展离不开哲学社会科学

　　作为一名哲学社会科学的理论工作者，听到中共中央发布《关于进一步繁荣发展哲学社会科学的意见》，我感到无比鼓舞和责任重大。社会的发展，人类的进步，离不开哲学社会科学。科学技术是第一生产力，这里的科学也包含了哲学社会科学。自然科学和技术固然是发展生产力的第一要素，但是科学技术是中性的，它可以促进生产，造福人类，也可以制造破坏环境、残害人类的武器。只有科学技术和哲学社会科学相结合，才能使科学技术真正促进社会的进步，给人类带来幸福。自然科学是求真的，哲学社会科学包括人文科学是求善、求美的，是培养人的世界观、人生观和价值观的。自然科学和哲学社会科学的结合，能使人类进入真善美的境界。当然，这是理想的未来社会，现在还做不到。但是我们作为社会主义国家的人民，共产党人，我们的理想就是共产主义，就是要追求真善美的世界。

　　人的发展也离不开哲学社会科学。马克思说："人是一切社会关系的总和。"教育就是人的社会化过程。教育是把儿童从一个自然人培养成一个社会人，使他能够担负起社会赋予他即赋予每个社会成员的责任，共同来促进经济的发展、社会的进步。人的成长是有规律可循的，教育也是有规律的。教育的发展与社会的政治、经济、文化的现状和发展有着密切的关系。因此，教育科学作为人的发展的一门科学，它是哲学社会科学群体中的一员，需要繁荣和发展。特别是现代教育，它是建立在科学的基础上的。现代教育的一切决策和行为都不能像传统教育那样，凭借传统的经验来决策。教育是关系到二亿三千万儿童青少年成长的大事，如果以终身教育的理念来看教育的话，它关系到全国十三亿公民。只有科学的决策才能使我国的教育健康地发展，为社会主义现代化建设服务，培养出德智体美全面发展的社会主义事业的建设者和接班人。

教育科学与哲学社会科学中的其他学科相比还比较落后。我们深感教育理论工作者的责任重大。目前的状况是教育理论落后于教育发展的实际。我们要以马克思列宁主义、毛泽东思想、邓小平理论和"三个代表"为指针，克服理论脱离实际的状况，走出书斋，走进学校，研究教育改革中的实际问题，提出科学的见解，促进教育改革的深化和发展。同时需要端正学风，克服急于求成的浮躁情绪，要甘于坐冷板凳，坚持几年、几十年，一定会有成效。教育人才是一个复杂长期的过程，我们要坚持调查研究，深入实践，开展实验研究，取得经验，提升理论。教育科学的发展还需要进一步解放思想，不断创新。要在教育观念、教育制度、教育内容和方法上实行教育创新，当前特别要研究阻碍教育发展的体制性障碍，提出解决问题的方案。学术繁荣需要百家争鸣，要提倡不同意见的争论，反对把学术问题政治化，真理越争越明。当前教育界争鸣的风气不够浓厚，学术批评的风气尚未形成。希望今后以贯彻落实中共中央《关于进一步繁荣发展哲学社会科学的意见》为契机，使教育理论界生动活泼起来，形成百鸟争鸣、百花齐放的繁荣局面。

2004年3月31日

儿童报纸切实为儿童服务[*]

2007年3月，温家宝总理对《小学生学习报》给予了赞誉并题词："报办得生动活泼，孩子们的文章写得真切朴实。我希望《小学生学习报》越办越好，成为孩子们了解世界的一扇窗户，成为启迪孩子们思想的一颗智慧之星。谨通过贵报向孩子们问好。"

一份小报，一份面向全国少年儿童的报纸，不但受到了广大小学生及家长的喜爱，更受到了温总理的高度赞誉和亲切勉励，这在我国传媒界还是唯一的，可见这份报纸对少年儿童健康成长、实施素质教育的贡献。

作为一名老教育工作者，我很想知道，在当今很多大众媒体服务意识淡薄、传媒市场过度商业化、伪劣传媒产品坑害少年儿童的环境中，《小学生学习报》是如何不受利欲驱使，全心全意为少年儿童服务，为少年儿童送去精美的精神食粮、优秀文化知识营养的，她又是如何做到这一点的，又是如何成长的……

当我看到《小学生学习报》品牌打造的有关材料后，我被这份小报为少年儿童所做的有益工作、贡献，为童媒品牌打造所做的有益尝试所感动。

---

* 原载《小学教学（语文版）》，2009年第10期。

现代社会的少年儿童，被越来越多、越来越现代化的儿童传媒包围着。现代社会少儿的多媒体阅读和全媒体阅读，像空气、水、牛奶、面包一样，是当今少年儿童健康成长的必需品，在少年儿童的人格成长、精神发育、知识培育等方面开始逐渐超越学校和家庭等传统途径，成为学校、家庭之外的第二教育系统，可以说，儿童传媒已经是少年儿童成长的第三任老师。故此，越来越多的专家认为，媒体是少年儿童成长的第二课堂。而且随着新媒介的融合与普及，媒介在教育上将进一步边缘化家庭教育，并且逐步冲击学校的权威地位。

在任何文明社会中，一个少年儿童的健康成长，一个人从自然人变成社会人、文化人、知识人、智能人，离不开三个环境、三任老师。

第一个环境是家庭，第一任老师是父母。

家庭是孩子生活的第一环境，是他们成长的起点和摇篮。从教育这个角度看，家庭就是孩子的第一所学校，而父母理所当然地就是少年儿童成长的第一任老师。父母的一举一动，对孩子来说都有着重要的影响，甚至影响孩子的一生。尤其是品德教育、素养教育，是伴随着孩子一生的终身教育，其所特有的天然性、亲子沟通的情感性、潜移默化的渗透性都深刻地影响着孩子的身心成长，留下终身的烙印。

第二个环境是幼儿园、学校，第二任老师是教师。

学校教育是集体教育、系统教育、标准化教育、正规教育、共性教育和和谐教育。学校教育是现代社会孩子成长发展最重要的阶段，是长知识、长身体，为世界观、人生观、价值观形成的奠基阶段。教师不仅要教书，而且要育人。老师和学生面对面地交流，老师的一言一行都是学生的楷模。

第三个环境就是"无孔不入，无处不在，无时不有"的社会环境和现代传媒，第三任老师有些是无形的，有些则是通过媒体而显现的。现代传媒的多媒体阅读或全媒体阅读就是一个没有老师名分的老师。

随着互联网和信息化的发展，现代传媒教育成了一种最丰富的、最海量的集大成教育，成了一种最自由、最快乐、最便捷、最生动的互动教育。多媒体阅读，这个无形的老师，成了最全才、最平等的老师。这第三个环境和第三任老师，正在成为现代社会最强势的环境和最强势的老师。

教育报刊媒介是教育的知识供应链、价值链、生命链和信息纽带，有着特殊的地位和相对独立的意义。从本质上说，教育报刊媒介是人类教育活动和教育行为赖以实现的中介。而少儿传媒更是沟通少年儿童教育、文化、教养形成与成长的桥梁。一份好的少儿传媒就是少年儿童成长过程中的精神食粮，能给少年儿童带去成长的精神、文化营养。所以，国家、学校、社会、家长对少儿传媒的建设、发行和选择都非常重视。

胡锦涛总书记就指出："要增强大众传媒的社会责任感，为未成年人思想道德建设创造良好的舆论环境。要实施精品战略，为未成年人提供更多更好的文化产品和文化服务。"

在这方面，《小学生学习报》做了有益的探索，并做出了贡献。在此，我乐为《小学生学习报》鼓与呼。

人和教育[*]

重庆市人和街小学提出"人和教育"为他们的办学理念，非常贴切，这是集文化传统、地理环境、社会精神于一体的办学理念。

从文化传统来讲，"和"是中华文化的核心价值观之一。中华文化主张"天人合一""贵和尚中"。"天人合一"讲的是人与自然的关系，"贵和尚中"讲的是人与人的关系，人和教育以"人和"为办学理念，切合中华文化传统。

从地理环境来讲，人和街小学地处长江、嘉陵江交汇融合之滨，又与人和街同名。自然环境就赋予学校办学一种力量。正是嘉陵江与长江的交汇融合才使百川汇合，后浪推前浪，滚滚潮流奔向大海。它象征着学校培养的莘莘学子，一代胜于一代，成为国家的栋梁。

从社会精神来讲，我们现在社会主义建设的目标就是建设全面小康的和谐社会。要建设和谐社会，人与自然要和谐、人与社会要和谐、人与人要和谐。其核心是人的和谐，人和教育就是培育这种和谐的精神、仁爱的精神。

全面发展的和谐教育是人和教育应有之义，培养学生全面和谐发展是社会主义教育的目标。但全面和谐发展并非平均发展。因此学校要提

* 原载《人民教育》，2009年第Z1期。

倡"和而不同"。和而不同表现在全体学生身上就是要因材施教，重视学生的个别差异，我们相信人人都能成才，但人有不同；表现在一个学生身上就是要重视发挥他的特长，促进个性发展。

实施人和教育，师生之间要和谐，教师要热爱每一个学生，相信每一个学生，理解每一个学生，与每一个学生沟通。

以上是我对"人和教育"的理解。

全民学习奔小康[*]

党的十六大是我党在新世纪召开的第一次全国代表大会，具有重要的历史意义。大会总结了改革开放，特别是十三届四中全会以来，我国在建设中国特色的社会主义方面所取得的巨大成绩和经验，描绘了全面建设小康社会的宏伟蓝图，为全党全民指明了奋斗的目标。作为一名共产党员，我读了十六大文件，感到无比兴奋，备受鼓舞。

十多年来，我国社会主义建设的成绩是举世瞩目的。就拿教育事业来说，这十多年教育的发展是空前的，是我国历史上最好的时期。我们仅仅用15年的时间就基本普及了九年义务教育，基本扫除了青壮年文盲。这是世界各国用了几十年甚至上百年才做到的。高等教育有了很大的发展：全国普通与成人高等学校的在校生从1990年的382万人增长到2001年的1 214万人，增长了两倍多，高等教育的毛入学率今年达到14%。教育体制的改革也取得了很大的成绩。

十六大文件中，把教育放到重点的战略地位。江泽民同志在十六大上作的报告中，全面阐述了"三个代表"重要思想，在讲到贯彻"三个代表"重要思想时强调必须尊重劳动、尊重知识、尊重人才、尊重创

———————————

* 原载《前沿 创新 发展——学术前沿论坛十周年纪念文集（2001—2010年）》，北京师范大学出版社，2011年。

造。在讲到全面建设小康社会的奋斗目标时，把全民族的思想道德素质、科学文化素质和健康素质明显提高，形成比较完善的现代国民教育体系、全民健身和医疗卫生体系；人民享有接受良好教育的机会，基本普及高中阶段教育，消除文盲；形成全民学习、终身学习的学习型社会，促进人的全面发展作为四大目标之一。作为一名教育工作者，我读了这个报告后既感到备受鼓舞，又感到责任重大。

推进教育的改革和发展是贯彻"三个代表"重要思想最具体的措施，教育要为科技创新，为先进生产力提供知识和人才的基础；要为精神文明建设服务，创造中华民族的先进的新文化；要为满足广大人民群众的学习需求服务，建设学习型社会的终身学习体系。全面建设小康社会就要极大地提高全民族的素质，只有通过全民教育、全民学习才能达到。

我国教育事业虽然取得了很大的成绩，但是问题不少，困难很多，要达到十六大所提出的目标，非下大力气不可。就拿基础教育来说，虽然基本普及了九年义务教育，但是普及的水平还是很低的，近年来学生的辍学率居高不下，有一些地区已经达到了十分严重的地步；推进素质教育步履维艰，学生的学业负担越来越重，学生的个性和创造能力得不到发展。这些问题不解决，必然会拖社会主义建设的后腿。当前教育事业发展中的主要矛盾是教育资源严重不足和需求旺盛之间的矛盾。资源不足表现在量上，又表现在质上：优质教育资源不足，发展不均衡，引起教育的激烈竞争，从而阻碍了素质教育的推行。

教育改革的出路在于创新。江泽民同志在北师大百年校庆大会上提出教育创新，把教育创新和理论创新、制度创新、科技创新放在同样重要的地位，并且认为教育创新是其他一切创新的知识和人才的基础。他还提到推行教育创新要在教育思想上创新、教育制度上创新、教育内容和方法上创新。

推进教育创新，首先要更新教育观念。要克服狭隘片面的教育价值观，把教育的工具性和本体性相结合。任何时候教育都必须为当时社会的政治和经济服务，但是不能急功近利，要在发展人的全部才能的基础上为社会政治经济服务。换句话说，只有人的素质提高了，才能更好地为社会服务。尤其要克服那种为了将来谋取优裕的职业而不顾学生身心健康发展的观念和做法。最近出了不少情况，这些情况都相当严重。例如，大家看过中央电视台的《社会经纬》，一个天津医学院的学生把自己的爸爸和奶奶杀死了。这种事情发生过几起，这都是由于心灵扭曲，是社会教育价值观的不正确造成的。我们要树立正确的人才观。在当今社会，有社会责任感，勤奋工作，为社会做出贡献的都是人才。社会需要拔尖创新人才，每个家长也都希望自己的子女成为拔尖人才，但是这种人才毕竟是少数。今天的社会是一个多元结构、多层次的社会，需要多种多样多层次的人才。各种人才的协调发展，才能使社会正常运转。同时，现代社会的人才是不断流动的，在建立终身学习体系以后，每个人都会有充分发挥才能的机会。

推进教育创新，关键是教育制度要创新。有了制度的保证，才能巩固教育观念的转变。江泽民同志在北师大百年校庆大会上的讲话中有一句很重要的话：要扫除制约教育发展的体制性障碍，努力提高教育资源的利用效益，优化教育结构，扩大教育资源。我们需要认真研究，有哪些体制性障碍，如何克服这些障碍。我认为当前主要表现在教育投资体制上和教育管理体制上。教育投资不足，教育资源的配置不尽合理，基础教育的投资近几年被严重削弱；多种渠道集资并未被打通，对民办教育顾虑重重。根据国外的经验，只有多种渠道吸收资金才能使教育发展。但是，现在我们在吸收民间资金办学方面却很保守。任何领域中都有唯利是图的人，民间办学也不例外，关键是要有严格的监控。现在的状况是既不放开也不监控。民办教育处于一种无序的状态：公立学校利用公立资产，也在办民办学校，教育行政部门对民办学校不闻不问，没有纳入自己的管理范围。这种状况不改变，不利于教育的发展。

我们要认真研究如何建立学习型社会的终身学习体系。学习型社会是与终身教育联系在一起的。20世纪下半叶，科学技术迅猛发展，由此而引起了生产的变化、社会的变革。这种变革使得一个人不可能一生固定在一个工作岗位上。资源的变革和人员的流动，使每个人都要不断地学习，终身学习，因此在20世纪后半期出现了终身教育的概念。首先是联合国教科文组织提出的，在1965年召开的联合国教科文组织的成人教育会议中提出"教育将会伴随人的一生进行，教育应当借助这样的方式，满足个人及社会永恒的要求"。这种思想一经提出，就受到社会的极大关注，许多国家把它作为国家的发展战略，有的国家以法律的形式加以保证，如法国1972年通过了《终身教育法》，日本1990年通过了《终身学习法》等。起初人们把终身教育看作成人教育的同义词，后来逐渐认识到从成人教育的角度来理解是不够的，需要把整个教育体系纳入终身教育的体系当中，特别是知识经济的到来，使终身教育具有更新的意义。知识的不断创新，必然会引起生产的不断变革和社会的不断进步。知识的掌握和创造，不能光靠学校教育，还要靠职工在生产实践中结合自己的工作，不断地学习和创新，也就是职前教育和职后教育结合起来，因此终身教育具有十分重要的意义。

终身学习，或称终身教育是一种完全不同于传统教育的教育理念和教育方式。它冲破了学校教育的限制，把教育扩展到人的一生和社会的各种组织，为每个社会成员在他们需要的时候提供学习机会。建立终身教育制度，就要做到各级各类学校的沟通和衔接，打破职业学校与普通学校的壁垒，允许学生根据社会需要和个人的爱好转换专业，学校之间要互相承认学分等。当然，转换专业或互相承认学分等都需要有一定的规则，按照规则办事。现代社会是重视能力的社会，应该根据学生的能力来给他提供各种学习的机会，而不是将其束缚在一类学校或一种专业中。这样才能激发每个人的学习积极性，同时不至于在高考时都挤向普通高校的独木桥。

在未来的社会里，终身教育将不只是谋生的需要，而是成为人们生活的一部分，成为提高生活质量的重要手段。正如联合国教科文组织21世纪委员会1996年报告指出的，教育在个人生活中的地位越来越重要了，因为它在促进现代社会发展方面起了越来越大的作用，今后整个一生都是学习的时间，而每个人的知识都会影响和丰富其他人的知识。为了满足终身教育的需要，必须构建学习型社会，也就是学习社会化、社会学习化。在这样的社会里，全体公民都是学习的对象，同时也是学习的主体，拥有广泛而平等的受教育机会。要建设学习型社会，就要做到以下几点。

第一，要把整个教育体系纳入到终身教育体系中。以往人们把教育分为正规教育和非正规教育、普通教育和成人教育、学历教育和非学历教育，而且总是重视前者轻视后者。学习型社会要打破这种分界，要重视非正规、非学历的教育。学校教育还要按照终身教育的理念来加以改造，着重培养学生终身学习的意识和能力，学会学习。

第二，要把学校、家庭、社会结合起来，建立社区教育新体系。教育在时间上延伸的同时，也要在空间上拓展。学校要打破围墙，向社会开放，吸引家长和社区成员到学校来学习。社区也要向学校开放，要吸纳社会的教育职能，为提高教育质量而服务。

第三，社会上的各种企事业单位，都要成为学习型的组织，也就是说，各种社会组织都要把组织成员的培训和继续学习纳入到组织发展和管理之中。通过学习促进创新，通过创新促进发展。学习是人类自我超越的一种手段，人类越来越发展，越来越超越自我，通过学习使自己不断发展。学习型社会将会为人类的发展提供更好的条件，人们的素质将会达到更高的境界。

全面建设小康社会，需要提高全民族的素质，教育工作者任重道远，我们有许多工作要做。

从中美教育到英语教师培训*

值此美中教育机构（ESEC）在华服务30周年之际，我特向ESEC主席余国良先生及其团队表示热烈的祝贺。

ESEC是一个沟通中美专家学者交流的平台，是服务于中国教育，为中国提供专家培训、咨询、服务等公益性活动的组织。余国良先生是美籍华人，关心祖国的教育事业，在促进中美学者友好交流的同时，从20世纪80年代初就来华开展教育服务。我和余先生就是在那个时候认识交往的。记得第一次见面是在1985年，我们筹备第一次中美高等教育评估研讨会，那次会议是由ESEC资助在北京大学召开的。第二次的中美高等教育研讨会是在我们北京师范大学召开的。1993年ESEC又资助我和王冀生等6人参加在美国夏威夷召开的中美高等教育评估国际研讨会。1996年中国高等教育学会高等教育评估研究会又在ESEC协助下，与香港学术评审局联合在北师大召开了高等教育评估国际研讨会。这么多次的接触，不仅使我感到余先生对家乡的教育事业的热心，而且使我们成为亲密的朋友。但我们的朋友之交也完全是建立在促进中国教育事业的发展上的。

由于余先生以前主要在高等教育领域活动，我则从21世纪开始主要

---

* 原载《中国教育报》，2011年6月24日。

关注基础教育领域，所以多年没有见面。2006年，余先生忽然找我，说他要转向基础教育了，他感到中国基础教育中英语教育比较薄弱，不仅师资缺乏，而且许多教师只能教哑巴英语，不能开口用英语交流。于是他设计了一个英语口语封闭式培训计划（简称TIP项目），与北京大学继续教育部合作，为西部地区培训英语教师。几年来开办了50多个班，培训了近万名中小学老师，效果非常显著。通过将近3周的封闭培训，老师们和外教同吃同住同学习，用英语交流，增强了开口说英语的信心，也学习了国外英语教学的先进经验。他们回到学校以后，英语教学质量有了较大的提高。学生、家长、当地的教育行政部门都很满意。

2006年9月我参加了第一个TIP的开班典礼，后来虽然再没有亲临培训现场，但看了他们西部地区老师的结业录像、外国专家局的总结材料与北京朝阳区老师写的心得体会，觉得TIP是一个很好的项目，很适合中国的实际，而且简易可行，在很短的时间能取得最优的效果，值得在我国推广。

余国良先生这几年实在是非常辛苦，几乎每个月都穿梭于北京和洛城之间。他做事认真，作风朴实，在北京吃住都非常简朴，但对TIP项目的执行非常严格。他的精神值得我们学习。我再一次向ESEC在华服务30周年表示祝贺，向余国良先生表示敬意。祝TIP项目在华有更好的发展，促进中国英语教育质量的提高，造福中国儿童。

研学旅行，"学""游"兼得*

教育部发布《关于推进中小学生研学旅行的意见》，提倡在中小学生中开展研学旅行活动。我认为，这项活动非常有意义：这是让学生走出学校、走向大自然、走向社会、走向世界，拓宽学生视野、增进学识、锤炼意志的好举措，也是让学生了解认识祖国的美丽河山、中华民族优秀文化传统的好方式。如果到国外研学旅行，还可以了解异国他乡的文化风情，接受跨文化教育。

世界各国都非常重视学生的校外研学旅行活动。苏联中小学每年暑期用3个月时间组织中小学生到野外进行夏令营活动；美国过去有童子军活动，让孩子体验野外生存；日本中小学设有特别活动课程，组织学生校外旅行。我曾经访问日本神户大学的附属小学，学校设置了特别活动课程，每年组织学生进行校外旅行，尤其重视春秋季的两次远足。小学一、二年级在城市附近的郊外远足，在野外住一天，学生自己搭帐篷、做饭；三、四年级到外地远足，在野外住两天，学生自己集合，没有父母送行；五、六年级叫"修学旅行"，最远到北海道，要住三天，在那里参观访问。学生通过这种远足和旅行，可以学到许多书本上学不到的知识，特别是培养自主、自动学习的能力，养成同学之间互相谦

---

* 原载《中国教师报》，2017年1月18日。

让、互相帮助的协作精神。

我在苏联学习期间经历过两次研学旅行。一次是1954年暑假，高教部专门租了一条游轮组织留学生旅行，从莫斯科出发沿着伏尔加河一直到黑海边的阿斯特拉罕，行程达20天。我们白天游览，夜晚在游轮上住宿。其间，我们访问了许多地方，如列宁故乡、高尔基故居、车尔尼雪夫斯基故居、斯大林格勒保卫战遗址，并向烈士纪念碑献了花圈。我感觉一路上受到了革命传统教育，增长了许多知识。

另一次是1955年暑假，我参加了教育工会组织的徒步旅行团。我们一行十几人，有中小学教师，也有师范院校的学生。我们先是坐火车到塞伐斯托波尔，那里有一个营地，我们集中训练几天，包括徒步旅行所需要的一些知识，准备必需的工具和食品，参观，进行了一次十多公里的演习。然后正式出发，我们背上背包，带上一天必需的食品和饮用水，由一名向导带领前行。第一天翻过一座小山到了第二个营地，休息两天，参观附近的峡谷，参加当地农场的劳动，晚上与农民联欢。第二天翻过两个山头，并在一座山上住了下来，我们从农户那里取来帐篷、炊具，做饭野餐。这样走走停停，五天走了200多公里，走的都是山路，向导知道哪里有泉水，哪里可以休息。我们一路上参观了人烟稀少的古代遗迹，团队有说有笑，非常开心。最后到达黑海边的小镇阿洛波卡，又从那里步行走到克里米亚的雅尔塔，在那里参观了雅尔塔会议遗址。之后，团队解散结束旅行，我获得一枚小小的旅行者纪念章，并乘火车回到莫斯科。这次旅行我不仅增长了许多知识，而且锻炼了身体，锤炼了意志。我们步行的距离不算太长，五天走200多公里，但走的都是崎岖山路，非常难走，很耗体力。我小时候身体很瘦弱，这次徒步旅行对我来说是一次很大的考验。我今年88岁，行动还比较轻便。人们总问我是怎么锻炼的，我说就是年轻时参加各种活动打下了基础。

我体验到了研学旅行的好处。今天，旅游已经成为人们日常生活的一部分，除了父母带领孩子在假日出去旅游外，我们应该提倡学校和教育机构开展有组织、有计划的研学旅行。学校组织这种研学旅行，要像设计课程那样精心设计、充分准备，重在教育，重视安全，按照教育部《关于推进中小学生研学旅行的意见》有序地开展，将研学旅行作为推进素质教育的有效方式。

把年青一代培养成新型知识分子*

　　3月4日，习近平总书记参加民进、农工党、九三学社全国政协委员的小组讨论，对知识分子的社会地位和作用做了深刻精辟的论述，提出全社会要关心知识分子、尊重知识分子，营造关心知识分子、尊重知识分子的良好社会氛围。作为一名知识分子，听了这个讲话，我倍感亲切和温暖，也受到极大鼓舞，深感知识分子责任之重大。一个民族在世界上的地位，很大程度上取决于民族文化，而知识分子是其建构和传承者。作为教育工作者、知识分子，我们的任务正是传承民族优秀文化、培养民族优秀人才，做习近平总书记重要讲话精神的践行者。

　　教育是文化的重要组成部分，是传承文化、选择文化、创新文化的重要途径。学校特别是高等学校，是培养知识分子的场所。作为教师，我们要以总书记的重要讲话精神为指引，在教育中传承中华民族的优秀文化传统，让青年人从小了解祖国的悠久历史；向他们介绍革命文化传统，让他们了解革命前辈救国图强的革命精神；要把社会主义核心价值观贯穿到教育全过程，使青年肩负起中华民族伟大复兴的历史使命。把年青一代培养成有理想信念、扎实知识、创新思维，奉献祖国的新型知识分子。

---

* 　原载《中国教育报》，2017年3月11日。

我是一名普通教师，从小学教师做起，做过中学教师、大学教师，亲身感受到了党和国家对知识分子的重视。早在新中国成立初期，为了新中国的建设，1951年党把我们300多名学生送到苏联去学习，把我们培养成为社会主义建设的知识分子。1977年邓小平同志发出"尊重知识、尊重人才"的号召。改革开放三十多年来，广大知识分子在党的领导下，在社会主义现代化建设中创造了一个又一个奇迹。今天在我国全面建成小康社会、实现中华民族"两个一百年"伟大复兴中国梦的关键时刻，习近平总书记又一次提出要尊重知识分子、发挥知识分子的作用，讲话具有十分重要的历史意义、时代意义。

教师成长的三个境界*

王国维在《人间词话》中说到做学问的三个境界:"昨夜西风凋碧树。独上高楼,望尽天涯路""衣带渐宽终不悔,为伊消得人憔悴""众里寻他千百度,蓦然回首,那人却在,灯火阑珊处"。我想,教师的成长也需要经过这三个境界。

第一个境界是对教育、对教师职业的认识。教育是伟大的事业,从大处说,它关系到民族的未来、国家的兴衰;从小处说,关系到一个人的成长、千家万户的幸福。所以说,教师是"太阳底下最光辉的职业"。教师面对的是生动活泼成长中的儿童与青少年。习近平总书记说,教师是锤炼品格的引路人、学习知识的引路人、创新思维的引路人、奉献祖国的引路人。教师要认识自己职业的重要性,具有强烈的使命感,全身心地投入到教书育人的工作中。教师要像苏霍姆林斯基说的那样,"把整个心灵献给孩子"。教师有了这样的认识、这样的信念,才能不断成长。

第二个境界是修炼,不断学习,努力钻研,不断反思自己的教育行为,总结经验教训,逐步认识学生成长的规律、认知的规律,逐渐掌握教育规律,不断提升自己教书育人的专业水平。北京市丰台区一位初入职的年轻老师教一年级的语文课,一堂"荷叶圆圆"的课文,在专家的

---

* 原载《中国教师报》,2018年1月10日。

帮助下，经过三个月的磨炼才讲得比较满意成功。她后来说："那三个月是我最痛苦的三个月，也是最幸福的三个月。"好似涅槃重生，有了一次飞跃。

教师的成长就在教育实践中，在日常的教育教学中。正如于漪老师所说的："教师的成长和发展最重要的是内心的觉醒，就是把日常平凡的琐碎的工作与我们未来的事业和千家万户紧密联系在一起，这样每件事情就会有育人的平凡意义。"于漪老师还说："我一辈子有两把尺子，一把量别人的长处，一把量自己的不足。"她就是这样做到"衣带渐宽终不悔"，不忘初心，在不断学习反思中磨炼成为我国著名的语文特级教师、著名的教育家。

第三个境界是收获。教师的成长和学生的成长是同步发展的。教师在教育教学中引导帮助学生成长，自己也就成长起来。到时候，看到你教的学生一个个成才，你就会成就感油然而生，感到无比的幸福。正如于漪老师所说的："教师的生命是在学生身上延续的，教师的价值是在学生身上实现的。"所以我常说，教师是最幸福的职业。

这三个境界就是教师成长的路径。归纳起来无非是三个词：理想信念、实践反思、学习提高。我要补充说的是，学习要成为教师成长的必修课。教师要天天学习，向书本学习，向别的老师学习，更要向学生学习。向书本学习：不仅读自己所教的专业书籍，虽然不可能博览群书，也需要读点有别于自己专业的书，理科教师不妨读点文艺的书，文科教师也可以读点科普作品，以提高自己的学识和素养。向别的老师学习：学习他们的长处，比照自己的不足，不断改进。向学生学习：当今是信息化时代，教师已经不是知识的唯一载体，更不是知识的权威，学生知道的可能比老师还多。因此老师要放下架子，与学生共同学习，把教学组成一个"学习共同体"，在学习中不断成长。

再忆金童桥

　　我虽然在江阴金童桥只住了三年，但在我童年生活中却刻下了深刻的印象。金童桥是江阴城东的一个小镇，一条大河贯穿其中，把镇分为南北两部分，河上有两座桥，闹市主要在河北。太平桥是最主要的一座桥，桥的东面紧挨着一个码头，是来往客船人与货上下的地方，也是百姓日常淘米、洗菜和刷马桶的地方。这条河带给我童年无限的乐趣。学习之暇，倚立桥头，看着来往船只经过石桥时，船老头吆喝着把准船头，对准航线，顺利穿过石桥。河上常常有一种"快船"，船身狭而长，有点像绍兴的乌篷船，但比它还要狭长，主要运客，来往于城东和周庄、华墅等镇之间。快船由一位船夫坐在船头，双脚蹬桨，飞快航行，从金童桥到周庄也就个把小时。

　　河上还常常有渔船，往往在夕阳西下的时候，渔夫带着鸬鹚来到河上。渔夫先把鸬鹚的脖子用绳不松不紧地套上，让它捕到的鱼不至于被吞到肚里，然后用一根细竹竿吆喝着，指挥鸬鹚。只见鸬鹚钻入水中，一忽儿叼着一条大鱼跳到船头。渔夫取下大鱼，喂给它一些小鱼或豆腐。这种捕鱼，让我们看得出神。

　　夏天，到傍晚时分，总有一批年轻人和小孩从桥上跳下去，在河里嬉水。我是家里的独生子，母亲严禁我下河，所以直到"文化大革命"靠边站时才学起游泳来，虽然也能游上百十来米，但始终不敢到深水区去。这是后话。当时确是十分羡慕那些嬉水的孩子的。

河水是我们的饮用水，虽然洗衣、刷马桶都在这条河里，但河水是活的，日夜流淌，永不停止。我们请挑夫挑水倒在大水缸里，加上明矾搅拌，把杂物沉积下去并且起到一定的消毒作用。当然，在夏天如上游发生传染病，下游饮水就很危险了。我们住了多年，倒也平安无事。河啊！真是金童桥的母亲河。可惜现在只是停留在记忆中。

桥的东面就是金童桥的大户金宅，连体两座，西面一座已不完整，只剩下最后一进。我家就租住在这进房了的西屋前后房两间。中间一进已是废墟，最前面的门面房是一家米店，好像与金家没有什么关系。金家东宅是一座完整的三进房。进门过堂，然后是天井，第一进大厅很大，不住人，两边东西房住人。我记得金懋鼎家就住在第一进的东屋。我的老师、金童桥小学的校长金院达则住在最后一进东屋。金宅大厅平时不用，只在夏天用于义诊，当时当地名医在这里坐堂，为贫苦百姓义务看病。

金童桥一带盛产棉布，许多家庭都有织布机，织出来的布匹质量很高，有斜纹哔叽等品种，产品远销无锡、上海等地。特别是绵哔叽，其质量有如毛哔叽，穿在身上厚实挺拔。有一年春节，母亲用这种绵哔叽为我做了一件绵袍，我穿在身上，感到自己十分神气。

金童桥啊，你带给我多少欢乐的童年回忆！

2013年10月30日

回忆菁华小足球队*
——考察校园足球有感

　　这次我们国家教育咨询委员会第一组到无锡市，调研素质教育和校园足球开展的情况，又到了家乡江阴，使我想起学生时代在南菁中学踢足球的事。我们初中入学时（1942年）是抗日战争最艰难的时期，当时学校已被日军炸成断壁残垣，只剩下几间平房，而平房的北面沿河，是一片荒芜的操场。我们班的同学都喜欢踢小足球，就在这荒芜的操场上踢起来。初中二年级时，尹俊华同学从上海回到家乡上学，他也是个足球迷，而且在上海练得脚上的好功夫。于是，我们就组建了一支小足球队，起名叫"菁华足球队"，由我任领队，尹俊华任队长。夏鹤龄还设计了球衣和号码，后来又制作了一个队徽。我们这支球队在江阴还小有名气，有一次无锡的足球队还到江阴来与我们比赛。

　　我们当时踢的是小足球，球比普通的足球要小，比赛时每队7名球员上场，而不是11人。记得我们菁华小足球队的前锋有薛钧陶、黄才卿，中锋是队长尹俊华，后卫是夏企曾、俞启荣，我们称他们为"哼哈二将"。这是因为夏企曾的鼻孔稍大，俞启荣的嘴巴很大，在队里起了

---

*　原载《中国教师》，2015年第8期。

很大的后卫作用，所以我们给他们起了这样的绰号。队员中还有祝定兴，他的左脚有残疾，但却是球场上的健将，其他的还有耿瑞伦、薄瀚培等。我因为个子小，身体弱，虽然喜欢踢球，但比赛时他们都不让我上场，为了安慰我，选我当他们的领队，做一些组织工作。

1945年抗日战争胜利，我们也进入高中阶段，足球队又添了新队员。抗战胜利后，国民党办起一份《正气日报》，江阴县政府办了一份《江声日报》。一次，我们球队与《正气日报》球队比赛，他们输了球，不服气，竟然把在球场旁边看球的薄瀚培同学胸前的南菁中学校徽揪了下来。这一下子激怒了南菁中学的同学，大家本来就有些不满，于是把怒火烧到《正气日报》上。我们在薛钧陶、尹俊华几个人的带领下围攻了《正气日报》，俞启荣把他们的电话线剪断了，要求《正气日报》的领导出来赔礼道歉。结果，江阴县国民党竟要调动江阴要塞司令部的官兵。我一看不对，要求大家赶快撤退，尹俊华被学校训育处叫去询问。当天我没敢回家，就在学生宿舍里住了一夜。后来他们没有查出我们有什么政治背景，也就不了了之了。

踢足球，既可锻炼身体，又可锻炼意志。我小时候身体虚弱，经常生病，体育成绩并不佳，如篮球投篮、单双杠勉强及格，但因为喜欢踢足球，右脚崴了，还用左脚踢，所以身体比较灵活，能走路。我今年86岁，走十几里路没有问题，走路也快，很多人都问我为什么行动还这么敏捷，我说这是小时候踢足球练出来的。踢足球不仅锻炼了身体，而且锻炼了组织能力、合作精神，也增强了同学友谊。新中国成立后，我们队员大多到北京工作，过去每年都要聚会的。回忆青少年时代在南菁中学的学习与生活，我深深地感到死读书是没有用的，当年的活动才锻炼了我们。当然，不只是踢足球，还有其他的社团活动，只有在活动中才能成长，在活动中才能锻炼能力，体悟人生。

给小读者寄语

保护环境，从我做起；

节约能源，从小养成；

让天更蓝，水更清；

大家努力，共建幸福家园。

2010年9月28日

赞水仙

亭亭玉立，敞开心怀；
不畏寒冬，只迎东风。

2016年2月4日

教育微博摘编

最近媒体报道，江苏瓜农发现自己地里的西瓜一个个都爆炸裂开了。开始不知道什么原因，后来才发现是用了膨大剂，西瓜的瓤生长得太快后就裂开了。网民称它为"瓜裂裂"。由此我想到，我们教育领域是不是也在施用膨大剂。从小给孩子灌输许多所谓知识，幼儿园提前让孩子识字、算数，小学上奥数班、英语班，不断给孩子加压。孩子虽然不会像西瓜那样爆裂，但身心受到摧残。家长想拔苗助长，结果适得其反，个个成了书呆子，弱不禁风，变成"瓜裂裂"。实属可悲，可忧。

2011年6月2日

孝的教育不要走形式。上月母亲节，某校学生集体在操场上给母亲洗脚。洗脚沐浴本是私事，大庭广众之下，似乎并不雅观。何况健康的父母，谁愿意子女帮助洗脚？如果父母不健康，子女端屎端尿也应该。这是子女的责任和义务。

2011年6月4日

今天晚上在广州看夜景。广州这几年发展得确实很快。特别欣赏广东省委汪洋书记说的，不要再搞奥数班。希望别的省也能向广东学习，让儿童有一个幸福的童年。

2011年6月13日

麦可思发来调查报告说，高考分数高的人职业收入也高。这个结论不是绝对的。到了一定水平的人，不能用高分低分来衡量。考试成绩600分的与610分的不会有多大差别，何况影响职业收入的还有许多因素。

2011年6月22日

昨晚看《报刊文摘》报道，湖北监利县一名小学生因爷爷奶奶没有给他36元钱购买课外读物而自杀。由此看到该县乱卖粗制滥造的读物残害学生，而且学校反映教育局和教管组参与其中，也向学校兜售这类读物。看了真是触目惊心。全社会都应与这种反教育行为作斗争。

2011年6月25日

为山东不公开高考状元叫好。谢谢媒体，不要再炒作状元了。多为孩子着想，媒体要多一点社会责任感。

2011年7月21日

大学为了抢生源而发预录取通知书来诱骗学生报志愿，实在有损大学的诚信和名誉。大学不是靠拉生源出名的。现在都在讲建设大学文化，如果拉生源成为大学文化，真是大学的悲哀。大学应该在大事上做文章，不应该在小事上做小动作，培养出几名大师，生源自然就有了。

2011年7月23日

老听到家长抱怨，送孩子上培训班既花钱，又让孩子受罪，无奈！

这是社会问题，不只是教育问题。这与中国的传统文化有关。唯一的办法，只能是办好每一所学校，上好每一节课，把学校办均衡。但为了考上名牌大学，竞争还是免不了。

2011年8月8日

我国是一个水资源贫乏的国家，但是水的浪费很大。不说用水大户，就说日常生活。开会喝茶，服务员来斟水，没有一次茶是喝完的；开会发矿泉水，也是喝两口就掷在那里了，实在太浪费。外国人喝咖啡，绝不会喝两口就放下。因此建议开会时喝茶，喝完再续水，矿泉水喝不完就带走，千万不要浪费。

2011年8月15日

昨天刚从大庆参加"青爱工程"慈善公益活动而回。参加的老师深感青少年的性健康教育已经到了非抓不可的地步。这是关系青少年成长的大事，关系到民族未来发展的大事。我们需要改变保守观念，像周恩来总理1959年提议的要在中学开展性健康教育。当然，如何进行，已有很多好的经验，可以总结推广。

2011年8月22日

性健康教育不只是生殖教育，还包括性别认识、心理健康、防治艾滋病教育、性道德、社会责任感教育等系列内容。我们和中华慈善总会创建的"青爱小屋"是非常好的形式。昨天参观了大庆肇州二中建立的"青爱小屋"，他们用一层楼七八间屋子组成，内容很丰富，效果很好。

2011年8月22日

文字是一个民族的象征，不能很好地书写中文，怎能称为中国人呢？少上一些急功近利且有悖孩子自己意愿的补习班就不会增加负担。另外，现在随着中国在世界上地位的提高，许多外国人都在积极学习中国书法绘画，要是我国自己的字反而落后，我们做长辈的颜何以堪！

2011年9月2日

　　最近西安查处奥数班遇到尴尬。其实最根本的办法不是去查奥数班，而是应该查处以奥数成绩录取新生的学校。

2011年9月3日

　　现在全国都在重视学前教育，确有必要。人的许多品格都是在学前期就养成了。学前教育切忌小学化，要让儿童在游戏中长知识，在交往中增智慧，让他们享受幸福的童年。

2011年9月7日

　　我觉得一个人被别人封闭是不可能的。感觉到被封闭的人，其实是自我封闭，总看着别人不顺眼，或者总感到别人在歧视他。心胸开阔，容纳百川，才能幸福。

2011年9月11日

图书在版编目(CIP)数据

顾明远文集/顾明远著. —北京：北京师范大学出版社，
2018.10
ISBN 978-7-303-23976-4

Ⅰ．①顾… Ⅱ．①顾… Ⅲ．①教育理论－理论研究－中国－现
代－文集 Ⅳ．①G52-53

中国版本图书馆CIP数据核字（2018）第176353号

营　销　中　心　电　话　010-58805072 58807651
北师大出版社高等教育与学术著作分社　http://xueda.bnup.com

GUMINGYUAN WENJI

出版发行：北京师范大学出版社 www.bnup.com
　　　　　北京市海淀区新街口外大街 19 号
　　　　　邮政编码：100875
印　　刷：北京盛通印刷股份有限公司
经　　销：全国新华书店
开　　本：710mm×1000mm　1/16
印　　张：28.5
字　　数：366 千字
版　　次：2018 年 10 月第 1 版
印　　次：2018 年 10 月第 1 次印刷
定　　价：1980.00 元（全 12 册）

策划编辑：陈红艳　　　　责任编辑：戴　轶
美术编辑：李向昕　　　　装帧设计：锋尚制版
责任校对：段立超　　　　责任印制：马　洁